경기도
—
토박이
농악

기획
경기문화재단 경기학연구센터

연구책임자
김헌선 | 경기대학교 인문대학 국어국문학과 교수

경기도 토박이 농악

초판1쇄 발행   2015년 12월 15일

발행 경기문화재단 경기학연구센터
    경기도 수원시 팔달구 인계로 178번지
    전화 031-231-8575

출판 민속원
    출판등록 제18-1호
    주소 서울 마포구 대흥동 337-25
    전화 02) 804-3320, 805-3320, 806-3320(代)
    팩스 02) 802-3346
    이메일 minsok1@chollian.net, minsokwon@naver.com
    홈페이지 www.minsokwon.com

ISBN 978-89-285-0831-0 94080
      978-89-285-0691-0 Set

ⓒ 경기학연구센터, 김헌선, 2015
ⓒ 민속원, 2015, Printed in Seoul, Korea

저작권법에 의해 한국 내에서 보호 받는 저작물이므로 무단전재와 복제를 금합니다.
이 책 내용의 전부 또는 일부를 이용하려면 반드시 저작권자와 민속원의 서면동의를 받아야 합니다.
이 도서의 국립중앙도서관 출판시도서목록(CIP)은 서지정보유통지원시스템 홈페이지(http://seoji.nl.go.kr)와
국가자료공동목록시스템(http://www.nl.go.kr/kolisnet)에서 이용하실 수 있습니다. (CIP제어번호 : CIP2015032916)

책 값은 뒤표지에 있습니다.
잘못된 책은 바꾸어 드립니다.

경기도무형문화유산학술조사 6

경기도
토박이 농악

기　　획　경기학연구센터
연구책임　김헌선

이 저작은 경기도 토박이 농악의 실제에 기초한 연구 결과이다. 그렇지만 경기도의 토박이 농악에 대한 세부적인 내용이 모두 수록되어 있지 않다. 경기도 토박이 농악에 대한 전반적 양상을 지역유형이라고 하는 개념을 내세워서 정리하여 학술적으로 논한 결과이다. 많은 부분에서 자료의 유실과 소멸이 있어 이 연구를 집중해서 하기 어렵게 만들었다. 게다가 실질적으로 학문적 논의를 할 수 없는 사정이 생겨서 결국 전체적인 판도를 어설프게 그렸을 뿐이다. 그것이 이 책의 미덕을 손상시킬 수 있지만, 농악학의 열악한 형편을 두고서 이러한 말을 하는 것은 온당하지 않다.

민속원

머리말

　　이 저작은 경기도 토박이 농악의 실제에 기초한 연구 결과이다. 그렇지만 경기도의 토박이 농악에 대한 세부적인 내용이 모두 수록되어 있지 않다. 경기도 토박이 농악에 대한 전반적 양상을 지역유형이라고 하는 개념을 내세워서 정리하여 학술적으로 논한 결과이다. 많은 부분에서 자료의 유실과 소멸이 있어 이 연구를 집중해서 하기 어렵게 만들었다. 게다가 실질적으로 학문적 논의를 할 수 없는 사정이 생겨서 결국 전체적인 판도를 어설프게 그렸을 뿐이다. 그것이 이 책의 미덕을 손상시킬 수 있지만, 농악학의 열악한 형편을 두고서 이러한 말을 하는 것은 온당하지 않다.

　　경기도의 토박이 농악은 자료학으로 만족할 수 없다. 현지조사에 충실한 일부 연구에 대한 불만을 제기하는 것으로 이제는 경기도 토박이 농악의 이론학이 필요한 시점이다. 이론적인 해명이 있어야만 결과적으로 토박이 농악의 존재 이유가 분명하게 되기 때문이다. 경기도 토박이 농악의 이론적 면모를 구현하면서 이를 체계적으로 다루어야만 경기도 토박이 농악의 면모가 드러난다고 할 수 있다. 자료학에서 전환하여 이론학으로 나아가는 작업을 하면서 이제 농악학의 학문은 새로운 신천지가 열리게 된다고 자부한다.

　　그러나 그러한 이상적 전망에도 불구하고 이 책은 초라한 형상을 하고 있다. 토박이 농악과 떠돌이 농악의 갈등과 조화를 다루기 위한 남사당패에 대한 현지조사를 안성과 평택에서 착실하게 하지 못한 잘못을 했다. 게다가 농악이 유네스코 세계인류무형문화유산이 된 것에 대한 전망을 하면서 평택농악의 가치와 의의를 강조함으로써 경기도의 토박이 농악으로 도약시킨 것은 정말로 중요한 대목이지만 온전하지 못한 허물이 있다.

농요 등은 불가분의 관계에 있지만 이들을 현장에서 하나로 묶는 작업을 하지 못했다. 다만 지역유형의 내적 관계와 외적 관계라고 하는 조망의 틀에서 읽게 되면 경기도 북부가 토박이 농악의 본산지가 된다고 하는 필자의 관점을 읽어낼 수가 있을 것이다. 장차 두레, 농악, 농요의 삼자관계를 현지조사를 더 하고 나서 밀도 있게 정리하고자 한다. 두레에 대해서는 좋은 저작이 나왔지만 변죽만 울린 것에 불만을 제기하고 이제 복판의 논의가 필요하다고 하는 점을 절감하게 된다.

농민들이 두드리는 토박이 농악의 신명을 생각하면서 구릿빛으로 그을린 그들의 얼굴이 나의 아버지와 어머니 얼굴이었음을 이제야 깨닫는다. 살았으면서도 모르고 부모의 삶에 대한 소중한 이해가 더디 이렇게 오는가 하는 이 모순적인 삶, 그러면서도 다 살고 나서야 알아내는 이 불편하고 소모적인 삶의 역설은 인간의 삶을 부정하게 하지 않고 오랜 삶을 장차 살아야 한다는 또 다른 역설을 가능하게 한다. 농민들이 무형문화의 유산으로 쓴 역사적 진실성이 경기도 토박이 농악의 이면에 자리하고 있으며, 우리 조상들의 넋이 담긴 것임을 알아야 한다.

경기도 토박이 농악의 이론적 작업과 과제를 생각하고 이제 학문의 여유를 생각하는 것이 필요하다고 하는 점을 절감한다. 학문은 여유로 하는 것이지 돈과 허언으로 하는 것이 아님을 다시 알게 되었다. 그러면서도 경기문화재단 경기학연구센터의 지원에 입각하여 이 작업을 한 것은 행운 가운데 하나였다고 하겠다. 더운 계절을 지나서 날이 차가운 날, 소춘小春의 아름다움을 생각한다.

김헌선

차례

머리말　4

초앞 내드름: 농사·농요·농악의 관계　8

1장 경기도 토박이 농악 현지조사 경위　18

2장 경기도 토박이 농악의 분포와 존재양상　24

3장 한국농악의 판도와 경기도 농악의 위상　44

   1. 문제의 핵심 ·· 45
   2. 한국 농악 중요무형문화재의 종류 ··· 47
   3. 한국농악의 판도 재조명과 지역적 특색 ·································· 51

4장 경기도 호미씻이와 농사풀이농악의 전형적 사례　60

5장 경기도 파주 금산리 민요의 경계면적 특징　96

   1. 경기도 파주 금산리 민요의 현지조사 경위 ···························· 97
   2. 경기도 파주시 금산리 민요의 내적 경계면 ·························· 102

3. 경기도 파주시 금산리 민요의 외적 경계면: 마들농요와의 비교 ········ 118
   4. 경기도 파주 금산리 민요의 내적·외적 경계면의 가능성 ················· 133

6장 경기도 떠돌이농악의 전형적 사례 – 남사당패의 사례를 중심으로   158

   1. 머리말 ··· 159
   2. 남사당패의 내력 ··· 161
   3. 남사당패 풍물놀이의 연행적 성격 ····························· 169
   4. 남사당패의 보편성 ··· 181

7장 경기도 성황제농악의 전형적 사례   186

8장 한국농악의 세계인류무형문화유산 등재와 평택농악   198

   1. 머리말 ··· 199
   2. 『농악』의 인류무형유산등재 추진 경과와 의의 ············ 201
   3. 『농악』의 인류무형유산등재에 의한 전망과 후속 조치 ·· 212
   4. 『농악』의 인류무형유산등재 과제와 전망 ····················· 219

뒷풀이: 경기도 토박이 농악의 가치와 의의   246

   [부록] 1. 경기도 토박이 농악의 현지 조사 자료 ················· 250
   [부록] 2. 경기도 토박이 농악 단체 보고서 ························ 318
   [부록] 3. 한국농악 유네스코 세계인류무형문화유산 등재신청서 영문 ······· 334

참고문헌   356

초앞 내드름:
농사 · 농요 · 농악의
관계

경기도는 땅이 넓고 문화적 다양성이 존재하는 고장이다. 예전에 넓은 영토를 가지고 문화의 중심지 노릇을 한 것이 경기도의 터전이 되었으며, 고려시대의 전통까지 합치면 대략 1,000년 이상의 역사와 전통을 자랑하고 있는 지역이라고 해도 지나치지 않는다. 경기도의 터전 위에서 마련된 민중의 참된 신명과 놀이가 농악으로 생성되었음은 더 말할 것이 없다. 그 농악의 전통에 대한 전반적 조사가 필요하고 학문적 논의가 필요하여 이 작업을 하였다.

경기도의 토박이 농악을 찾아내는 일은 정말 지난하고 고통스러운 작업임을 절감하게 되었다. 우선 전통적인 농악이 자연스럽게 쇠퇴하고 생활문화의 근간이 흔들리면서 예전의 연희자들이 죽는 과정에서 사라지게 되었음은 어쩔 수 없는 일이었을 것이다. 그렇지만 문화의 생성과 소멸이 격변과 멸절 속에서 강제로 이루어진 점은 정말 우리 인간을 되돌아보게 하는 사건이었다.

결국 인간이 저지른 일이지만 인간의 속성과 한국인의 기질이 결합하여 제 것을 천하게 여겨 마구잡이로 사지로 내몰아 학살하는 현장을 수없이 보아왔다. 그러한 문화의 침탈이 여러 유형으로 자행되었는데 지금도 여전히 그 일이 빈발하고 있음을 정말로 안타깝게 생각한다.

토박이 농악의 문화가 자연스럽게 사라지는 것이 이상적인 방안이다. 보호라는 미명 아래 지킨다면서 파괴하고, 농악으로 먹고 사는 예능인이 많아지면서 오히려 토박이 농악을 잠식해가는 일이 여전히 일어나고 있다. 그러면서 자신의 것을 지킨다고 말하는 것은 어딘지 군색한 변명 같다고 하는 점은 숨길 수 없다.

우리 토박이 농악을 경기도를 중심으로 작업하면서 경기도의 토박이 문화를 지키려고 하지 않고, 오히려 문화재라고 하는 관점에서 취급하면서 경기도의 토박이 농악으로 연구하는 궤변까지 서슴없이 벌어지고 있으니 그것이 안타까울 따름이다. 경기도 토박이 농악에 대한 전반적인 연구와 자료 조사가 이루어져야 하고 이를 이상적인 안으로 생각하면서 이 초앞 내드름을 낸다.

토박이 농악, 경기도의 토박이 농악은 명확하게 농사일에 근거하고 있으며, 논농사가 주된 근간이 된다. 따라서 논농사에 관련된 사회적 민속이 깊게 얽혀 있고 그것이 여러 가지 노동조직으로 드러난다. 농악은 노동조직과 밀접하게 관련된다. 두레풍장이라고 하는 말이 중점적인 용어이다. 두레를 통해서 두레풍장을 치면서 두레농악의 전통을 살려갔던 것이 경기도 토박이 농악이 된다. 토박이 농악은 농요와도 깊게 얽혀 있으며 근간이 된다.

토박이 농악의 근간에서 필요한 것은 결과적으로 토박이 농악만이 전부가 아니라고 하는 사실이다. 토박이와 떠돌이, 붙박이와 뜨내기는 문화, 기층문화, 민중문화를 움직이는 근간적 요소가 된다. 토박이 농악에서 출발하여 떠돌이 농악으로 발전하면서 이것이 토박이 농악에 깊은 흔적을 남기면서 농악문화가 서로 얽히고설킨 것이 바로 경기도 토박이 농악의 실상이다. 그러한 문화적 융합과 복합은 앞으로도 이어질 가능성이 있다. 토박이 농악이라고 해서 이것이 비켜갈 수 없다.

토박이 농악이든 떠돌이 농악이든 이 땅에서 신명을 키우려고 힘든 삶을 개척하는 사람들이 있음을 잊지 말아야 한다. 이들이 있기에 우리가 살아왔던 전통이 지켜지고 있으며, 농사가 시대의 화두로 되돌아오고 있다. "농자천하지대본"이라고 하는 공안을 들고 산업화시대, 디지털미디어시대를 지켜나가는 것은 그야말로 진정한 길이 되어야 하고 이들이 앞으로 우리를 새롭게 이끌어 갈 것임을 잊지 말아야 한다. 동시에 농악인들은 더 이상 잃을 것이 없으므로 오롯하게 농악만을 통해서 우리 문화를 선도하고 있음을 자부해야 마땅하다.

경기도의 자연지리적 조건과 함께 민요의 전반적인 양상 그 가운데 논농사 중심의 농요를 알아야 하는 적극적인 이유도 여기에 있다. 경기도는 서울과 인접지역을 모두 포괄하는 명칭이나, 기전은 그렇지 않다. 기전은 경기도의 고유한 색채를 지닌 것이기에 문화적 측면을 부각시켜 나타낼 때에는 기전이라 사용하는 것이 옳다. 그러나 그렇게 되면 기존의 기득권이 있는 경기도의 행정구역 명칭이 손상될 우려가 있어 편의상 기전과 경기도의 개념이 같은 것으로 치부하고 병칭한다.

경기도 민속을 제대로 이해하기 위해서는 경기도의 지리적 기반이 무엇인가 명확하게 인식할 필요가 있다. 사람의 모듬살이가 모두 지리적 조건을 벗어날 수 없기 때문이다. 지리적 조건은 자연적 경계인 산이나 강, 바다 등으로 구획되어지는 경우가 많아서 경기도의 경우에도 경계로써의 산과 강이 대단히 소중한 의의를 갖는다. 그런데 경기도를 가르는 산과 강에는 특히 인상적인 몇 가지가 있다.

경기도의 지형은 대체로 추가령 구조곡을 경계삼아 북부산지와 남부산지로 나누어진다. 북부산지는 중국 요동 방향의 마식령산맥, 남부산지는 중국 방향의 광주산맥과 차령산맥이 골간을 이룬다. 또한 서쪽 해안에 가까워질수록 고도가 낮아져 평야나 구릉성 산지로 바뀐다. 경기도의 주요 하천에는 한강, 임진강, 안성천 등이 있다. 이 세 하천을 중심으로 평야지대가 발달했다. 한강 중류에는 이천, 여주 들(들판)이 있으며, 하류에는 김포, 부평 들이 있다. 임진강 하류의 파주 들, 안성천과 진위천 유역의 평택, 화성 들이 주요 평야를 이루고 있다. 경기도의 해안선은 출입이 심하고 많은 만과 반도 및 섬이 있으며, 강화도, 교동도, 영종도, 덕적도 등을 위시한 대소 250여 개의 섬이 있다.

경기도는 그 지리적 특징에 따라서 해안을 끼고 어업이 크게 성행하고 있으며, 내륙 등지에는 농업이 크게 흥하고 있다. 생업은 사람들이 이룩한 생활문화의 핵심이 되기 때문에 생업에서 말미암는 생활민속이 대단히 긴요한 구실을 하게 된다. 따라서 경기도 민속의 요체를 이해하기 위해서는 경기도의 생업에 천착해야 한다. 경기도 민속의 실체가 생업과 일치하여 생활민속의 실상으로부터 생산된다고 할 수 있다.

경기도의 생활민속 가운데 가장 기본이 되는 것은, 전통적으로 의식주衣食住의 실상이 어떠했는가 살펴보는 일이다. 기존의 조사를 통해 경기도 사람이 전통적으로 입은 옷을 옷의 형태나 옷감의 명칭, 그리고 의생활 민속 등으로 살펴보았을 때, 서울의 그것과 남다르지 않은 것으로 판명되었다.[1] 이 중 가장 주목해야 할 현상

가운데 하나는 초상이 났을 때에 여성의 친정에서 상복을 마련해 오는 것을 '거성'이라고 일컫는 것이다. 첫 친정나들이에서 시댁으로 돌아올 때, 시어머니나 시할머니 등에게 주머니와 허리띠를 드리는 '중등풀이'도 긴요하다. 이것은 서울을 비롯한 경기도의 전통이며 그 전통이 아직도 살아있는 것으로 조사된 바 있다.

경기도의 식생활도 마을이 농촌, 산촌, 어촌인가에 따라서 차이가 있으나, 이는 생활여건에서 비롯된 차이일 뿐 근본적으로 온전히 차이가 난다고 할 수는 없다. 예컨대 농촌의 경우에는 젓갈을 필요할 때에 사먹고 산촌의 경우에는 아예 젓갈을 먹지 않는다. 이에 반해 어촌에서는 젓갈을 담는 집도 많고, 아주 즐겨 먹는다고 할 수 있다. 이러한 차이는 근본적인 차이라기보다는 현실적 제약·지리적 특성에서 비롯된 것이라고 보는 것이 타당하다. 오늘날에는 교통의 발달과 문화의 유형이 엇섞이면서 식생활에 있어서 공통점이 두드러지는 것으로 나타난다.

경기도의 주생활은 주거문화권에 따라서 커다란 차이가 있다. 경기도의 주거문화권은 지역적인 특성에 따라서 흔히 네 가지로 나뉜다.[2] 수원, 과천 등지를 중심으로 한 도시주거, 중부 평야지대권의 주거, 서해안의 해안지대 문화권의 주거, 내륙산간지대권의 주거 등으로 구분할 수 있다. 도시주거권은 그 윤곽이 뚜렷하지 않으나, 'ㄷ'자와 'ㅁ'자 집이 그 흔적으로 짐작되며, 이 가운데 기본적인 유형은 'ㅁ'자가 아닐까 추측된다. 중부 평야지대권의 민가는 튼 'ㅁ'자 형태를 이룬다. 안채는 곱은자 집의 기본적 간잡이를 하고 있는데, 대청이 2칸인 집과 몸채쪽에 앞가이(전퇴)를 붙이는 정도의 차이를 보일 따름이다. 부엌쪽 날개채에 앞가이를 간살이를 하는 경우가 있는데 시기가 후대에 이를수록 많이 생긴다.

서해안권의 주거문화는 대체로 똬리집이라 불리는 'ㅁ'자집이 옛 유형으로 남아 있다. 똬리집과 유사한 'ㄷ'자집이 있는가하면, 양통집도 꽤 존재한다. 서해안권의 주거 문화는 아주 복합적인 면모라고 하겠는데, 특히 튼 'ㅁ'자집이 없는 것은 구한

---

1   고부자, 「의생활」, 『경기민속지Ⅰ』, 경기도 박물관, 1998.
2   김홍식, 「주생활」, 『경기민속지Ⅰ』, 경기도 박물관, 1998. 이 책에 의존하여 기술한다.

말 이후의 도적이 많아서 생긴 폐쇄적 성격을 반영한 결과이다. 내륙지역문화권의 주거문화는 양통집이 대부분이다. 이러한 주거 유형이 평야지대에 이르면 두줄배기집의 형식을 보이기도 한다. 이곳 양통집의 특징 가운데 하나는 부엌 아래쪽에 건너방(사랑방)을 배치하는 것이다.

　이상의 고찰을 통해 경기도의 지리적 특징이 경기도 생활민속의 근간이 되는 의식주의 생활문화를 결정짓고 있음을 확인하게 되었다. 해안가에서는 음식과 집이 유형화되어 있어 젓갈, 해물 등을 즐겨 먹고, 집은 여러 가지 사정으로 복잡화되어 있다. 산촌에서는 젓갈을 먹지 않고 산간지역의 양통집을 이루고 있다. 그 중간에 끼여 있는 농촌에서는 젓갈을 필요할 때에만 먹고 대체로 집은 두줄배기집의 유형을 택하고 있다. 경기도의 지리적 특징이 의식주의 생활문화를 크게 좌우한다는 사실을 우리는 알 수 있다. 사람은 자연환경에 적응하면서 자신만의 독자적인 생활문화를 이룩한다는 점을 결코 잊어서는 안된다.

　민속문화 가운데 가장 긴요한 것은 민속예술이다. 민속예술은 민속문화의 꽃이라고 보아도 지나치지 않다. 민속예술은 경기도의 문화적 특성상 몇 가지 권역으로 이루고 있고 대체로 민속예술의 전반적 양상이 민속예술적 권역을 따라간다고 해도 틀리지 않는다.

　경기도의 민속예술 가운데 몇 가지 특징적인 사례를 들면 이 문제가 쉽사리 이해될 수 있다고 생각한다. 경기도의 민속예술로 민요, 농악, 무가, 탈춤, 꼭두각시놀음 등을 들 수 있다. 이 가운데서 민속예술의 실상을 가장 잘 드러내는 것이 곧 민요이다. 경기도의 민요 가운데 경기도의 문화적 권역을 가르는 것이 곧 농업노동요이다. 농사일에 관련된 농업노동요는 민속적 정체성을 유지하고 있기 때문에 이러한 현상을 아주 간명하고도 적절하게 보여준다.

　농업노동요 가운데 경기도 지역에 전승되는 소리를 간단하게 표로 제시하면 다음과 같다.

과정 / 구분	민요	경기도 소리
갈이	소모는 소리	있음
찌기	모찌는 소리	있음
심기	모심는 소리	있음
매기	논매는 소리	있음
거두기(옮기기)	벼베는 소리, 볏단 묶는 소리, 볏단나르는 소리	있음
낟알털기	개상질소리	?
낟알고르기	나비질소리	?
되기	되는 소리	있음
물푸기	용두레질소리	있음

　이 도표는 논농사에서 핵심이 되는 과정을 추출하고 그에 딸려 있는 소리의 유무를 밝히고 구체적인 명칭을 밝혀 놓은 것이다.

　〈소모는소리〉는 사람이 동물의 힘을 이용해서 농사일을 하면서 부르는 소리이다. 소와 사람이 호흡을 일치시켜야 할 뿐만 아니라, 사람이 소에게 명령을 하기도 하고 나무래기도 하고, 소를 독려할 때에 하는 소리이다. 〈소모는소리〉는 달리 밭갈이를 할 때에도 하기 때문에 〈밭가는소리〉라고도 한다. 민요의 원초적 생명력을 느낄 수 있는 소리이다.

　〈모찌는소리〉는 모판에서 모를 찔 때에 하는 소리이다. 〈모찌는소리〉는 모찌기가 단순 작업임에 비해서 유장하고 아름다운 특징을 지니고 있다. 논에다 모를 붓기 전에 적당한 크기로 쪄서 묶는 행위를 하면서 부르는 소리이다. 〈모심는소리〉는 논에다 직접 모를 부으면서 하는 소리이다. 이 소리가 경기도의 아름다운 소리이고, 지역적 차이나 특징을 결정짓는 소리라고 보아도 틀리지 않는다. 논에다 모를 심는 과정에서 다종다양한 소리를 엮어낸다는 점이 아주 특징적인 현상이라고 할 수 있다.

　〈모심는소리〉의 경기도적 분포는 크게 네 가지 소리의 지역적 특성을 드러낸다고 할 수 있다.[3] 상사소리계통의 소리는 경기도 평택에서 발견되고, 아라리계통의

---

[3] 문화방송, 『한국민요대전 - 경기도편』, 문화방송, 1997.

모심는소리는 여주에서 발견되고, 미나리계통의 모심는소리는 양평에서 발견되고, '하나'류의 모심는소리는 경기도의 고양, 안성, 파주, 포천, 화성, 연천, 양주, 강화, 김포, 광주, 용인, 평택 등지에서 폭넓게 발견된다.

　〈논매는소리〉는 심은 모가 자라날 때에 김을 맬 때 하는 소리이다. 경기도에서 김매기 작업은 흔히 세 차례 정도로 하는 것이 일반적 현상이다. 애벌논매기, 두벌논매기, 세벌논매기 등이 그것이다. 논매기의 잡다한 과정 속에서 노동의 고통을 덜고 신명을 내기 위해서 〈논매는소리〉를 하였다. 그런데 이 소리는 전 경기지역에서 두루 발견되며 소리의 속살과 신명이 넘치는 소리라고 보아도 잘못이 아니다.

지역	상사소리	방아소리	방개소리	단호리	을러를가세	곯았네	뎅이소리	미나리	아라리
파주	+	+							
광주						+			
포천		+						+	+
연천		+							
가평		+						+	
양평	+	+		+				+	
여주	+	+		+		+			
수원		+							+
이천				+		+			
평택	+	+	+		+		+		
안성	+	+	+		+	+			
용인		+					+		
김포	+	+					+		
화성	+								
양주	+								
강화	+								+

〈논매는소리〉의 경기도적 분포는 크게 열 가지 계통의 소리가 불리고 있어서 다양한 분포를 보이므로 일률적으로 말하기 어렵다. 상사소리는 상사데 또는 상사디야라는 후렴구가 있는 것을 지칭하는 것으로 안성, 파주, 양주, 강화도, 김포, 화성, 양평, 여주, 평택 등에서 발견된다. 방아소리는 파주, 포천, 연천, 가평, 양평, 수원, 여주, 평택, 안성, 용인, 김포 등에서 발견된다. 방개소리는 안성, 평택에서 발견된다. 단호리/대허리는 양평, 여주, 이천 등에서 발견된다. '을러를가세'는 안성, 평택에서 발견되고, '곪았네'는 여주, 광주, 이천, 안성 등에서 발견된다. 뎅이소리는 얼카뎅이 또는 얼카산이의 후렴이 있는 것으로 김포, 용인, 평택 등에서 발견된다. 미나리소리는 포천, 가평, 양평 등에서 발견된다. 아라리는 포천, 수원, 이천 등에서 발견된다. 이러한 사실을 정리하면 이상과 같다.

논매기 과정이 끝나면 이어서 거두기를 한다. 이 과정에서 생겨난 소리가 〈벼베는소리〉, 〈볏단묶는소리〉, 〈볏단나르는소리〉 등이다. 이 소리는 경기도와 충청도 일대에서만 발견되는데, 경기도 지역의 특출한 소리라고 평가된다. 해안가를 중심으로 해서 이 소리가 분포하는 현상도 인상적이라 할 수 있다. 그런데 경기도 지역에서는 낟알을 털거나 낟알을 고르기 할 때에 하는 소리는 존재하지 않는다. 그 소리는 충청도에서만 발견된다. 충청도에서는 〈죽가래질소리〉 또는 〈나비질소리〉라고 해서 전승되고 있다. 이에 견주어서 경기도에서는 곡식을 되로 되거나 물을 풀 때에 하는 소리가 전한다. 〈되는소리〉와 〈용두레질소리〉가 그것이다.

전반적으로 경기도의 민요는 다음과 같은 특징을 갖고 있다. 경기도 민요는 민요의 선율권이나 지역적 특징을 인해 크게 네 구역으로 구분할 수 있다. 첫째, 한강 이북의 임진강이나 예성강 등에 가까운 지역으로 서북부의 황해도 민요와 비슷하다. 이 지역 민요는 황해도의 수심가토리가 깊게 영향을 끼쳤으며, 수심가조의 선법으로 부른다. 경기도 고양시·김포·강화도·파주·금촌 등지의 민요가 이러한 수심가조에 가깝다. 둘째, 강원도에 가까운 동북부지역인 포천·가평·여주·이천 등지의 민요는 메나리조 선법에 가깝다. 메나리토리는 강원도와 경상도의 특색있는 소리이다. 셋째, 한강과 남한강 이남 지역의 민요로, 충청남도와 충청북도 혹은 전라도 등지의 민요와 같은 선율과 후렴구를 확인할 수 있다. 넷째, 서울 본디소리라 할 수 있는 경토리 민요로, 잡가나 통속민요의 영향을 받았다. 얼핏 보아도 이러한 민요의 특성구분이 지역적 구획에 의한 것임을 알 수 있다.

경기도 민요는 논농사 때 부르는 노동요의 발달이 두드러졌다. 특히 논농사 전과정에 걸쳐 단계마다 부수적인 민요까지 세분화되어 있어서 다른 지역에 비해 민요의 수가 압도적으로 많다는 점이 특징이다. 더불어 의식요도 대단히 세분화되어 발달해 있음을 알 수 있다. 또한 마을마다 민요 가창에 탁월한 분들이 있어, 한 지역을 넓게 장악하면서 선소리꾼을 자처하고 있는 점도 특히 인상적이다.

경기도 지역은 특히 안성 청룡사의 사당패가 존재했던 때문인지 풍부한 〈고사반〉이 존재한다. 〈고사반〉은 달리 〈고사소리〉 또는 〈비나리〉라고도 하는데, 이것은 정월 대보름날 마을 상쇠가 하기도 하고, 떠돌이 예인집단인 남사당패나 비나리패가 하기도 한다. 토박이 소리꾼의 〈고사반〉도 결국 떠돌이 소리꾼의 〈고사반〉과 일정한 관계를 맺고 있으리라 짐작된다.

그러나 경기도 지역에서 부녀요의 존재는 찾기 어렵고 통속민요인 〈노랫가락〉, 〈창부타령〉, 〈백발가〉 등이 크게 토속적 민요와 충돌과 갈등을 일으키고 있는 것도 부인할 수 없는 사실이다. 그러나 토박이 민요와 통속 민요의 시대적 변화 속에서 당연한 현상이고, 전통적인 민요와 대중가요의 대립은 불가항력적 현상 속에서 이룩되는 특정한 현상이다.

경기도의 토박이 농악을 본격적으로 살펴보기에 앞서서 경기도의 자연지리적 조건과 인문지리적 면모를 합쳐서 간략하게 살폈다. 토박이 농악의 전통은 이 속에서 자라나고 있으며, 그것이 유지되고 발전되는 것을 볼 수가 있다. 토박이 농악의 근간인 생활문화가 달라지면서 이러한 소멸이 이루어지는 것은 자연스러운 현상이다. 그러나 이제 알았으니 다시 일으켜 세워야 할 책무도 우리 자신에게 있음은 물론이다.

1장
경기도 토박이 농악 현지조사 경위

경기도 토박이 농악의 실제 면모에 대한 현지조사는 쉽지 않은 과제 가운데 하나이다. 경기도는 전국적으로 가장 큰 도 가운데 하나이고 모두 31개 시군으로 되어 있어서 그 범위가 넓고 호한하기 때문에 무형적 자산을 구가하는 농악의 현지조사가 쉽지 않다고 말하는 것이다. 경기도 토박이 농악의 현지 조사가 없었던 것은 아니다. 가령 유사한 작업으로 몇 차례의 조사가 행해진 바 있다. 오청이 작업한 『조선의 연중행사朝鮮の年中行事』와 무라야마지준村山智順이 작업했던 『조선의 향토오락朝鮮の鄕土娛樂』이라고 하는 작업에서 이미 한 차례 경기도 농악에 대한 1차적 조사를 한 바 있다.[1] 이 저작은 서면조사의 결과일 뿐만 아니라, 사례를 개괄적으로 징발하여 다루었으므로 흥미로운 결과에도 불구하고 일정한 제한 사항이 있다.

경기도 토박이 농악에 대한 개괄적 서술과 간헐적 조사는 몇 가지 결과 보고서로 예시된 바 있다. 심우성이 조사해서 보고한 『안성농악』은 경기도 남부지역을 대상으로 하지만, 현지 조사 결과를 많이 담고 있어서 주요한 조사 작업으로 평가된다.[2] 그러한 조사 작업의 결과가 바람직하게 쓰였는가 하는 점은 많은 의문점이 있다.

경기도 토박이 농악에 대한 일반적 서술이나 개괄적인 산발적 사례에도 불구하고 경기도 농악의 실상을 알 수 있다는 점에서 중요한 저작이 있다. 그것이 바로 정병호가 서술한 『농악』이라고 하는 저작이다.[3] 이 저작에는 경기도 토박이 농악에 대한 개괄적 서술이 이루어졌으며, 토박이 농악이 지니고 있는 주요한 정보를 제공하고 있으므로 주목받아 마땅한 저작 가운데 하나라고 할 수 있다.

---

1   吳晴, 『朝鮮の年中行事』, 朝鮮總督府, 1930.
    村山智順, 『朝鮮の鄕土娛樂』, 朝鮮總督府 調査資料, 1941.
2   심우성, 『안성농악』, 문화재관리국, 1972.
3   정병호, 『농악』, 열화당, 1986.

경기도 토박이 농악에 대한 전반적인 현지조사와 집약적인 보고가 이루어진 저작이 바로『경기도의 풍물굿』이라고 하는 저작이다.[4] 김원호와 노수환이 이룩한 작업의 결과인데, 경기도의 토박이 농악을 전반적인 대상으로 삼아서 세부적인 농악의 내용을 갖추어서 소개하고 있는 점에서 이 저작은 평가할 만한 고유성의 가치를 지니고 있다고 해도 과언이 아니다. 특히 잘 알려지지 않았던 농악을 대상으로 개괄적 기술을 시도함으로써 우리가 잘 알기 어려웠던 경기도 토박이 농악의 전반적 성격을 검토할 수 있었으며, 일정한 준거를 제공했다고 해도 과언이 아니다.

이밖에도 경기도 토박이 농악에 대하여 개별적인 사례를 통해서 단체의 농악을 소개한 책자들이 더러 발간되었으며, 책자발간을 위한 현지조사를 한 결과들이 존재한다. 『화성두레농악』, 『경기도 광명농악』 등의 저작은 보고서이지만, 매우 소중한 저작이다. 열악한 농악조사 자료보고서에서 일정한 구실을 했다고 하는 점을 부인하기 어렵다. 개별적인 조사보고서가 많이 나와야 경기도 토박이 농악 전반에 대한 연구 성과를 차원 높게 수립할 수 있을 것으로 판단된다. 본서에서 추구하는 근본적 취지는 경기도 토박이 농악에 대한 철저한 현지조사에 근거하여 그러한 사례의 전반적인 의의를 논하고 토박이 농악의 유형적 구분을 시도하는데 있다. 경기도는 지역이 광활하고 다원적 면모가 존재하며 농악의 다양성이 존재하므로 이를 중점적으로 점검하는 방안을 찾아서 이 저작의 지침으로 삼고자 한다. 본서와 가깝게 비교될 수 있는 저작이 바로『경기도의 풍물굿』이다. 이 저작의 취급범위와 현지조사의 경위가 매우 유사하므로 말미암아 본서와『경기도의 풍물굿』을 서로 차별화시킬 방안이 당연히 필요하다.

『경기도의 풍물굿』은 유형분류와 유형분류의 사례에 대하여 깊은 고민을 하지 않았다. 그러한 결과 이 저작은 경기도 토박이 농악에 대해서 일반적 개황에 치중하였으나 경기도 토박이 농악의 판도와 위상을 파악하는데, 다소 부족한 면모가 있는 저작이 되었다. 세부적인 항목이나 요목을 채우는 것은 긴요한 작업이지만, 학문적

---

[4] 김원호·노수환, 『경기도의 풍물굿』, 경기문화재단, 2001.

접근의 엄정함이나 구조적 인식을 결여하고 있음은 숨길 수 없는 사실이다.

본서는 『경기도의 풍물굿』을 비판적으로 인식한 결과 위에서 새롭게 시작한다. 경기도 토박이 농악의 전반적 결과를 정리하고, 그것의 상관성을 체계적인 유형분류를 통해서 경기도 토박이 농악의 판도와 위상을 새롭게 파악할 수 있다. 그러한 점이 본고의 중요한 시발점이 되고, 이것이 완수되면 경기도 토박이 농악의 얼개와 특징을 일정하게 알 수 있을 것으로 판단된다. 그 점이 완만하게 성취될 수 있으리라 생각하고, 논의의 타당한 지침과 사실파악을 저변으로 그것의 전반적인 높이를 수립하고 이를 연결시켜 경기도 토박이 농악의 바람직한 결론을 얻고자 한다.

경기도 토박이 농악 현지조사의 바람직한 방안으로는 농악의 전수조사를 시행하는 방법이 있다. 경기도 전역을 조사대상으로 경기도 토박이 농악을 모두 조사를 해 보는 방식이다. 그러나 그러한 방식은 가장 이상적인 현지조사 방식이다. 실제로 해야 할 이상적 방법에 해당하나, 그것을 달성할 수 있을지 자신하기 어렵다. 물리적인 시간을 마련하기 어렵고, 게다가 일정시간 단기간에 해내기 쉽지 않다.

경기도 토박이 농악을 개괄적으로 조사하는 방법이 있다. 그것은 현지조사 방법으로 타당하다. 하지만 개괄적인 조사를 산발적으로 하는 것은 바람직하지 않다. 산발적 조사를 하게 되면, 개괄적 조사는 무의미하게 된다. 체계적인 조사를 지향하면서 일단의 조사를 완만하게 취급하는 방안을 선택하여 개괄적인 조사를 해보는 것도 하나의 대안이다. 농악의 전체규모를 생각하고 토박이 농악의 전수조사를 기획하면서 이를 장차 결합하는 것도 한 가지 방식이다.

경기도 토박이 농악의 전수조사, 개괄적 조사등과 차별화 하면서 이것을 집약적이고 구조적으로 조사하는 것이 필요하다. 경기도 토박이 농악의 분포와 존재양상을 조감하고, 계통적이고 유형적인 판도를 감안한 후, 이어서 경기도 토박이 농악의 전반적 체계와 면모를 고안하고 기획하면서 현지조사를 시행하는 것이다. 경기도의 자연지리적 성격과 인문지리적 호응에 입각하여 경기도 토박이 농악의 사례를 명시하고, 이들 사이의 연관성을 논하는 것이 필요하다고 할 수 있다.

경기도 토박이 농악의 실제사례를 전체와 연관 짓는 것이 집약적 조사의 핵심적인 방식이다. 경기도 토박이 농악의 다양성에 근거하여, 그 세부적인 면모를 드러내고, 다양한 토박이 농악의 상호적인 관계를 명시하는 것은 매우 절실하고도 화급한 조사방식이 된다. 토박이 농악이 나날이 위축되고 있을 뿐만 아니라, 경기도 토박이 농악의 전반적인 면모를 훼손하고 있는 시점에서 그 편린이나마 온전하게 드러내는 점은 경기도 토박이 농악의 과거를 복구하고, 이것을 체계적으로 인식하는데 있어서도 매우 바람직한 것일 수 있다. 다만 이것이 경기도 토박이 농악의 전부를 모두 보여주는 것이라고 생각해서는 안된다. 그 자체로 경기도 토박이 농악에 대한 한 순간 한 시대의 증언 자료를 얻어내는 것으로 만족해야 할지도 모르겠다.

이 저작에서 경기도 토박이 농악을 선정한 기준은 다음과 같으며 몇 가지로 제시할 수 있다. 첫째, 가급적 경기도의 지리적 특색이나 현상을 드러낼 수 있는 토박이 농악을 기준으로 삼았다. 이제는 거의 그 현상적 편린만 남아 있는 경우가 대부분이기 때문에 이러한 기준이 엄격하게 적용되는 것 자체도 쉽지 않은 일이나, 경기도 토박이 농악의 지역적 특색을 구현한 것에 집중하고자 한다. 경기도 토박이 농악이 살아나는 것은 자체의 고유성과 함께 지역적 특색을 차별적으로 구현하는 것이 되기 때문이다.

둘째, 경기도 전체에서 특정하게 지형유형을 대변하고 있는 것을 주요한 조사 자료로 상정하고자 하였다. 작은 단위의 토박이 농악자료이면서 아울러서 토박이 농악의 지역유형을 대변하는 것이 다른 검토의 대상이라고 할 수 있다. 지역유형이라고 하는 실제는 유형이라는 개념과 차별화되는 것으로, 지형유형과 지역적 특색의 권역이라는 개념이 함의하는 바가 같다고 할 수 있다.

그렇지만 특색이 지역유형의 내용이 되어서 일정한 권역으로 되어있는 점은 인상적이라고 하지 않을 수 없다. 지역유형으로서 존재하는 경기도 토박이 농악은 경기도 토박이 농악의 전체와 부분, 토박이 농악의 다양성과 통일성을 드러내는 것으로 장차 한국 농악의 전반적 성격을 논하는데 있어서도 아주 유용한 증거로 될 전망이다. 경기도의 토박이 농악의 실상이 한국농악의 지리적 지형도를 그리는데 있어서 유력한 척도가 된다고 하는 사실은 후술할 대목에서 일정하게 준거로 사용될 전망이다.

셋째, 경기도 토박이 농악 자체가 심각하게 궤멸될 위기에 봉착하고 있으므로 토박이 농악과 떠돌이 농악을 대립적으로 구조화하는 것은 실제로도 맞지 않다. 이미 토박이 농악이 다른 특정 농악에 의해서 잠식되고 있는 현상이 도처에서 발견되고 있으므로 이러한 점을 인정하면서 토박이 농악의 현대적 상황을 서술하는데 필요한 다른 농악에 대한 조사 역시 무시할 수 없는 것이라고 판단된다. 그렇기 때문에 경기도 토박이 농악의 과거 면모에 집착하지 않고, 미래양상에 대해서 이상적인 설계를 할 수 있는 현지조사 자료의 대상에 대해서도 눈감지 않기로 한다. 경기도 토박이 농악의 실제와 이상을 단일하게 서술하는 것은 장차 이롭지 않다. 다른 자료 전체를 선별하고 활용하면서 경기도 토박이 농악 실상을 드러내는 것은 현지조사의 유익한 증거를 마련하는 것이기 때문에 현재적 양상에 주목해야 마땅하다.

2장
경기도 토박이 농악의
분포와 존재양상

경기도 토박이 농악의 조사 현황을 보고 우리는 다음과 같은 이론적 모형을 고안해야 한다. 현지조사를 전수로 할 수 없는 상황 속에서 가능한 관점의 현재적 고안은 바로 각각의 지역적 특색을 대별할 수 있는 것을 대상으로 이의 구체적 양상과 의의를 검토하면서 일반적 개황을 정리하여 보는 것이다. 그러한 고안 속에서 우리는 경기도 토박이 농악에 대한 여러 가지 특색을 고려한 일반적인 자료를 정리할 수 있을 것으로 판단된다.

경기도 토박이 농악은 크게 가르는 대가닥을 두 가지 각도에서 마련할 수 있다. 첫째는 일단 세시의례적 성격을 지닌 것과 그렇지 않은 것을 갈라볼 수 있을 것이다. 이 사실은 경기도 농악의 토박이적 면모를 구현하는데 분명한 준거가 될 것으로 전망된다. 세시의례적 성격을 지닌 것으로 우리는 세 가지 것을 준별할 수 있다.

그것은 호미씻이와 같이 음력으로 유두나 백중 때에 하는 것을 준별할 수 있을 것이다. 가령 이러한 준별 기준으로 더 들 수 있는 것은 각별하여 성황제나 성황굿에 근거한 것으로 10월 상달에 하는 농악이 있다. 이들 농악은 전형적으로 10월달에 하는 농악으로 충분한 위치를 점하고 있음이 확인된다. 아울러서 더욱 중요한 것은 음력으로 8월 한가위에 하는 농악이 존재한다. 그것은 농악 자체로 고립되어 있는 것은 아니고 다른 맥락과 더불어서 하는 농악인데, 그러한 농악으로는 8월달에 하는 거북놀이의 맥락에서 행해지는 농악이 긴요한 위치를 점하고 있다. 음력을 중심으로 하여 7월, 8월, 10월 등에 하는 농악이 가장 긴요한 세시의례적 속성을 지닌 것으로 중요한 가치를 지니고 있다.

경기도 토박이 농악은 가르는 대가닥 중 두 번째는 세시의례적 기준과 달리 특별하게 토박이 농악과 관련되지 않은 일정한 떠돌이 농악을 여기에 대입할 수 있다고 판단된다. 그렇게 하는데 있어서 떠돌이 농악으로 손꼽을 수 있는 것이 유랑예인집단의 농악이라고 할 수 있다. 세시의례적 준거와 떠돌이농악을 중심으로 하여 농악을 대별하는 것이 가장 긴요한 의의를 지닌 것으로 판단된다. 이들 사이의 일정한 가치와 의의를 중심으로 경기도 토박이 농악의 준거를 따질 수가 있으며, 일정한 차별성을 엿볼 수가 있다.

경기도 토박이 농악은 대가닥을 둘로 잡고자 한 사실에 일정한 의의가 있다. 대가닥을 잡고자 하는 것은 세시의례적 속성이 강한 것을 기준으로 삼는데, 그것은 칠월 백중을 중심으로 하는 두레굿이 중요한 유형 가운데 하나이고, 8월 추석에 하는 거북놀이굿, 10월 상달에 하는 서낭굿, 세시의례와 무관하게 걸립을 하면서 다니는 남사당패 중심의 판제굿 등이 그 구체적인 기준이 된다.

두레굿은 두레를 짜고 이를 활용한 점에서 일정한 근거와 의의를 지니고 있다고 할 수 있다.[1] 두레굿은 이른 바 "호미씻이" 또는 "호미씨세"가 관련되고, 이 의례는 우리의 전통적인 놀이라고 하는 점에서 중요한 가치와 의의를 지닌다고 할 수 있다. 두레를 짜서 일정한 노동조직을 운용하고 이를 통해서 효율적인 노동을 하는 점에서 중요한 가치를 지닌다고 할 수 있다.

두레는 역사적으로 아주 오래된 것이고 여러 문헌 자료에서 그 구체적 증거를 보이고 있으므로 이를 주목해서 보아야 한다. 그 단초는 가령 『삼국지위지동이전』과 같은 데서 그 단초를 찾을 수가 있다.[2] 그리고 『조선왕조실록』이나 『승정원일기』에서 이러한 양상을 찾을 수가 있으며, 그 구체적인 기록은 원문대로 인용할 필요가 있는데 그 가운데서도 『승정원일기』를 인용할 필요가 있다.

---

[1] 이보형, 「마을굿과 두레굿의 의식구성」, 『민족음악학』, 서울대학교 동양음악연구소, 1981.
주강현, 『두레, 농민의 역사』, 들녘, 2006.

[2] 『三國志』卷三十 魏書 三十 烏丸鮮卑東夷傳 第三十 辰韓 辰韓在馬韓之東, 其耆老傳世, 自言古之亡人避秦役 ○ 辰韓在馬韓之東, 其耆老傳世, 自言古之亡人避秦役 范書, 作作言秦之亡人避苦役. 來適韓國, 馬韓割其東界地與之, 有城柵. 其言語不與馬韓同, 名國爲邦, 弓爲弧, 賊爲寇, 行酒爲行觴. 相呼皆爲徒, 有似秦人, 非但燕·齊之名物也. 名樂浪人爲阿殘, 東方人名我爲阿, 錢大昭曰, 後人名我爲俺, 俺卽阿也. 聲之轉耳. 謂樂浪本其殘餘人. 今有名之爲秦韓者, 局本, 無爲字, 誤, 始有六國, 稍分爲十二國. 范書, 辰韓在東, 十有二國, 其北與濊狛接.

상이 이르기를, "원경하가 어사로 있을 때에 귀에 소속되는 것이 모두 절의 기치를 이 글로 하여금 아뢰었다. 백성들 사이에 꽹과리와 북과 기치를 갖고 있으니 민간의 소청으로 돌려주려 한다. 백성들은 더욱 또한 물건들은 어떠한 것인가?" 노인명이 이르기를, "백성무리들이 밭 갈고 수확할 때에 모두 써 이 연장으로 북을 쳐 부역을 하는 것입니다. 원경하가 당초에 금하고 단절시킨 것은 비록 나라를 위한 근심스러운 뜻에서 나왔을지라도 이것은 또한 지나친 생각이라 하겠습니다. 백성의 인심이 떠날 것 같으면 호미를 다투어 자긍하게 되면 모두 도적이 되는 것이 가능하겠으니 어찌 병기가 없음이 근심스럽지 않겠습니까? 이것은 이미 백성의 물건이니 허둥지둥 관에 귀속시켰으니 곧 마땅히 백성의 원망이 있을 것입니다."

남태량이 말하기를, "백성의 물건은 결단코 관에 귀속시키는 것은 불가하다 하겠습니다. 어찌 써 이것을 처결하시겠습니까?" 임금이 말하기를, "안복준이 벼슬할 때에 사사로이 귀속시켰다. 어찌 정강이를 부스러트리지 않겠는가. 그 기치는 능히 군사들이 항상 사용하는 것과 같은 것인가?" 남태량이 말하기를, "모두 이것은 무용지물이옵고 이미 이것은 백년민속이오라 또한 금지하기 어렵습니다." 노인명이 말하기를, "이미 이를 빼앗은 뒤여서 나눠주는 것이 또한 뒤바뀌었습니다. 스스로 진휼청에 모여 써서 이를 직접 취하여 쓰는 것이 어떠하겠습니까?" 임금이 이르기를, "안복준의 소행은 또한 그릇되다 말할 수 있겠다. 조정이 어찌하여 직접 취하여 쓸 수 있겠는가? 대신들이 호미의 말을 한 것은 성의를 다한 것이니 옳도다. 진나라가 오의 광활함을 이긴 것이 어찌 반드시 군사와 칼을 기다려 흥한 것이라 할까? 원경하는 지나친 생각임을 면하기 어렵고, 이어사가 소식 '누고의 전례'를 인용한 것은 또한 과오라 하겠다."

남태량이 말하기를, "진휼을 보할 것 같으면 백성의 무리들은 도리어 시러곰 그 비용을 먹는 것이 될 것입니다." 임금이 말하기를, "이것은 살을 베어 배를 채운 것에서 면하기 어렵다." 노인명이 말하기를, "직접 취하여 백성의 무리에게 주어서 주전을 할 때에 이를 사용하는 것이 바람직합니다." 임금이 말하기를, "성대한 나라가 어찌 백성의 북과 쟁과리를 기다려 이를 쓰겠는가? 이를 진휼청에 두는 것이 마땅하다."[3]

[3] 『承政院日記』영조 14년 11월 17일 (을축) 원본881책/탈초본48책 (13/13) 1738년 乾隆(淸/高宗) 3년 ○ 乾隆三年戊午十一月十七日己時, 上御熙政堂. 大臣·備局有司堂上, 湖南御史同爲入侍. 右議政宋寅明, 行吏曹判書趙顯命, 右承旨南泰溫, 湖南御史南泰良, 假注書李翼元, 事變〈假〉注書李永祿, 記注官宋時涵·金履萬諸臣進伏訖, 〈중략〉上曰, 重臣之意, 何如? 顯命曰, 朝家所失, 其數不敷, 許之何妨乎? 泰良曰, 湖南列邑中, 金堤慘凶歉, 實與尤尤邑, 無異, 而以有數面之登熟, 稍異於全邑失稔, 故只入於尤甚矣. 雖以昨年例言之, 光州昌平, 當初入於尤甚, 而御史元景夏, 追後狀聞, 入於尤甚矣, 臣不必重用此例, 而其當納軍布, 如用尤尤甚例, 盡數蠲減, 則似爲得宜. 卽今民情, 實爲切悶, 責出半布, 將有離散之慮, 故臣旣以書啓仰陳, 而復此陳達矣. 寅明曰, 湖南分等極精, 奉公可尙, 金堤災面, 農形之慘如此, 則誠可矜悶, 而全減旣是曠絶之恩, 非可屑越, 而雖以御史言, 觀之, 亦非通一邑大農, 已分等之後, 又令追入, 亦涉重難, 分等回啓中, 已示推移存減之意, 豈無自本道善處之道乎? 全減則誠重難, 只許災面, 何如? 顯命曰, 只許災面, 誠苟簡矣. 泰良曰, 被災最甚, 斷無可捧之勢矣, 全州錦城旣許災面, 以此前例, 分付, 何如? 上曰, 依全州·錦城例施行事, 分付, 可也. 抄出擧條寅明曰, 湖南伯, 抵臣私書中, 有尤尤甚邑歲前設賑之意, 故臣果貽書, 明言其不可矣, 歲前設賑, 漸成規例, 則誠爲悶矣. 有土無土, 亦當區別, 何可一例白給乎? 雖不設賑, 守令固當往來民間, 若有浮黃之民, 則當給空石與穀物, 間間救濟, 設賑則決不可矣. 以此意, 臣亦有酬酢於嶺伯矣. 泰良曰, 民輩聞歲前設賑之言, 沃溝一邑則還入者, 至於二三百戶, 若有朝令之停止, 則皆將流散矣. 上曰, 全在於守令之濟活矣. 顯命曰, 臣待罪嶺南時, 亦爲設賑, 而不得已間間設賑於歲前, 而有土無土, 固當區別矣. 上曰, 尤尤甚邑賑濟之時, 勢當全邑盡食, 穀物當有太不足之慮, 亦有農糧地後, 待春耕作矣. 湖南農牛之絶少者, 此由於牛禁解弛之致, 事極駭然. 禁屠事, 各別申飭, 而尤甚甚五邑, 農牛宜有變通劃給之道矣. 上〈曰〉, 然則屠牛邑守令, 御史不爲提論請罪, 此則御史非矣. 泰良曰, 邑邑皆然, 有難盡爲請罪矣, 尤尤甚五邑, 則宜給關西·濟州等處分養農牛矣. 上曰, 不防屠肆之弊, 只給農牛則豈不食之乎? 顯命曰, 此則不可食矣. 寅明曰, 御史所達旣如此, 守令雖難一一論罪, 道臣之不能嚴禁, 難免其責, 宜先從重推考. 此後各邑屠肆, 各別禁斷之意, 嚴飭, 何如? 上曰, 依爲之. 寅明曰, 數年前, 多送關西牛於湖南者矣, 若有給牛之事, 則當送海邊牛矣. 上曰, 軍器亦私用, 而農牛豈不食之乎? 置之, 可也. 抄出擧條 上曰, 湖南句管堂上徐宗玉招問, 可乎? 寅明曰, 方帶憲職, 似難上來矣. 上曰, 御史曾經何邑乎? 寅明曰, 曾任保宰, 以敬差官, 往來諸道矣. 泰良曰, 前全羅監司李眞淳, 於辭陛之時, 聖敎勅勉勤摯, 故凡於救民之道, 竭誠效忠, 數月莅任之間, 措置甚多, 不幸功效未及著之前, 遽然身死, 雖深山草木中無知之民, 嗟惜不已曰, 此監司生則吾輩亦賴以爲生矣, 今至於此, 此一道民無福之致也, 至於流涕. 眞淳若生存, 則自是職分, 旣死之後, 則臣不敢以褒賞仰請, 而自上宜加恩典矣. 上曰, 大臣之意, 何如? 寅明曰, 眞淳爲人精詳, 故臣之擬望, 意在於爲國擇人矣, 不滿數朔, 遽致不幸, 其爲嗟惜, 不可盡達. 朝家待臣之道, 身後雖厚於生前, 而至於恩典, 似涉無名, 臣不敢以此仰達矣. 上曰, 吏判之意, 何如? 上曰, 臣意與大臣一般矣. 寅明曰, 已死之後, 故民尤悲之, 而朝廷又以其奉公, 至於上聞, 則幽明之間, 必有感結, 何必褒賞乎? 上曰, 眞淳下直時, 予之勉勵, 勤懇奉公, 宜別於他人矣, 而大臣無名之言, 誠得體矣. 上曰, 元景夏御史時, 屬公者皆寺中旗幟, 而今此書啓, 有民間錚鼓旗幟, 還給民間之請, 民間曾亦有此物乎? 寅明曰, 民輩耕穫之時, 皆以此器, 鼓動赴役者也, 元景夏之當初禁斷, 雖出於爲國慮患之意, 此亦過慮. 人心若離, 鋤耰棘矜, 皆可爲盜, 何患無兵器? 旣是民物, 遽然屬公, 則宜有民怨矣. 泰良曰, 民物決不〈可〉屬公, 何以處之乎? 上曰, 安復駿之作爲片鐵歸家者, 豈不駭然哉? 其旗幟, 能如軍門恒用者乎? 泰良曰, 皆是無用之物, 而旣是百年民俗, 亦難禁止矣. 寅明曰, 旣奪之後, 出給亦顚倒, 自賑廳會錄, 計直用之, 何如? 上曰, 復駿之取用, 亦云非矣, 則朝家何可計直取用乎? 大臣鋤耰之言, 誠是矣. 陳勝·吳廣, 豈必待兵刃而興乎? 元景夏未免過慮, 此御史引蘇軾漏鼓之例, 亦過矣. 泰溫曰, 補賑則民輩, 反爲得食其費矣. 上曰, 此未免於割肉充腹也. 寅明曰, 計直而給民輩, 鑄錢時用之, 好矣. 上曰, 堂堂之國, 豈待民之錚鼓而用之乎? 置之, 可也. 上曰, 御史出道, 始於何邑, 而出道則有效乎? 泰良曰, 臣聞龍安, 慘被凶稔, 故果自龍安出道, 而數日之內, 先聲大播, 他邑流散之民, 望其生意, 頗多鎭定處矣. 上曰, 能字誠有弊, 而諸邑守令中, 有大能治者乎? 泰良曰, 臣所經諸邑, 皆新到之官, 故別無褒賞者矣. 上曰, 兪肅基, 乃命雄子, 而與其父, 何如? 下直時, 欲見而未果矣. 寅明曰, 臣於肅基下直時見之, 誠學文安詳之人矣. 上曰, 金樂祚, 無乃礪之子耶? 何時下去乎? 泰良曰, 樂祚與前監司, 有世嫌, 故今始下去, 而咸悅職此而暄官者, 久矣. 上曰, 安復駿其在蓋悉之道, 宜不若是貪濫, 而扶安軍器亦無云, 誠極駭然. 若當齊威之時, 則烹之有餘耶? 寅明曰, 復駿於前監司李壽沆時貶下, 故臣果問于壽沆,

則其貪濫不法之事, 居多, 而臣未見御史書啓, 姑未知其罪犯之如何耳。上曰, 今下書啓, 卿等先見, 可也。寅明曰, 復駿貪狀, 固當嚴治, 而至於京賑米二百石作錢送家事及還上米百餘石私用者, 已成大罪, 當拿來嚴處, 而原情後, 似當行査本道, 而近來行査之法, 每與當初所聞相左, 實爲無益矣。上曰, 復駿與鍊石, 同乎? 泰良曰, 臣果見復駿父子爲人, 俱皆矗健矣。上曰, 御史持來其文書乎? 泰良曰, 臣於扶安, 久不出沒, 故其貪猾之狀, 多不搜得, 而貪聲則大播於一道, 皆云百年內所未有之國賊, 嚴明行査, 則可知其實狀矣。上曰, 承旨書之。上曰, 爲吏竭誠, 卽爲君之道, 爲父位過, 卽爲子之道, 而今覽御史書啓, 前扶安縣監安復駿, 豈特以貪吏謂之耶? 極涉痛駭, 而有甚於烹齊之阿大夫, 此若不置其法, 日有三尺, 其令該府處之, 而嚴査重繩, 以懲貪吏。出榻敎 上曰, 隨所捧三字, 能不模糊, 人皆易知乎? 寅明曰, 然矣。上曰, 承旨又書之。上曰, 昨覽書啓, 又開湖南御史所陳, 顧彼南民, 尤切矜惻。噫, 其昜陽復, 萬品向蘇, 而吁嗟窮民, 何時復蘇乎? 興惟及此, 玉食奚甘? 其於還上之斬減, 非特爲國也, 實爲民也。而旣覽書啓, 又聞所陳, 而若漠然無聞, 則蔀屋小民, 又將望何? 非特遣御史之意, 且王者處分, 豈可只因所聞而偏乎哉? 三南尤尤甚邑新還上, 隨所捧捧之, 以除白徵之弊事, 其令備局, 卽爲分付三南。而吁今者下敎, 意實矜民, 否方伯·守令, 孜孜着意, 於今窮民, 於春農民, 俾有實效之意, 竝爲申飭。出榻敎顯命曰, 辛亥年尤尤甚邑, 折半停捧, 今年隨所捧停捧之恩典, 誠過矣。泰溫曰, 朝家德意, 誠過矣, 而所捧者, 幾或至於折半矣。顯命曰, 萬頃縣監許采, 頗有治聲矣。上曰, 當善治之人也。寅明曰, 許采, 卽古武臣雙嶺立節人完之孫也。雖難治之邑, 當優爲之, 且善文矣。上曰, 許采占科於何年耶? 泰良〈曰〉, 丁未與臣同榜矣, 爲人武健, 故有謗於初頭矣。寅明曰, 萬頃土薄, 鮮有富民, 古群山, 以有魚鹽之利, 故頗有饒富者, 采於勸分之際, 嚴加徵督, 致有少謗, 而旣是爲貧民救活之意, 則此亦可行之事也。上曰, 群山之民, 同是民也, 何可侵困? 旣有僉使則不當若此矣。寅明曰, 雖有僉使, 地方屬於萬頃故也。泰良曰, 李裕身·許返治民之道, 亦有循吏之風矣。上曰, 許返, 曾經堂后, 故予見其爲人矣。顯命曰, 安復駿以旗幅裹錢之說, 似難盡信矣。上曰, 古之貪吏, 藏銀於曲子中, 則貪吏事, 不可量矣。寅明曰, 貪者事例, 如此矣。顯命曰, 復駿父子之連入貪贓, 極爲怪矣。大抵御史書啓, 論復駿事外, 褒多貶少矣。泰良曰, 湖南之俗, 擧皆侈靡, 蘆嶺以下, 臣未盡見, 而民俗則大抵巧詐矣。顯命曰, 湖南民俗雖如此, 比之關西則如鄒魯矣。上曰, 南俗, 誠ідух異矣。上曰, 御史亦見道臣乎? 李周鎭曾在湖西時, 亦有御史之貶, 今則何如, 而能不遲鈍乎? 泰良曰, 先行威令, 至誠奉公, 何妨於鈍乎? 上曰, 湖南道臣, 朝家可謂善得矣。剖決如流, 事務閑習, 臣姑未知, 而一心奉公, 盡力民事, 可謂得人, 且湖南則要譽不貴矣。上曰, 復駿, 何處人乎? 寅明曰, 安東人矣。上曰, 自扶安歸建書院乎? 顯命曰, 建院則其弟完駿當之矣。泰良曰, 尤尤甚還上事, 旣蒙特敎恩典, 竝及於三南, 德意孰不銘感? 此外雖有小小可達者, 亦非大體所關矣。上曰, 兵·水使, 胡不書啓乎? 泰良曰, 臣下去時, 元無此敎矣。寅明曰, 營將以災年, 大有關矣。泰良曰, 全州營將尹敬一, 於前監司成服時, 招妓歌舞之說播傳, 故臣果捉治其兵房軍官, 而追後聞之, 則與前監司, 有四寸義云, 決無是理矣。泰良曰, 臣所管尤甚災邑守令, 政治得失, 已具於書啓中, 而此外如全州判官尹浩, 在任已久, 手段頗猾, 昨年田政, 大有怨言, 今夏場市之間, 官米狼藉, 疑謗甚多, 以其不在所察之中, 故不入於書啓之中。然全州屢經災荒, 凋弊已甚, 重地字牧之責, 決不可仍畀此人。南原府使權琓刑杖過濫之說, 傳播於南中, 及至全州出道之日。有一寡女, 呈諺書議送, 有慘施酷刑, 殺其獨子之說, 臣聞而駭之, 背關推治其刑吏矣。以其刑推捧招及辭狀措語, 觀之, 則所殺金相龍者, 行事悖倫, 固不容誅, 然罪狀旣若此, 則當報可刑推, 明正法典, 以懲姦惡, 而私自杖殺, 終不免爲法外濫刑之歸, 故死者之親屬, 呼冤不已。且辭狀則以決笞三十爲言, 而捧招則刑推準次, 亦不可不一覈, 當此濫刑嚴飭之日, 臣旣聞其法外濫刑之事, 不可置之, 故竝此仰達。全州判官尹浩罷黜, 南原府使權琓拿問定罪, 似爲得宜。臣方帶臺職, 方以此論啓, 而旣以湖南御史入侍, 則當行御史職事, 故以所懷仰達矣。上曰, 御史·臺官一體矣, 竝依爲之。寅明曰, 尹浩頗有能故有弊, 而全州不可不擇人矣。顯命曰, 大抵南原, 終非容儒者之所當者矣。寅明曰, 守令旣人一境而治, 則皆不可以殺人罪之, 拿問之請, 得宜矣。抄出擧條寅明曰, 此乃全羅監司李周鎭狀啓, 而以道內尤尤甚邑沃溝縣敗船罪人, 在囚者甚多, 供饋爲難, 雖未準三年十次之限, 移送元籍官事爲請者也。近來敗船, 多有故敗, 苟其致敗之實者, 則滯囚誠可矜, 而或是故敗者, 則限前移送, 亦有饒倖之弊。旣有定制, 不可撓[饒]貸, 而災邑貽弊如此, 道臣至有狀請, 臣意則監色·沙工數少, 姑令仍囚, 格軍, 竝移原籍官, 似好矣。上曰, 格軍與沙工·監色, 何可別乎? 竝令移送原籍官, 可也。出擧條寅明曰, 禁堂變通代之後, 又不卽行公, 因坐未易, 當此極寒, 重臣之囚繫多日, 尙未納供, 事甚未安。重臣初以從重勘處, 爲敎, 未納供之前, 臣不敢以處分爲請, 而見之極可悶矣。上曰, 旣已囚繫, 日寒如此, 何待供辭? 靈城君朴文秀罷職放送, 使之修史以納, 可也。出擧條寅明曰, 備局有司堂上, 有入侍之命, 而工判朴師洙, 以拘忌不入, 臣與吏判, 獨

『승정원일기』에서 전하는 것의 요점은 핵심은 백성들이 사용하는 두레의 핵심 물품인 북, 꽹과리, 징 등을 사사로이 취한 것에 대한 관의 입장과 그 논의 과정을 요약하고 정리한다고 하는 것이다. 위의 기록에서 백성들에게 몰수한 농악기를 사사로이 착복한 벼슬아치를 논핵하다가 농악기의 쓰임새를 묻는데서 두레농악의 실상을 만나게 된다. 금고라는 말을 썼는데 금고는 꽹과리와 징을 말하는 것이고, 꽹과리와 징을 대표 용어로 삼았으나 이는 두레풍장에서 사용하는 네 가지 악기를 말하는 것으로 볼 수 있다.

농악기를 금고라고 사용하는 사례는 흔하게 나타나는 한문 기록이다. 두레풍장은 언제 쓰는가? 농민들이 들판에서 일을 할 때에 짜는 형식이다. 두레를 세워서 공동 노동의 형태를 세워야 일이 수월하고 효과적이기에 두레를 세우는 전통이 확립된다. 두레를 세우고 두레기를 상징적으로 세워서 신성한 일임을 알리고 두레기와 영기를 가지고 의례로 하는 공동 노동의 규율을 내세운다. 일의 조직을 신성한 의식

爲入侍, 殊爲未安矣. 諸臣之家有拘忌者, 曾有區別申飭之命矣, 所謂拘忌, 非其子女, 則出齋供職事, 更加嚴飭, 何如? 上曰, 依爲之. 抄出擧條寅明曰, 槐院分館, 有科榜後, 卽當爲之, 故日前有所催促矣, 聞今將擧行, 而權知副正字尹學輔, 曾被臺論, 難於行公, 此人未區處之前, 拘於院例, 不得爲之云. 如此時, 前例擧皆削職矣, 尹學輔今姑依例削職, 卽速分館之意, 更加嚴飭, 何如? 上曰, 依爲之. 出擧條寅明曰, 翰林違牌人員, 竝卽敍用, 何如? 上曰, 將欲下敎而未果矣, 竝爲敍用, 可也. 寅明曰, 以薦事削職諸人, 何以爲之乎? 上曰, 給牒後, 仍爲敍用, 可也. 抄出榻敎寅明曰, 啓覆事急, 而刑判金始炯, 以拘忌至於引嫌引入, 宜有變通之道矣. 上曰, 以此爲嫌, 不亦過乎? 事勢如此, 今姑改差, 參判亦以在京無故人差出, 可也. 寅明曰, 李宗城以奉朝賀年深之故, 至於館職, 尤難行公, 提學之任減下, 專意備堂之意, 申飭, 何如? 上曰, 依爲之. 抄出榻敎寅明曰, 頃者, 公洪監司尹敬龍賑資請得狀啓, 賑廳木一百五十同許貸事, 覆奏行會矣, 非不知京廳木儲之苟簡, 而昨年旣有許貸, 今年之凶, 甚於昨年, 而乃復防塞, 亦涉難便, 不得已以仍前許貸之意, 措辭矣. 旣是啓下公事, 該廳卽當擧行, 該廳時在木同, 不足充此數, 則東廳賑廳, 不無互相推移之道, 此或爲難, 則雖爲啓稟請得, 充數上下, 亦無不可, 而成命之下, 至今置之, 無擧行之事, 該道屢以申飭之意, 煩報本司, 至有捧甘申飭, 而亦無擧行形止, 旣是補賑之需, 則事必緊急, 賑廳之終不上下, 事甚未安, 該廳堂上推考, 申飭, 使卽上下, 何如? 上曰, 依爲之. 出擧條顯命曰, 朴文秀事, 聖上旣已處分, 而臣則切以爲憂矣, 今番若不善爲挽置則已, 不然則恐失此臣矣. 上曰, 今番特放之後, 似當修史以納, 史事垂畢之後, 豈無挽止之道乎? 寅明曰, 刑判有闕之代, 卽爲開政差出, 何如? 上曰, 依爲之. 出榻敎泰良進伏, 上曰, 前啓中, 無改處, 只擧末端. 泰良曰, 請逆坦孥籍, 一依王府草記, 卽令擧行. 上曰, 亟停勿煩. 泰良曰, 請寢泰績酌處之命, 仍令嚴鞫得情, 夬正王法. 上曰, 勿煩. 泰良曰, 請還收閔允昌出陸之命. 上曰, 勿煩. 泰良曰, 請還寢李夏宅島配之命, 仍令鞫廳, 嚴訊得情. 上曰, 勿煩. 泰良曰, 請還李喜仁放釋之命. 上曰, 勿煩. 泰良曰, 請還始豈罷繼之命, 卽令該府, 照法處斷. 上曰, 勿煩. 泰良曰, 請其時就道等所援諸人, 令王府拿鞫得情. 上曰, 勿煩. 泰良曰, 瑞虎·元諧孥籍, 亟令王府擧行. 上曰, 勿煩. 泰良曰, 新除授掌令呂光憲, 時在京畿廣州地, 司諫院大司諫沈聖希, 時在廣州府任所, 請斯速乘馹上來, 下諭. 上曰, 依啓. 沈聖希交龜後, 自當上來, 勿爲下諭. 泰溫曰, 右副承旨吳瑗, 有廊底拘忌之疾云, 齋宿後仕進, 何如? 上曰, 依爲之. 出榻敎 諸臣以次退出.

으로 해야 권위도 서고 일의 분란을 막으면서 공동의 이익을 창출한다. 동시에 일은 매우 고통스러운 것이므로 이를 독려하는 방식으로 채택된 것이 곧 신성한 놀이를 신명나는 놀이판으로 바꾸는 것이다.

신명나는 놀이판으로 만드는 근간은 바로 두레풍장에서 확인할 수 있다. 위의 인용문에서 이를 적실하게 표현하였다. 두레기나 영기를 내세우고 움직이면서 금고로서 일을 하는데 도움이 되도록 했다고 하는 것은 두레풍장이나 두레농악의 쓰임새를 갖출 수 있도록 하는 것임을 선명하게 확인하게 한다. 관에서 농민들이 하는 농악의 효용을 이렇게 이르면서 농민들에게 두레가 절실하게 사용되는 것을 높게 평가하고 있다.

두레의 조직적 출현과 관련하여 유관한 몇 가지 유형의 조직이 있다. 그러한 노동의 전통적인 방식은 다음과 같은 것들이 있다. 작업의 유형에 의해서 결정되는 몇 가지 유형을 유관한 것들과 관련하여 비교하는 것이 필요하다.

작업방식 \ 특징	작업의 방식과 내용	다른 명칭과 형태
호작질	혼자서 하는 노동의 방식을 말하며, 마을에서 고립된 인물의 노동방식을 호작질이라고 하며 개인적인 노동을 말한다.	호닥질, 호독질, 호다깨질
품앗이	노동교환의 형태로 노동을 품고 앗는 원리에 입각하여 움직이는 원리를 가진 노동조직이다. 모내기와 같은 것에서 이러한 원칙을 운용한다.	수눌음
두레	서낭당에서 조직의 운용 원리를 찾고 역군들을 모아서 하는 마을 단위의 노동조직이다.	줄레, 둘레, 질/ 길쌈두레, 삼두레/ 풀두레
사창(社倉)	천재지변과 같은 재앙이나 전쟁이 있을 때에 하는 국가 단위의 노동조직의 방식이다.	
품	고지를 이르는 말로 품을 파는 것을 이르는 말이며, 이를 한자로 사용하면서 문서에 적은 것들이 더러 있다.	품팔이, 雇只, 雇地, 雇持, 雇支 등이 문서에 있다.
놉	품삯을 주고 하는 노동을 말한다.	전라도와 같은 고장에서 쓴다.
운력	절집에서 하는 노동의 방식을 말한다.	달리 울력이라고도 한다. 와전으로 이해된다.
계	계는 특정한 노동의 방식으로 일정한 가치와 의의가 있는 돈을 모으는 방식이다. 향두계와 같은 것이 있기도 하다.	향두계, 기로회 등의 조직이 이러한 금전으로 얽매여 있다.
향약	조선시대 유교적 관점의 조직을 운용하는 단체적 특징을 지니고 있다.	

호작질은 혼자서 하는 노동의 형태를 말한다. 그렇기 때문에 이를 간단하게 한 사람의 손장난으로 표현하는 것을 볼 수가 있다. 문맥적으로 두 가지 뜻을 포함한다. 하나는 개인적인 손장난으로 말하는 것이고, 다른 하나는 혼자서 하는 작업의 방식을 뜻한다. 혼자서 모내기를 하거나 일을 하는 것을 호작질이라고 한다. 이 작업 방식은 마을의 고립된 인물이 하는 방식이므로 일정하게 한계를 지닌 것이라고 할 수 있다.

품앗이는 품고 앗는 방식을 말한다. 남의 일을 맡아서 하는 것을 품는다고 하고 이를 해결하는 것을 앗는다고 한다. 품고 앗는 방식은 노동의 교환, 노동하는 일의 교환을 뜻한다고 하겠다. 품고 앗는 방식을 선택하여 이들 사이의 일정한 노동 방식 교환을 품앗이라고 한다. 대체로 모심기나 모내기 등에서 하는 것을 품앗이라고 한다. 품앗이는 일정한 노동교환의 전형적인 사례이고, 일의 방식과 노래의 방식이 일치한다.

두레는 철저하게 일의 분배 방식이지만 집합노동과 공동노동의 형태로 일종의 종교적 의례와 노동의 의례를 겸하고 있는 점에서 일정한 가치를 지닌다고 할 수 있다. 두레의 조직을 짜고 신대를 받아서 이를 신의 존재로 간주하면서 신을 보내는 날까지 노동의 과정을 일치시키는 점은 각별하다고 할 수 있다.

두레와 달리 사창은 천재지변이나 전쟁의 경우에 활용하는 것으로 이 노동방식은 각별하며, 일종의 노동 전개 방식에서 가장 큰 것이라고 할 수 있다. 원래는 국가에서 행하는 방식이지만 부득이하게 일을 하는 과정에서 나라가 개입하고 일제히 노동을 하는 점에서 각별한 방식이라고 할 수 있다.

이 가운데 가장 긴요한 것이 바로 두레이다. 두레는 둘게삼과 같은 작은 것의 사례에서 큰 것의 두레에 이르기까지 다양하다. 농촌에서 서로 협력하여 공동 작업을 하는 풍습으로, 서낭당의 전통 속에서 비롯되어 이 전통 속에서 이루어지기도 하고 또는 이를 위하여 부락이나 마을里 단위로 구성한 노동의 조직을 말하기도 한다. 일정한 조직을 중심으로 하는 것으로 여기에 두레를 짜는 방식이 존재하고 마을의 당산이나 신당에서 근거를 찾고 철저한 원리에 입각하는 것이므로 주목을 요한다.

부락이나 마을의 이 단위의 모임은 만두레라고 한다. 만두레라고 하는 용어는 일정하게 김매기의 두레를 마치면서 만물두레를 하는 것을 말한다. 근원적인 것을 살피게 되면 이것은 동회洞會 또는 동제洞祭와 같은 씨족사회의 유풍이기도 하고 동시에 마을의 중심적인 구실을 하는 기억과 노동의 공동체적 성격에서 비롯되었음을 보여준다. 주로 농번기의 모내기에서 김매기를 마칠 때까지 시행되지만 특히 농번기 가운데 김매기를 중심으로 하여 운용되는 특징적인 단체를 두레라고 한다. 두레의 전통은 마을 단위의 각별한 형태의 노동조직을 운영하면서 유래된 것이라고 할 수 있다.

두레의 조직은 부락 내의 장정이 주가 되며, 참여 자격은 노동능력에 따라 두레의 역원이 재가한 후 가입이 허락된다. 한 사람의 노동 구성 능력을 지니고 있는 것을 보여주고 있으며 여기에 마을의 두레에 대한 엄격한 규칙을 지니고 있다. 역원의 구성은 통솔자인 행수行首 1명, 보좌역인 도감都監 1명, 두레작업의 진행을 지휘하는 수총각首總角 1명, 두레 규약을 감시하는 조사 총각 1명, 유사有司 1명, 방목지의 가축으로부터 전답을 보호하는 방목감放牧監 1명으로 구성되어 있기도 하지만 마을마다 지방마다 이 조직의 구성원은 각기 다르다고 할 수 있다. 행수·도감은 자작농민 중에서 인망과 역량이 있는 자를, 그 외에는 소작농이나 머슴 중에서 선출하였다.

두레노동은 동네 전체의 이앙, 관개, 제초, 수확 등의 주요 작업에만 한정하는 경우가 많았다. 모내기의 방식은 두레를 꼭 필요로 하지 않으나 마을의 범위에 의해서 이 작업의 방식이 동원되기도 한다. 작업에 앞서 수총각이 논두렁에 농기農旗(두레기)나 용당기를 세우고, 농악에 맞추어 작업에 들어가는 것을 볼 수 있다. 이 농악을 흔히 두레풍장이라고 하며, 들풍장과 날풍장 등을 중심으로 연행하는 것을 볼 수가 있다.

들풍장과 날풍장은 서로 깊은 관련이 있지만 쇠, 징, 장구, 북 등의 단잽이로 운용된다. 논두렁과 마을의 출입을 위해서 연주하는 것은 여러 사람이 모두 악기를 연주하게 된다. 이를 흔히 질꼬내기라고 하는데 농악의 질굿과 같은 것을 의미한다.

두레풍장은 두레를 하는 때에 쓰는 연장인 악기를 말하는 것이라고 할 수 있다. 농악과 두레풍장은 서로 깊은 관련이 있으며 이들의 운용 방식은 농악이라고 하는 악기에 의해서 이룩되는 점을 볼 수가 있다. 농악은 일꾼들의 피로를 덜게 하고 서로 일손을 맞추어준다.

두레에 딸린 농악대는 작업이 있기 전 미리 마을을 돌며 전곡錢穀을 거두어 출역出役에 따라 분배하고, 일부는 적립하였다가 교량가설, 야학시설, 신청의 농악기 구입 등에 사용한다. 두레가 끝나면 풍농豊農을 기원하고 술과 노래, 농악으로 마을잔치가 벌어지기도 한다. 이 같은 고유의 공동 작업조직인 두레도 현대에 들어와서는 개인주의적인 화폐경제가 발달함에 따라 원래의 성격은 거의 사라졌으며, 농촌의 공동경작에서 그 유풍을 찾아 볼 수 있는 정도이다.

향약은 유교적인 성향이 강했지만 상부상조의 경제적 기능에 더욱 중점을 두었다. 계와는 성격이 비슷하나 계는 그 모임이 마을에 한정되어 있으나 향약은 마을의 범위를 넘어 여러 마을로 범위를 넓힌 협동 조직으로 발전되었다. 유교적인 향촌사회의 질서를 강조하는 방식으로 발전한 것으로 상층의 이념과 하층의 두레가 긴밀하게 연결되지만 또한 구분되었을 가능성이 있다. 내용과 형식, 그리고 이념이 서로 연결되면서 입체적인 관계를 보여주는 점에서 서로 연결하여 논의할 필요가 있다.

품앗이는 생산 정도와 범위를 따지는 계, 두레, 향약과는 달리 일하는 노동 그 자체에 큰 비중을 두고 있다는 것이 차이점이 있다. 남자나 여자에 구분 없이 노동력을 대등한 관점에서 평가하고 있다. 두레가 한 해 중 가장 바쁜 농번기, 특히 모내기를 하는 때에 이루어지는 데 비하여 품앗이는 시기와 계절을 가리지 않고 이루어지며, 작업의 종류도 농촌에서 필요로 하는 모든 작업을 포함하였다.

계는 일을 서로 도와가며 하는 조직이었던 두레나 품앗이와는 달리, 일정한 돈을 모아 정해진 순서가 되거나 돈이 필요할 때 경제적으로 도움을 받았다. 사창은 마을 단위의 작은 상부상조 협동체인 두레, 계, 품앗이, 향약 보다 더 큰 국가적인 차원에서의 상부상조이다. 사창과 두레는 서로 깊은 관계를 지니고 있지만, 서로 겹치기도 하면서 달라지는 것을 볼 수가 있다.

이 시기에 하는 농악은 농사풀이 농악과 깊은 관련이 있다. 풍농기축의례적 속성이 강하며, 농사풀이의 형태로 농악을 구성하고 농요를 하면서 농악을 전개하는 것이 일반적 특징이라고 할 수 있다. 지역적으로도 한강 이북 지역으로 경기도 고양시, 양주시, 동두천시, 구리시 일대의 농악이 모두 농사풀이 농악을 전개하는 점도 일치되는 특색을 이룬다. 농사풀이가 경기도 북부에서만 한결같이 발견되지 않는다.

거북놀이굿은 팔월 추석의 의례적 속성을 지니고 있는 것으로 거북놀이를 하면서 하는 것과 관련된다. 거북놀이를 통해서 농악을 곁들이고 이를 통해서 일정한 추석놀이로 발전시키는 점이 인상적이다. 특정한 세시놀이와 결부된 농악이라고 하는 점에서 이 굿은 농악과 불가분의 관계를 지닌다. 경기도 남한강 이남 지역에 해당하는 여주, 이천, 장호원 등이 이러한 거북놀이가 연행되므로 이를 특별하게 거북놀이굿의 유형으로 상정할 수 있다.

서낭굿은 음력 10월 상달에 하는 굿으로 이른 바 마을 동제의 형태로 하는 농악의 유형으로 정리될 수 있다. 서낭굿은 농악과 무악이 결부되면서 낭걸립의 전통을 수립하고 이를 통해서 일정하게 농악을 치고 돌아다니는 원형적이고 소박한 형태를 말한다. 도당굿과 성격을 일정하게 달리하면서 이를 통하여 서낭굿의 전통을 수립하는 것이 농악과 깊은 관련을 지니고 있다.

안성, 평택 등지의 시를 중심으로 하는 남사당패의 판제굿이 널리 퍼져 있는 것도 특징적인 현상 가운데 하나이다. 이 지역의 굿을 통해서 이른 바 뜬쇠들의 농악과 두렁쇠의 농악이 갈라지는 분기점을 보여주고 있다고 해도 과언이 아니다. 그런 점에서 이 지역의 굿은 깊은 특성을 지니고 있으면서 널리 확장된 것을 볼 수 있다.

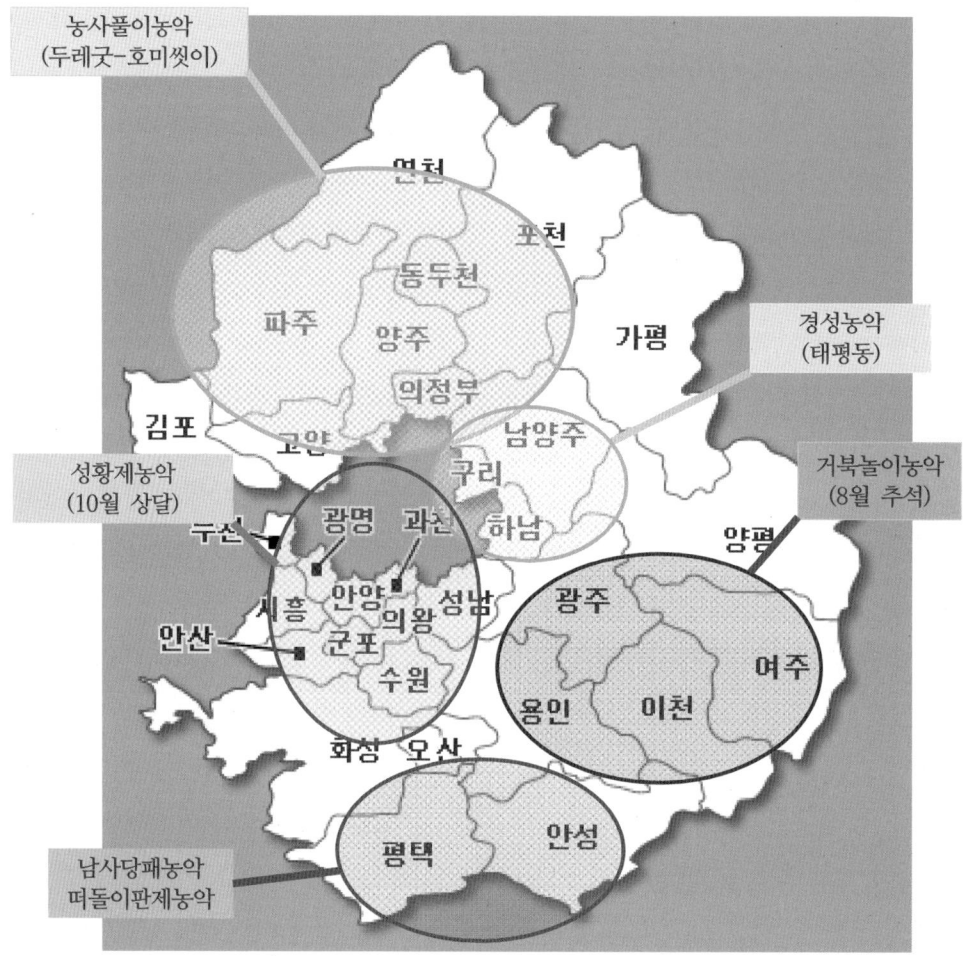

〈경기도 토박이 농악의 분포 지도〉

　경기도 토박이 농악의 전통과 면모를 살펴보면서 일반적 특성을 도출하기 위한 의미를 고려할 필요가 있다고 본다. 위의 지도에 입각하여 특징적인 면모를 정리하고, 지역의 구체적인 사례를 다시 정리하여 세부적으로 보여주면 이 그림은 더 세부적인 내용을 갖추게 된다. 지리적 분포가 긴요한 몫을 하고 이들의 관계가 점차로 달라지는 것을 볼 수 있으며 일정하게 권역을 형성하면서 특정한 것을 형성하는 것을 볼 수가 있다.

그렇기 때문에 지역적인 판도와 가치를 존중하면서 이들의 특성을 해명하고 논하는 것이 필요하다. 이를 근거로 삼아서 우리는 경기도 토박이 농악의 전통과 면모를 구체적으로 살펴볼 수가 있을 것으로 보인다. 경기도 토박이 농악의 세부적 유형을 중심으로 하는 논의를 하려면, 외견상 보이는 특징과 사례를 일반화하는 단서를 추론하는 것이 타당한 순서이다. 농악의 지역적 특색과 분포를 중심으로 이제 새로운 논의를 할 수가 있다고 고려된다.

유형 \ 준거	지리적 위치	토박이 농악 지역	주요 특징
농사풀이농악	경기도 북부	고양, 파주, 양주, 동두천, 의정부, 용인 등지	두레굿을 하면서 고깔을 쓰고, 제금을 들고, 농사짓는 과정을 재현하는 점이 특징적이다.
거북놀이농악	경기도 남동부	여주, 이천, 평택, 오산, 수원, 용인	8월 한가위의 세시절기와 관련되고, 경기도 남부의 농악과 유사하다. 특징적으로 채상을 쓰고 거북을 형상화한 것들이 두루 쓰인다.
성황제농악	경기도 남서부	시흥군자봉, 안산잿머리, 화성 신외리, 평동도당	무악과 농악이 서로 어울리고 신대를 들고 10월 상달에 하며, 신악으로서의 특징을 구현하는 것이 특징적이다.
남사당패농악	경기도 남부	오산, 안성, 평택 등지	토박이 농악의 변형이 남사당패를 중심으로 하는 유랑연예인집단의 농악으로 발달하여 일정하게 예술성을 겸하고 있는 특징이 존재한다.
태평동농악	경기도 중심부	경성 태평동농악의 사례	경성은 농악의 주요한 자산지이기도 한데, 아직 이 농악의 전반적 성격을 밝혀주는 것에 대한 논의가 박약하다. 다른 지역의 농악을 가늠할 수 있는 주요한 준거를 제공하므로 소중하다.

경기도의 토박이 농악은 위와 같은 분포에 의거하여 정리할 수가 있다. 한강을 기준으로 하여 위와 아래로 갈라서 말할 수가 있다. 그리고 경기도의 동부와 서부가 중요한 다른 것의 기준이 된다. 경기도의 토박이 농악은 각각의 자연지리적 조건을 통해서 생성되고 변천되면서 지역마다 독특한 전통을 수립하였다. 그것이 인문지리적 조건으로 형성되어서 이것이 토박이 농악이라고 하는 형태로 귀결되었다

고 할 수가 있다. 마을과 마을, 고을과 고을이 서로 연결되면서 일정한 근거와 의의를 지니고 있는데 그것이 중요한 동아리를 형성하게 된다. 그 결과 농악의 지역유형이 형성되고 있으며 그것에 근거하여 자연지리와 인문지리의 문화적 융합에 의한 독자적인 특징과 특색을 지니게 되는 것이라고 할 수 있다.

 지역마다 특징적인 일정한 조건을 통해서 형성되었는데 그것을 우리는 경기도의 토박이 농악 지역유형이라고 할 만하다. 지역유형이라고 하는 것은 본래 식물학에서 썼던 개념인데 이를 설화 연구의 유형론으로 발전시키고 일정한 가치와 의의를 지니도록 하였다.[4] 문화적으로 확장하면서 일반적이고 문화지리학의 개념으로 전용할 필요가 있다고 판단된다. 개념적으로 아주 긴요한 것이라고 할 수가 있으며 이는 문화적으로도 소중한 가치와 의미를 지닌다.

 경기도 토박이 농악의 지역유형이라고 하는 것은 세부적 해명이 필요하다. 그것은 크게 보자면 네 가지 유형으로 정리된다. 그렇지만 이것은 단순한 결과는 아니고, 동시에 의의가 있는 실체를 구성하고 있는 것으로 판단된다. 먼저 첫 번째 유형으로 호미씻이에 입각한 이른바 두레굿의 잔형이 존재한다. 이것은 경기도 북부 지역에서 흔하고 동부에서 서부로 확장하면서 경기도의 북동부까지 확장되고 동시에 전형적인 영서와 영동지역의 농악까지도 연계되는 특성이 있다. 이것을 우리는 농

---

[4] 지역유형이라고 하는 말은 매우 중요한 의미를 가지고 있는 용어이다. 이 용어는 카를 빌헬름 폰 시도프에 의해서 제안된 개념이다. 이야기의 전파나 이동에 의한 지역적인 또는 지방적인 형태를 지시하는 개념이다. (a term proposed by Carl Wilhelm von Sydow to designate a local or regional form of a migratory folktale) 현재 이에 대한 평가는 여러 각도에서 제기된 바 있다.
Carl Wilhelm von Sydow, "Geographiy and Folk-Tale Oicotypes", *Selected Papers on Folklore*, Copehagen, 1948, pp.44-59.
Alan Dundes, "Geographiy and Folk-Tale Oicotypes", *International Folkloristics : Classic Contributions by the Founders of Folklore*, Rowman & Littlefield Publishers, 1999, pp.137-151.
In 1927 von Sydow first proposed the concept of "oicotype"(sometimes spelled "oikotype"). The term was borrowed from botany where it referred to a local or regional form of a plant. The word is derived from the Greek root "oikos," meaning house or home, the same root found in such English words as "economy" and "ecology." Von Sydow argued that just as a plant may adapt to different climatic and soil conditions in different areas, so folktales (and by othergenres of folklore) would take on local characteristics as they moved from one district, region, or country to another. Oicotype is local extension of comparative method(p.138).

사풀이라고 할 수가 있으며, 농사풀이의 농악적 성격과 관련된 결과물이라고 할 수가 있다.

농사풀이농악과 두레굿인 호미씻이는 내용과 형식의 문제이다. 농사풀이 농악은 치배의 구성에 있어서 전원이 바지와 저고리를 입고, 머리의 쓰개를 고깔로 하는 것이 특징이다. 고깔은 단순한 존재는 아니고, 화립의 전통 속에서 파생한 것으로 이른 바 머리의 고깔과 같은 것이 불교적 기원을 가지면서 변형된 결과이다. 머리에 고깔을 쓰니 이것은 이른 바 머리로 하는 예능은 줄어들고 거의 정적인 화려함만을 배출하는 것이 특징이라고 할 수 있다.

악기 상의 특징은 이른 바 쇠, 장구, 북, 징을 쓰지만, 이 가운데 소고잽이들이 있으며, 이 가운데 주목할 만한 것이 제금을 들고 가락을 치는 점이라고 할 수 있다. 제금은 이른바 바라라고 하는 것인데 이 바라는 일종의 무악기나 불교의 악기를 형상한다. 사람을 흥분시키는 특별한 의미가 있는 것이므로 이를 통해서 농사풀이를 진행하는 것은 의미가 있다고 하겠다.

소고잽이들을 무동이라고 하여 특별하게 다시 구성하는 것을 볼 수 있다. 이 소고잽이들은 치배의 가락에 맞추어서 모두 일정한 대열을 이루고, 농사풀이의 형태의 농악 본질이라고 할 수 있는 농악으로 하는 이른 바 농사짓기 전 과정을 연출한다. 이외에도 이른 바 소를 끌어들이고 이들에 의해서 일정한 놀이를 하는 형태의 것이 있음을 주목할 필요가 있다. 소를 설정하고 소놀이를 하는 것도 인상적인 대목이다.

농사풀이로 하는 농악은 두레를 세우고 일정하게 두레를 마감하는 호미씻이와 같은 형태의 놀이를 하면서 마무리를 하는 것이 기본적 특징이라고 할 수 있다. 그렇기 때문에 이 놀이의 형태는 이례적인 것은 아니고 농사굿의 핵심적 의미를 구성하게 된다. 그렇다면 이 농사풀이의 기본적 목적이 자못 궁금하다.

농사풀이를 하면서 무엇을 축원하기 위해서 이러한 행례를 하는지 문제를 생각하지 않을 수 없다. 그것은 농사를 하면서 예축적이고 풍농을 기원하는 의례를 하는 것이 기본적 특징이라고 할 수 있다. 농사풀이의 전과정을 축약하고 이 행사를 통해서 이른 바 일정한 농사의 노고를 기리고 모방하면서 장차 농사가 잘 되기를 기원하는 것이 농사풀이의 핵심적 수단이 되는 셈이다.

경기도 토박이 농악의 두 번째 유형은 이른 바 성황제 농악이라고 할 수 있다. 이 농악은 김부대왕을 기리는 성황제에서 하는 농악이라고 이해하면 된다. 이 농악은 특정하게 세시절기 가운데 10월 상달에 하는 농악이다. 그런데 이 농악은 준비 기간이 필요하고 성황제만 하는 것은 아니라, 신맞이 형태의 농악을 하기 위해서 유가를 도는 것이 핵심적인 수단이 된다. 유가는 여러 가지 형태의 마을돌이라 할 수 있다. 집집마다 마을을 돌아다니면서 신의 이름으로 추렴을 하는 것을 말하는데 이 과정에서 가장 긴요한 것이 바로 신대 또는 서낭대를 들고 다니는 것이라고 하겠다.

신대에 신의 형상을 한 화상이나 화분을 걸고서 신의 이름 아래 모여 있는 것이 바로 이 형상이라고 할 수가 있다. 신의 형상을 통해서 신의 존재를 알고 그 아래에서 신의 강림과 함께 추렴을 하는 점에서 각별한 의의를 지닌다. 신의 형상을 통해서 모든 마을 사람들이 하나가 되는 것이 기본적 특성이다. 이러한 신의 면모를 통해서 마을 사람들이 하나가 되고 신의 이름으로 이를 집결하는 놀이를 전개하는 것이 기본적 특징이다.

이 과정에서 복색은 농악복 일반의 특징인 바지와 저고리를 쓰고 동시에 이들은 제금을 비롯하여 기본적인 타악기인 연물을 사용하는 것을 볼 수가 있다. 이 연장에 쇠, 장구, 징, 북 등의 사물연장을 사용하는 것은 주목할 만하다. 가장 중요한 상징물은 신대이다. 신대는 농기와 비슷하지만 다른 점 가운데 하나는 예단으로 바친 너설과 같은 천을 감아놓는 것이다. 신대의 구실을 알 수 있는 중요한 상징물이라고 할 수 있다. 신대잡이와 악기 등이 어우러지는 패거리를 만들어서 돌아다니면서 특정한 행위를 하는 것이 성황제 농악의 요체이다.

가락은 단조롭다. 농사풀이 농악보다 더욱 간단한 음악을 쓰는데 질가락이라고 하는 길군악, 농악의 기본적 장단 가운데 하나인 삼채 가락, 신을 내리게 하고 신명을 돋우는데 쓰이는 당악과 같은 장단이 주목된다. 자진가락이라고 하는 것은 성황제 농악에서 가장 중요한 가락 가운데 하나라고 할 수 있다. 이 점에서 가락으로 본다면 별반 중요하지 않을 수도 있으나 가락을 연주하면서 걸립을 하는 전통적인 낭걸립의 형태라고 하는 점에서 각별한 모습을 갖추고 있다.

경기도 토박이 농악의 세 번째 유형은 거북놀이의 형태로 전하는 농악이라고 할 수 있다. 이러한 농악은 대체로 경기도의 남동부 지역으로 한강의 이남 지역에서 하고, 음력으로 8월에 하는 한가위의 거북놀이와 같은 것이 중요한 사례가 된다. 거북놀이의 분포 지역은 대체로 넓고 다양한 것으로 확인되는데, 이러한 농악의 전통이 거북놀이와 결합하면서 특정한 면모를 띠고 있는 것이 특징이다.

치배와 복색은 남부 지역과 매우 흡사하다. 다만 거북놀이의 주요 대상인 거북이가 있다고 하는 점에서 각별하다고 할 수가 있다. 거북이의 형상에 의해서 이를 동물로 꾸미고 여러 집을 다니면서 추념을 하고 고사소리를 하면서 놀이를 전개하는 것이 기본적 면모라고 할 수가 있다.

치배의 복색은 모자, 저고리와 바지 등을 착용하는데 이 지역의 농악대는 모두 전립, 상모, 나비상의 채상을 쓰는 것을 원칙으로 하고 있다. 전립은 모자인데 전투모자이고, 동시에 채상을 쓰되 길게 고니털로 하는 것을 늘이지 않고, 나비상이라고 하는 작은 것을 다는 것이 기본적인 특징이라고 할 수 있다.

전립을 쓰고 부포와 채상을 꾸며 장식하는 것은 머리 동작과 깊은 관련이 있다. 상쇠의 부포짓이나 상모에 길게 매단 형태의 나비상을 돌리면서 몸 동작을 하는 것은 이례적인 형태의 것이라고 할 수 있으며 농악의 세련된 면모를 구현하는데 있어서 이것은 중요한 준거가 되는 점이 확인된다.

경기도 남부의 특징을 공유하면서 일반적인 가락의 특색을 중심으로 거북놀이와 일정한 관련을 지니고 있으나, 그러면서도 동시에 일정한 관계를 지니고 있는 웃다리 농악의 전형적 성격을 보이는 것이라고 해도 지나치지 않다. 경기도 남부 지역의 농악은 가락이나 내용에서 거의 유사한 점을 볼 수가 있어서 동질성이 크다고 하겠다. 다만 이들은 서로 다른 점의 차이를 보이고 있으며 그것과 관련을 지니고 있다. 거북놀이 농악은 우연하게 이루어진 것은 아니고 일정한 의례적 속성과 놀이적 속성이 가미되면서 생성된 결과라고 할 수가 있다.

마지막으로 평택, 안성, 화성, 오산 등지의 농악은 일단 웃다리농악의 본토박이 구실을 하는 지역의 농악이라고 하는 점에서 주목을 요한다. 남사당패 농악에서 이를 구분하는 용어로 일단 남사당패의 웃다리농악과 아랫다리농악의 근간을 통해서 이들 농악의 지역적 권역의 특색을 정리할 수가 있다. 이들 지역의 농악은 경기도와 충청도의 농악이라고 하는 한 권역을 상정할 수가 있다. 가장 상위의 농악이라고 하는 점에서 이것이 가지고 있는 특색이 존재한다.

상위의 농악으로 웃다리농악은 일반적 특색을 도출할 수가 있다. 충청남도의 천안, 대전 등의 가락과 경기도의 평택과 안성의 가락은 서로 깊은 관련이 있다. 이들 가락의 핵심적인 것은 길군악7채라고 하는 농악이 존재하는데, 이 농악의 가락을 결정하는 핵심적인 것 가운데 하나이다.

길군악7채의 농악 가락은 쇳가락이 경쾌하고, 이 가락의 진풀이는 이른 바 멍석말이와 같은 것을 중심으로 하는 점이 특징적이다. 경기도와 충청도의 가락이 이러한 특색이 있는 가락에 의해서 일반적인 면모를 공유하게 되는데, 이 가락의 일반적 특색을 통해서 경기도 웃다리농악의 특징을 결정한다.

이것은 다른 존재의 근거가 있는 것이 아니다. 오히려 남사당패와 관련되고, 남사당패의 존재가 안성의 청룡사 근처에 있는 불당골, 청룡리, 행화리 등의 지역이 근거지로 작동하면서 이곳에 모인 유명한 뜬쇠들이 잦게 교유한 결과이다. 이러한 남사당패의 농악은 떠돌이 농악이고, 토박이 농악과 구분되는 성격이 있다. 그렇기 때문에 이들 농악의 일반적인 특성이 그 지역의 토박이 농악에 근거하는 것은 자연스러운 현상이다.

토박이 농악의 특성은 마을마다 고을마다 거의 성격을 공유하는 것을 볼 수가 있다. 그런 점에서 본다면 경기도와 충청남도 천안, 논산, 공주, 대전 등지의 것은 거의 같은 것에서 분출하였을 가능성이 있다. 경기도의 평택, 오산, 안성, 화성 등지의 가락과 연결되어 있으며, 다른 고장의 그것들과도 일정한 관련을 지니고 있다. 이들 토박이 농악을 더욱 산뜻하고 아름답고 경쾌하게 가다듬은 것이 남사당패 농악이다.

이들 농악의 전통성에 입각하여 발달한 농악이 지역적으로 파급효과를 지니면서 다양하게 발전시킨 것을 볼 수 있다. 그런 점에서 떠돌이 농악은 토박이 농악과 대립하지만 서로 상생하는 작용도 하면서 다양하게 발달한 것으로 볼 수가 있다. 그렇기 때문에 이들 농악의 표면과 이면은 역동적으로 구성되고 있으며 서로 관련을 가지고 있다. 그러한 전통을 통해서 우리는 경기도 토박이 농악의 전체를 그려볼 수가 있게 되었다.

3장
한국농악의 판도와 경기도 농악의 위상

1. 문제의 핵심
2. 한국 농악 중요무형문화재의 종류
3. 한국농악의 판도 재조명과 지역적 특색

1. 문제의 핵심

이 글은 현재 중요무형문화재로 지정된 한국농악의 전반적 면모를 점검하고자 해서 발현되었다. 한국의 농악을 중요무형문화재 제도로 고착시켜 운용하는데, 여러 경로가 수립되고 운용되어 현재의 결과에 이르게 되었다. 여기에서는 그 소종래를 간명하게 검출하고, 한국농악이 어떠한 경로를 거쳐서 현재에 이르렀는가를 진단하고, 한국농악의 거시적 국면을 간략하게 조망하기로 한다. 그리고 경위와 경로가 어떠하든 한국농악의 근간은 지역적 특색을 일정하게 반영하고 있다는 사실에 준거하고 있음을 명확히 하고, 장차 한국 농악의 판도를 지역적 특징에 의해서 조망해야 함을 분명히 하고자 한다.

한국의 농악에서 지역적 특색은 특별하게 자체적으로 존재하였다. 전국의 방방곡곡에 마을마다 고을마다 저마다의 농악이 있었음을 부인하기 어렵다. 자연의 준거인 산천경개 속에서 마을을 일으키고 구성함으로써 고유한 성격과 의미를 갖추면서 한국농악이 정립되었다. 그러나 근대화라는 시기를 거쳐 오면서 이러한 고유성은 심각하게 훼손되기에 이르렀다. 아울러서 일정하게 정체성을 도모하면서 새롭게 가다듬어지고, 자연지회와 인문지회의 산물임을 분명하게 하면서도 특별하게 농악을 판굿의 공연예술물로 구성했음이 드러난다. 그 점에서 일차적 변형이 이루어졌고, 공연예술물인 판굿의 형태로 발전하게 되었다. 아울러서 한국농악은 판굿의 경연이라고 하는 기형적 조건 속에서 다시금 변질되기에 이르렀다. 한국농악은 판굿 예술의 경연 결과물이라는 인공적인 조건과 그의 결과인 훈격이 주어지면서 공연예술물로의 변질이 더욱 두드러지게 되었다. 그 결과 전국민속예술경연대회와 함께 대통령상, 그에 따른 문화재 지정의 수순을 밟기에 이르렀다.

특정한 농악 예술인, 달리 말하자면 모두가 그러한 것은 아니나 이들은 농악거간꾼들인 셈인데, 이들이 여러 예능패에 팔려 다니면서 농악의 패당을 짓고, 토박이 농악에 밥숟가락을 얹으면서 토박이 농악인처럼 활약하는 기현상이 더욱 발호하게 되었다. 대통령상을 받으려는 전략적 기획 의도와 농악 거간꾼들이 만나서 일정한 시너지 효과를 냄으로써 한국농악의 판도는 매우 심각하게 훼손될 처지에 있었다. 한국농악의 판도와 지역적 특색이 전반적으로 구현되기보다는 오히려 심각한 변질을 촉매시킨 것이 전국민속예술경연대회와 경연의 상훈과 훈격이 간접적 소인이 되었으며, 본질을 상당 부분 훼손시키는 결과를 낳았다. 전통적 맥락과 사회적 작용이 거세된 전통적인 것의 파괴와 훼손으로 불가피하게 이루어졌음을 인정하지 않을 수 없다.

한국 중요무형문화재 농악이 현재의 꼴로 굳어진 점 역시 위의 부정적 면모와 역기능이 일정하게 작동한 결과임을 부인할 수 없다. 중요무형문화재인 강릉농악, 이리농악, 필봉농악, 진주·삼천포농악, 평택농악, 구례 잔수농악 등은 지역적 특색을 지니고 있는 점이 분명하나, 전국의 농악 판도를 순연하게 그려내면서 성립된 것은 아니다. 민속예술경연대회와 일정하게 관련되고, 지역적 특색을 반영하면서 마련된 것임을 우리는 새삼 인식해야 한다. 물론 구례 잔수농악은 전혀 다른 경로를 통해서 중요무형문화재로 지정되어, 위의 혐의에서 자유로운 것이 사실이나, 참으로 당산굿의 전형인가 하는 의문이 없지 않다. 막상 지정된 결과를 두고서도 설왕설래가 많아서 중요무형문화재로서의 위상과 품격에 회의를 제기하는 이들이 적지 않으며, 그 때문에 당산굿과 다른 여러 경로의 농악인 굿이 소외된 결과를 낳았다고 비판하는 이들이 적지 않다.

이 글에서 한국 중요무형문화재로서의 농악이 지니는 전통적 성격을 점검하되, 하나는 한국 농악의 전국적 판도를 거시적 국면에서 접근하고, 다른 한편에서 지역적 특색을 미시적 측면에 점검한다. 그렇게 되면, 적어도 한국 농악의 중요무형문화재적 가치와 의의에 대해서 일단의 접근이 가능하며, 기존의 논의를 넘어서는 새로운 차원의 연구가 가능하리라 기대된다. 이 글은 이러한 문제점을 근본적으로 다루고자 하는 문제의식의 발굴이고, 잠정적 결과이다.

2. 한국 농악 중요무형문화재의 종류

문화재청에서 제시한 분류안과 그 분류 세목에 입각하여 보면, 중요무형문화재 가운데 한국 농악은 다음과 같이 제시되어 있다.[1]

11-1호 진주·삼천포농악 (경상남도)
11-2호 평택농악 (경기도)
11-3호 이리농악 (전라북도)
11-4호 강릉농악 (강원도)
11-5호 필봉농악 (전라북도)
11-6호 구례 잔수농악 (전라남도)

11은 전통음악과 단체 종목을 지시하는 분류 요목이다. 1에서 6까지는 농악의 지정 순서와 세부적 분류를 핵심으로 한다. 잠정적으로 보건대 세부적인 것과 지역적 안배에 의한 균형을 말한다. 11-1은 진주·삼천포농악이다. 이러한 명칭 부여는 고심에 찬 결정이나, 다른 각도에서 분쟁의 소지를 안고 있는 것이기도 해서 많은 문제를 함의하고 있기도 하다. 과거 민속예술경연대회에 출전하여 얻어진 지역적 차이의 연대에 의한 결과이므로 지자체 분화의 경쟁에 의해서 진주농악이라고 해야 할지, 삼천포농악이라고 해야 할지, 갈등 분쟁의 소지와 소인을 안고 있다. 과연 정당하게 접합되어야 할 지점이 어디인지 동시에 융합된 결과인지 좀

---

1 『예능분야 종목별 핵심기예능 가이드 북 1(음악)』, 문화재청, 2014년 12월, 31-137면.

속적 연대인지 많은 고민을 하게 한다. 과거의 시점으로 돌아가서 근본적 문제를 사유할 수 있는 많은 정보들이나 데이터가 마멸된 시점에서 그러한 추론과 증거를 댈 수 있는지에 대한 고민이 산적해 있다. 게다가 원래의 자료가 안고 있는 정체성이 있지만, 과연 그런 것인지, 진주·삼천포농악이 물리적 결합인지 화학적 결합인지 도무지 알 길이 없다. 그러한 시점에서 과연 더 이상의 논의가 가능한지도 모를 일이다.

11-2는 평택농악이다. 경기도의 평택농악은 심각한 문제가 없는 것처럼 보이나, 사실은 그렇지 않다. 태생부터 문제가 있는 농악이다. 남사당패 풍물놀이와 평택농악이 서로 관련이 있고, 치배들이 겹쳐져 있다. 최은창, 이돌천 등의 故연희자들은 남사당패 구성원이었고, 그 집단과 관련성을 지니고 있기 때문이다. 남사당패 농악과 평택농악의 차별성이나 준별성이 전혀 발견되지 않는다. 평택지역의 농악이 근간으로 되면서 체계적인 농악으로 승화되었는지는 의문이 있으나, 평택농악은 팽궁회 농악을 근간으로 해서 농악으로 발전했음은 인정되는 바이다. 평택농악은 경기·충청농악을 중심으로 하면서 대표적 상징성을 지니고 있으나, 경기·충청농악의 의의를 온전히 판가름할 수 없는 형편이다. 평택농악이 지니고 있는 고유성과 정체성에 대한 규명이 필요하다.

11-3은 이리농악이다. 전라북도의 이리농악 역시 우도농악이라고 하는 대국면에서 구현된 결과이나, 정읍농악, 김제농악, 부안농악 등의 전용 속에서 돌출한 것이므로 이에 대한 이리농악과 우도농악의 분쟁 지점이 없지 않음이 드러난다. 우도농악 내에서의 이리농악이 가지는 의의나 문제를 함께 거론하면서 이리농악의 독자적 위상을 제시하는 것이 긴요한 과제가 될 전망이다. 이리농악이 지니고 있는 가치와 의의를 중심으로 우도농악에서 대표적 주제가 되었는가 하는 점을 말하는 것이 가장 첨예한 선결 과제가 된다. 이리농악의 내부 문제 가운데 하나는 가장 중요한 것이 매도지의 문제이다. 매도지는 이리농악의 분절적 지표를 말해주는 소중한 것인데, 세 차례의 매도지 가운데 이리 매도지가 새삼스럽게 강조되는 점도 또한 주목할 만한 사실이다.

11-4는 강릉농악이다. 강릉농악은 강원도 영동농악의 대표성을 지니고 있는 것으로 요긴한 것이다. 그 농악의 저변에 여러 가지 특징적 지역성이 종합된 것이다. 그 가운데 강릉농악의 고유성, 향토성, 지역성 등을 핵심적으로 드러내는 것은 영서농악과 영동농악의 차별성에 근거한 것으로 근거농악의 면모가 선명하게 드러나는 점이 인상적인 가치를 부여했다고 할 수 있다. 강릉농악은 대관령을 중심으로 하면서 이동적인 것과 함께, 속초에서부터 아래쪽에 해당하는 동해까지의 지역적 분포를 포괄하는 전반적으로 드러내는 농악이라고 할 수 있다. 영동농악의 소박한 면모가 선명하게 드러나고, 그것이 구체적으로 나타나는 것이 강릉농악이라고 할 수 있다.

11-5는 필봉농악이다. 필봉농악은 전라 좌도농악의 대표성을 지니고 있는 것이라고 하겠고, 동시에 판굿이나 판국의 예능적 특징을 모두 드러내는 것이 아님에도 불구하고, 풀뿌리의 것이 수직 상승한 전형적 사례이다. 수직상승의 사례라고 하는 것이 필봉농악의 돌올한 면모를 과시하는 것은 아니고, 오히려 더 많은 문제점을 드러내고 있다. 좌도농악의 전반전 전개 속에서 금산농악, 전주농악, 진안 성수농악, 임실 필봉농악, 남원농악, 곡성 죽동농악 등의 연맥 속에서 전반적 상징성과 대표성을 구현하는 것이 요점이라고 할 수 있다. 호남좌도농악의 체계적 구조와 변이는 그러한 관점에서 주목할 만한 것이라고 하겠다.

11-6은 구례 잔수농악이다. 구례 잔수농악은 위의 농악과 다르게, 가장 이례적으로 달라진 농악이라고 할 수 있다. 당산굿의 형태에 입각한 것으로 이른 바 정월 달에 하는 당산굿의 면모를 강조하여 지정한 점은 매우 각별한 것이라고 할 수 있으며, 구례 잔수농악은 그러한 점에서 중요한 것이라고 하겠다. 구례 잔수농악은 그러한 각도에서 의미로운 면을 지니고 있다. 전라북도에서 지정된 좌도굿과 우도굿의 분기점, 전라남도에서 지정된 사례로 각별하나 지역적 대표성과 그에 입각한 안배가 온전하게 이루어지고 있는 점이 드러난다. 그런 점에서 구례 잔수농악은 당산굿에서 두드러지나, 갯가 중심으로 하는 전반적인 군물의 안배 등 그러한 사실이 잘 드러나는지 의문점이 적지 않다.

위에서 정리된 개별적 사례의 점검을 통해서 전반적인 문제점을 통합적으로 읽어낼 수 있는 전망을 하게 한다. 과거의 문화적 산물을 통해서 이루어지는 과거 지향의 회고적 전망은 아니며, 그러한 것이라고 한다면, 굳이 이러한 자리에서 논의할 것은 아니라고 본다. 오히려 중요무형문화재인 농악의 전반적 검토를 통해서 구체적으로 미래지향의 전망을 할 필요가 있다.

한국농악의 판도가 온전하게 드러나기 위해서 필요한 것이 우리나라 농악의 지역적 대표성, 농악의 민속문화적 전통성과 가치성, 국가 중요무형문화재적 지정 타당성 등이 깊은 문제로 남았다고 할 수 있다. 그것은 현재의 농악 중요무형문화재로서의 정당성을 인정하면서도 이러한 문제를 제기하는 것은 장차 중요무형문화재적 면모를 체계적으로 구현할 수 있는 전망을 가지고자 한다.

먼저 지역성을 근간으로 하면서도 지역적 대표성이 온전하게 드러나지 않았다고 하는 사실이다. 지역적으로 편중되어 있으면서 전체적인 판도가 드러나지 않았다. 뜨내기 농악과 토박이 농악의 균질감과 함께 서로간의 관련성을 충실하게 구현할 수 있는, 판도의 선명성이 드러나는 점을 고안해야 한다. 그러한 것을 가능하게 하는 것은 자료의 총체적 집약과 조사에 의해서 구현될 수 있으며, 개별적 사례가 전체적 판도와 무슨 관계에 있는지를 살펴야 한다. 자료가 넓게 분포하지만, 자료를 유형별로 판단해서 그것을 구현하는 것은 참으로 소중한 안목과 지적 전망에 의해서 이루어지는 점을 볼 수 있다. 지역적 대표성을 구현하는 문제와 함께 중요무형문화재적 가치를 부여하는 점이 가장 필요한 일이다.

농악의 민속문화적 전통성과 가치성은 자료의 심층적인 면모를 아는 것과 별도로 자료의 이면과 자료의 문화적 전통성을 고려한 민속문화적 혜안이 요구되는 문제점이라고 할 수 있다. 국가중요무형문화재는 이러한 고안의 근거나 디자인의 설정을 반드시 거쳐야 하는 대목인데, 그러한 점에서 현재의 농악은 그러한 요건을 충족하고 있지 못하다. 다른 각도에서 세시풍속이나 절기 속에서 농악의 분포나 유형 등에 대한 고려가 없다고 하는 사실 역시 심각한 문제점이라고 할 수 있다, 그러한 문제 전반을 대상으로 이러한 문제점과 실제 자료의 연관성을 고려하고 농악의 전통성과 가치성을 고려하여서 그러한 점에서 농악이 가지는 매우 중요한 특징이나 의미를 구현하는 것이 가장 중요하다. 판굿 중심의 농악, 농사풀이의 농악, 당산굿의 농악 등이 현재는 제 각각의 모습을 구현하고 있는 점에서 과연 온당한 것은 아니라고 할 수 있다.

국가에서 관리하는 중요무형문화재로서의 지정 타당성이 가장 큰 문제이다. 그러한 점에서 우리나라 농악에 대한 전반적인 문제점이 극명하게 드러나는 부분 가운데 하나이다. 농악이 농악으로서 진정한 값어치를 하는 것은 농악이 현실과 지속적인 관계를 맺을 때에 비로소 생명력을 지닌다고 감히 말할 수 있다. 농악이 중요무형문화재로 지정되고 관리되면, 과연 적극적으로 현실과의 관계를 갖는가 하는 근본적 의문이 있다. 현대사회에 적응하면서 새로운 모색과 대안이 찾아지기는 하겠으나, 실제로 농악이 경로를 찾아서 기능하리라는 기대를 갖기에는 어쩐지 섣부른 생각임을 저버릴 수 없다. 중요무형문화재로 지정되었으므로 그나마 명맥을 잇게 되었다고 치부하는 것은 안이한 대책이기도 하고, 더 극단적으로는 심각한 문제점이 드러날 수 있으며, 그 증세가 더더욱 여실하게 나타나고 있다. 그 점이 중요무형문화재 제도 속에서는 거의 고려되지 않았던 것으로 보인다.

3. 한국농악의 판도 재조명과 지역적 특색

한국농악의 판도는 재구성되어야하고, 다시 고안해서 논의되어야 한다. 중요무형문화재로 지정된 것을 근간으로 해서 구성하면 빈 구석이 너무 많다. 그 공백을 인정하면서 판도를 점검하는 것은 지극히 어리석은 일이다. 한국농악의 판도를 인정하고, 전체적이고 총괄적인 판도를 구성해야만 다음 단계의 논의가 가능하다.

한국농악은 크게 보자면, 당산굿과 두레굿으로 갈라서 말할 수 있다. 당산굿과 두레굿은 농악의 기능이나 세시절기에서 두드러지게 발견되는 현상이다. 당산굿은 정월 대보름을 전후로 해서 하는 농악의 굿을 말한다. 당산굿은 당산나무의 당산신을 중심에다 두고, 집집마다 돌아다니면서 집굿을 치고, 막바지에는 밤을 새워서 하는 판굿을 구현한다. 판굿은 마당굿이라고도 하는데, 넓은 벌판에서 연행하는 것을 말한다. 두레굿은 음력으로 단오, 유두, 백중 때를 중심으로 하여 호미씻이, 또는 호미씨세에서 하는 것으로, 거의 두레굿으로 하는 것은 대체로 두레풍장이나 두레굿을 통한 농사풀이와 같은 것이 이 굿의 형태로 전승되는 것이라고 볼 수 있다.

당산굿과 두레굿이라고 하는 1차적 준거가 작동하고, 2차적 준거로 작동한 것이 다음 단계의 구분이다. 두레굿으로 하는 강원도 강릉농악이 가장 1차적으로 갈라지고 당산굿으로 하는 전라남도 구례 잔수농악이 발탁되었다. 그것이 1차적 준거가 되어서 당산굿과 두레굿의 굿 형태에 의해서 갈라지고, 지역적으로 안배되면서 이들의 굿이 갈라지는 것을 볼 수 있다. 그러한 관점에서 새삼스럽게 판굿 중심의 농악, 군물 중심의 군악 등에 대한 이야기를 하고 있음이 선명하게 드러난다.

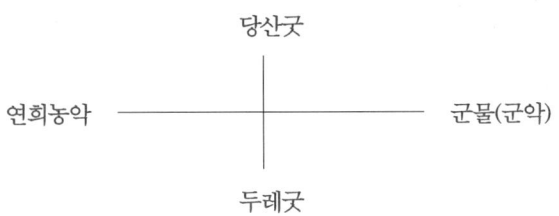

당산굿과 두레굿은 달이 차고 기우는 원리에 의해서 세시절기의 운용적 관점에서 드러난다고 하는 것이 요체이다. 다만 당산굿은 예축적인 기원의 원리에 의해서 드러나며, 두레굿은 실제 농악에서 구현되는 것으로 모든 농사를 마치고 나서 하는 이에 대한 예축적 기원을 농사과정의 충실한 재현이라고 하는 예축에서 농사풀이의 기원이 모방을 통해서 대체로 구현되는 점을 우리는 주목해야 할 것이다. 농사를 삶의 근간으로 하는 민족이고, 민족의 문화적 창안이 당산굿과 두레굿의 기본적 양상으로 하여 두루 활성화되었다. 그러나 당산굿 위주의 편향성은 시정되어야 마땅하다. 따라서 두레굿이 충분하게 고려되어야 마땅하다.

다음으로 판굿을 중심으로 하여 예능인의 농악이 우세하게 드러난 점은 문제이다. 상대적으로 성격이 전혀 다른 농악의 존재성을 부각시켜야 마땅하다. 농악 가운데 군악 위주나 군물 중심의 농악은 당연히 농악의 전국적 판도와 지형도 위에서 충분하게 부각시키는 점이 긴요한 과제이다. 군물이나 국악의 성격을 지닌 농악에 대한 농악의 지형적 판도와 지리적인 원형물을 새롭게 부각시켜야 마땅하다. 그런 점에서 본다면 농악과 군물, 농악과 군악의 체계적인 대립을 분명하게 드러내야 한다고 보겠다. 그것이 농악과 군악의 핵심적인 것이고, 그것이 체계적으로 드러나야만 한다.

2차적 준거는 바로 지역적 특징이다. 지역적 특색은 같은 것과 다른 것의 준거가 되는데, 같다면 같고, 다르다면 한없이 다르다고 하는 것이 세부적 차이가 발생한다. 세부적 차별성은 몇 가지가 드러나게 된다. 그렇기 때문에 그러한 특성이 무엇인지 그것에 의해서 정리할 필요가 있다. 크게 대가닥을 가르는 기준은 판제와 가림새가 된다.

첫 번째는 길군악7채가 중심이 되는 지역이 있는데, 그 하한선은 천안-대전 등을 중심으로 하며, 상한선은 경기도 동두천-강원도 강릉 등을 중심으로 하는 권역이 크게 하나의 권역으로 틀을 규정하고 있다. 길군악7채, 3채 등이 중심이 되나, 다른 각도에서 이러한 준거가 살짝 흔들리면서 이채로운 가락이 개입하면서 달라지는 것이 이 권역에서 이루어진다.

크게 뜬쇠들에 의해서 길군악7채의 세련된 가락을 구사하면서 이른 바 멍석말이로 하는 것이 바로 이러한 특색을 구현하고 있는 셈이다. 두렁쇠들은 길군악7채의 특정한 요소를 온전하게 드러내지 못하면서 흔들리고 이완되는 점이 특징적으로 드러난다. 길군악7채 가락의 요소가 이상하게 구현되면서 그것을 통해서 확실하게 드러내지 못하는 쪽과 세련된 쪽으로 보이는 것이 발견된다.

두 번째는 호남 좌도굿의 것으로 충청남도 금산 지역에서 시발점으로 해서 진안,

무주, 장수, 전주, 진안, 필봉, 남원, 곡성, 구례 등지까지 이어지는 가닥이 우리나라 농악의 판도에서 지역적 특색을 드러낸다고 할 수 있다. 이 지역에서 두드러지는 현상은 채굿, 영산굿, 소리굿 등이 주축을 이루면서 이룩되는 특색이 있다. 채굿은 가락이 점차적 늘어나는 형국을 말하는데, 그것은 지역마다 미세한 가락의 차이를 지니고 있으며, 가진열두가락(금산), 가진열두가지가락(진안) 채굿에서 1채에서 7채까지의 가락 등이 한 편에서 중요한 차별성을 보여주고 있다. 쇳가락 중심의 영산굿 가락 등이 차별성을 지니면서 달라지기도 또한 같아지기도 한다.

세 번째는 호남우도굿의 것으로, 오채질굿-오방진굿-호호굿-구정놀이 등으로 전개되는 것이 기본적인 특색이다. 우도굿은 정형성을 지니고 있으며, 정형성은 판굿에 근거한다. 우도굿의 정형성에서 가장 긴요한 사실은 특정한 굿거리를 맺는 결말 방식이다. 이 결말 방식은 매듭, 매답, 매도지 등으로 지칭하는데, '매도지하다'는 말은 호남우도굿에서 흔하게 사용하나, 현실적인 맥락의 속어로 흔히 '매도지하다', '매조지하다', '매조지다' 등의 용례에서 발견되는 바이다. 호남우도굿에서 이를 농악 제차의 결말 방식과 미학적 형식으로 창조한 점은 주목할 만하다고 할 수 있다. 특히 주목되는 사실은 진풀이와 미학적 신명풀이 방식이 일치한다.[2] '안팟당' 또는 '안밖당'이라고 하는 진풀이가 구성되는데, 안에서는 미지기 형식으로 진행하며, 밖에서는 원진의 형식으로 제자리에서 도는 진을 짜게 된다. 미지기 형식의 안과 원진형식의 밖이 서로 호응하면서 종국에는 안팎의 담이 허물어지면서 무질서를 창출하는데, 극단적으로 자진3채와 세산조시 가락 등이 바짝 조여지면서 가락을 만들어내는 것이 매우 이채로운 창조로 이어져 감을 보게 된다. 그래서 호남우도굿의 형식을 충실하게 만들어내는 것을 볼 수 있다.

네 번째는 각별하게 차별성을 드러내는 것으로 경상북도 내륙인 김천에서부터 시작하여 거창, 함안, 합천, 구미, 진주시와 삼천포에 이르는 지역에서 발견되는 특별한 지역적 특색을 발견할 수 있다. 이 지역의 특색은 전반적 전개는 호남좌도굿의

---

2   시지은, 「호남 우도 농악 판굿의 구성원리」, 경기대학교 박사학위논문, 2012.

그것과도 유사하나, 각별하게 차이가 나는 점은 쇠잽이의 구실이다. 쇠잽이가 원진의 형태 속에서 안으로 들어가 상쇠, 부쇠, 종쇠(달쇠) 등이 일정하게 가락을 이끌어가면서 각각의 치배와 가락, 춤사위, 몸짓, 놀이 등을 주도하는 점에서 특징적이다. 쇠잽이의 구실은 특히 법구잽이 또는 소고잽이, 북잽이 등과 일정하게 호응하는데, 그것이 쇠잽이의 인도 아래 이어지는 점도 각별하다. 진주삼천포까지 이러한 면모가 두드러지고, 소고잽이들의 놀이 방식이 웃다리 지역인 경기·충청 일대의 형식과는 차별화된다. 두루걸이나 자반뒤집기 등과 같은 기능면에서 일치하지만, 이와 달리 소고잽이들만의 독자적 놀이 등이 다양하게 연행된다. 판안다드래기, 수박치기, 잿북 등에서 보이는 일련의 소고잽이 놀이는 다른 각도에서 특별하다고 말할 수 있다. 그것은 일정하게 좌도굿의 소고잽이들이 하는 놀이와도 일치한다.

지역적으로 두드러지는 특색의 다섯 번째는 두레굿의 전통을 고수하는 곳에서 행하는 농사풀이 농악의 형태이다. 두레굿에 기초하는 농사풀이 농악의 형태는 판제로 하는 판굿의 형식과 일정하게 관련된다. 농사짓는 과정을 일정하게 소고잽이들의 모의적이고 형상적 창조에 의해서 보여주는데, 그 점은 어떻게 보면 거의 무미건조한 행위이자 형상이라고 하겠다. 그러나 기초적인 형상으로 자신들의 농사 과정을 재현하는 것은 그렇게만 보기 어려운 면모가 있다. 농사 과정을 충실하게 이행하고, 호미씻이와 같은 특정한 형태의 놀이 기간에 그 과정을 농악 가락에 맞춰서 재현하고, 동시에 이러한 형태의 모방을 강행하는 점에서 농사풀이는 과거의 회고적 환기만은 아니다. 다른 각도에서 보면 농사풀이 형식을 통해서 다가올 농사의 결실과 수확을 강조하고 예축하는 점은 미래전망적 형식의 창조라는 사실로 전환되면서 각별한 의미를 갖는다고 하겠다. 그렇기 때문에 농악의 시원적이면서 원형적 면모는 농사풀이 농악에 있다고 하겠으며, 유사한 사례로 우리는 일본의 다아소비 田遊び가 거의 같은 것임을 알게 된다. 농사풀이 농악에서 강조되고 있는 우경의 소놀이와 농사과정의 재현, 모의적 성행위인 자매놀이 등은 모두 풍농의 예측이라고 하는 점에서 각별하게 주목된다고 할 수 있다.

두레굿과 관련된 농사풀이의 농악은 단일한 형태로 되어 있지 않으며, 지역적으로 일정한 유형을 보이고 있는 점에서 지역적 차별성을 지닌다. 농사풀이의 지역적 유형은 다음과 같이 정리된다.

가) 순연한 농사풀이 유형: 경기도 양주, 고양, 강원도 강릉, 평창, 속초 등
나) 판제 농악에 첨부된 농사풀이 유형: 경기도 용인 백암농악, 경북 청도 차산농악, 부산 아미농악, 대구 욱수농악, 대구 고산농악
다) 판제농악에 소고잽이 놀이로 변형된 농사풀이 유형: 경기도 평택농악, 천안 웃다리농악
라) 두레풍장형의 농사놀이 유형: 충남 부여 추양리농악, 부여 세도농악, 논산 칠형제 두레멕이
마) 소놀이굿 형태의 농사풀이 유형: 양주 소몰이굿

가)는 단일하고도 소박한 형태의 농사풀이 유형의 농악을 뜻한다. 치배와 농사풀이 놀이패로 양분된다. 치배 구성은 쇠, 제금, 북, 장, 장고 등을 말하며, 경우에 따라서 소고잽이, 법고잽이, 무동 등이 첨가되기도 하고 변형된다. 농사풀이의 형태는 각별한 의미를 지니고 있으며, 모의적인 농사 행위를 통해서 농사과정 전체를 보여준다.

나)는 판제농악의 판굿 형태에 농사짓기 과정을 재현하는 유형을 말한다. 전국적으로 다양하게 관찰되며, 자생적으로 생성된 사례도 있으며, 특정한 형태의 교육적 목적 또는 다른 의도 아래 구성된 사례도 적지 않다. 적극적으로 그 원인을 찾는다면, 특정한 시대의 특정한 놀이가 구성되면서 결합하고 변형되었을 가능성도 있다.

다)는 소고잽이들이 특별하게 농사풀이의 특정한 동작을 유형적으로 창조하여 예술적 형상화를 시도한 사례가 적지 않다. 소고잽이들이 고난도의 창조를 하면서도 느리고 이완된 소고잽이 놀이에서는 일정하게 변형시킨 용례도 적지 않다. 그런 점에서 이 유형은 판제와 농사풀이의 상관성을 논의할 수 있는 여지를 적지 않게 지니고 있다.

라)는 농사풀이에서 벗어나 있으며, 농사를 마친 시기에 이룩되는 두레파접시의 놀이 형태로 발전시킨 것이다.³ 두레풍장과 같이 작업형태에서도 운용되나, 다른 각도에서 본다면 농사놀이의 즉흥성과 가변성을 지닌다. 이러한 농악놀이를 하는 점이 농사풀이의 한 형태로 논의할 단서를 열어놓는다. 따라서 이 유형은 농사풀이와 두레풍장의 관계를 환기하게 한다.

마)는 농악과 전혀 다르나, 사실은 농악과 굿의 근본적인 관계를 확인시켜주는 대표적인 놀이 가운데 하나이다.⁴ 구체적으로 본다면 양주 소놀이굿에서 무녀, 농악대, 소놀이 담당패 등이 교묘하게 복합된 특성을 지닌다. 굿과 농악이 어우러지는 형태라고 하는 점에서 이채롭다 하겠으며, 농사풀이의 근본적 의미를 확인시켜 주는 형태이다.

이상에서 논한 결과를 정리하면 더욱 흥미로운 추론을 전개할 수 있는 틀을 만들 수 있다. 협의의 농사풀이는 가)이다. 광의의 농사풀이는 나), 다), 라), 마) 등이다. 협의의 농사풀이가 농악의 본령이다. 광의의 농사풀이 농악은 전혀 다른 각도에서 농악의 기원과 변형을 이해하는 단서를 제공한다. 그 결과를 정의하면 다음과 같다.

수직축은 농사굿의 전통에서 수립된 대립이다. 예측기원은 당산굿과 두레굿의 축원 방식이 낳은 것이다. 예측기원은 농사풀이의 근간이다. 생산주술은 농경의례와 무속의례의 주술성이 결합된 〈제석굿〉 형태가 낳은 결과이다. 풍요의례와 곡령신

3　김헌선·김은희·시지은, 『부여 추양리 두레풍장』, 부여문화원, 2013.
4　김헌선, 『양주 소놀이굿』, 화산문학, 2001.

앙, 조상신앙 등이 결합되어 〈제석굿〉과 같은 것이 특정하게 작용하는 것이 대립의 핵심이다.

  수평측은 두레풍장이라고 하는 노동의 산물이다. 일에 집중한 결과이고, 노동의 수반으로 농악이 기능하는 것이다. 이와 달리 예능 유희는 고차원의 농사풀이를 변형하여 새로운 예능 유희를 창조한다. 그러한 것을 일과 예술, 노동과 형상의 복합적 관계를 알아볼 수 있는 핵심적 대립에 기초하고 있다. 그러한 각도에서 농사풀이 농악은 많은 것을 환기하게 된다. 그러한 점에서 농사풀이 농악은 참으로 많은 것을 시사하고 있는 명징한 사례라고 하겠다.

4장
경기도 호미씻이와 농사풀이농악의 전형적 사례
―고양시 농악과 민요의 사례를 중심으로

경기도 민요는 현재 일정한 관련자들이 모여 전승 주체를 이룩한 집단에 의해서 전승되고 있다. 본래 민요를 전승하던 맥락이 사라지고 자연적인 전승을 구가하던 시절을 환기하면서 전통을 보존한다고 하는 미명 아래 여러 집단의 이해가 합쳐져서 민요를 전승하고 있다고 해도 과언이 아니다. 진정한 민요의 기능은 작동이 멈춘 지 오래되었고, 현재는 개인적 기호와 그에 따른 집단의 결성에 의해서 민요가 간신히 전승되고 있을 따름이다.

금세기에 밀어닥친 이러한 변화를 어떻게 평가하고 민요 전승의 바람직한 전승을 위해서 어떠한 기능을 하게 해야 하는지 막연한 것이 사실이다. 그렇지만 인공적인 조건을 조장하고 인위적 전승을 통해서 민족문화의 유산을 전승하게 하고, 민속문화를 보존하게 하는 작업의 일환으로 민요를 전승하려는 것은 부정적인 것이기는 해도 결코 바람직하지 않은 방법이라고 비난할 일은 못된다.

진정한 구비전승이 막혀있는 시점 아래 문화적 격변과 멸절을 인정하면서, 우리 기억의 잔상과 구비역사의 진정성을 환기하기 위해서 인공적 조건 아래 이어가는 전승을 통해 우리는 새로운 상황 속에서 이루어지는 문화적 전략과 탈출구를 마련하기 위해서라도 잠정적이나마 전통문화 전승의 일환으로 이어지는 민요 이해를 도모하는 작업을 시도해야 한다. 오늘날의 민요 전승과 기능을 새로운 각도에서 논의하는 것은 결코 쉬운 일은 아니다. 자료 자체에서 출발하여 우리의 과거 구비전승의 전통과 힘을 깨닫고 바람직한 방향을 모색하는 작업은 많이 할수록 보람된 결과를 창출할 수도 있다고 생각하고 신념을 잃지 않아야 한다. 현대화와 산업화, 그리고 터무니없는 세계화를 저주하면서 이러한 상황을 부정하는 것은 바람직한 일이 더욱 못된다. 오히려 우리의 전통에 기대면서 특정한 구비문화 시대가 온전하게 이어지던 과거를 공통점으로 하고 보편문화적 전통이 현재에도 이어지고 있음을 밑거름삼아 타당하고 온전한 세계 인류문화 창출에 일정하게 기여하는 방향이 지금 우리가 사는 현재에 있음을 절감하면서 살아가는 나날에서 일상적 문제의식을 구하는 것이 바람직하다고 생각한다.

이와 같은 거시적 문제의식 아래 본고에서는 경기도 고양시에 전승되는 민요를 인공적인 조건 속에서 조사하고 이를 정리하면서 현재의 민요 전승 현황 속에서 이룩된 결과를 중시하고 이에 대한 논의를 하는 것을 목적으로 한다. 특히 고양시가 색다르게 변화한 조건 속에서도 토박이들에 의해서 전승되는 민요 전승이 매우 중요하고 우리 민속문화의 이해에 상당한 기여를 한다고 하는 점을 인정하면서 민요 전승의 일단을 가급적 현장에서 부조하고자 한다. 이미 고양문화원에서 중요한 현지조사 작업이 이루어진 바 있으며,[1] 그 작업의 기반 위에서 본고는 출발한다.

특정한 문화적 목적 아래 이룩된 단체로 경기도의 송포호미걸이, 일산동구 진밭두레, 경기도 고양들소리 등이 대표적인 사례이다. 특히 아울러서 경기도 고양시의 상여소리와 회다지소리 등을 결성하는 특정한 집단도 있으며 이들은 선공감역 상여소리를 중심으로 하는 장례의식요를 중심으로 하고 있는 단체도 있으나 전반적 개황을 검토하는 데만 활용하고 본격적 논의에서는 제외하고자 한다.

고양시 민요를 창출한 집단의 특별한 점을 강조하는 것은 아니고 현재 고로의 전승자들이 모두 사라진 상황 속에서 이들의 민요를 일정하게 계승한 이들을 통해서 우리는 고양시 민요의 전체적 환경과 의미를 확인하고자 하는 것이 이 작업의 핵심적 면모이다. 특히 농악, 두레, 농사풀이, 소리가 결합된 이상적인 형태를 승계하고 있는 점에서 이들 집단의 민요는 긴요한 의미를 가지고 있을 것으로 판단된다.

고양시 민요의 전승과 함께 주목할 만한 것은 이 지역의 탁월한 소리꾼이 한둘

---

[1] 이소라, 『고양민요론』, 고양문화원, 2007.

이 아니라고 하는 사실이다. 그 가운데 현장에서 이루어지는 체험이 적은데도 불구하고 소리의 전반적 면모를 새롭게 계승하고 있다는 점에서 이 지역에는 매우 놀랄 만한 가창자가 존재한다. 젊은 제보자인데도 우리는 그의 소리에 새삼 눈을 두고자 한다.

전승이 현장의 맥락에서 이어진 것은 아니어서 이 사례가 도대체 어떠한 의미를 지니는지 가늠하기 어렵다. 그런데도 불구하고 전승의 적극적 가창자라고 하는 점에서 평가할 만한 가치가 있다고 판단된다. 그 점에 대해서 깊은 의미를 지니고 있으며 음악적 평가를 통해서 이러한 가치와 의의를 재론하고자 한다.

경기도 고양시에서 민요를 조사하며 논농사소리를 채록하였다. 이미 상당 부분 소리가 전승 단절 위기에 놓여 있음을 알 수가 있었으며, 전승 자체가 멸절될 지경에 이르렀음을 시인하지 않을 수 없다. 그러한 정황 속에서 과연 이러한 작업을 하는 일이 과연 필요한지 많은 의문이 있다. 그러나 현지 조사를 직접 시행하면서 우리는 이 작업의 필요성을 절감하고 단절된 채로 직시하고 보존하는 방안을 찾는 작업이 필요한 점을 깨달을 수 있었다.

경기도 고양시는 들이 넓어서 이에 관련된 소리가 풍부하게 전승될 여지가 있으며, 탁월한 소리꾼이 많아서 작업을 하는 편이 옳다고 생각하여 접근하였는데 예상대로 훌륭한 전승자들이 숨어 있음을 찾아내게 되었다. 그 점이 소중하고 이를 시 차원에서 보존하려고 힘쓰는 점을 인정하게 되었다. 특히 이들이 전하는 소리의 다양한 점을 두고서 본다면 이 소리의 전통은 재평가할 만한 가치를 지닌다고 하지 않을 수 없다.

경기도 고양시에서 세 사람의 중요한 제보자를 만날 수 있었다. 이계희, 최장규, 조경희 등이 그러한 사례이다. 각기 상이한 계통에서 상이한 방식으로 소리를 전승하고 있으면서 고양시 소리의 깊은 전통을 만날 수 있도록 구성하고 있다. 이들 세 사람을 중심으로 조사를 기획하고 채집하였는데 거의 적중하였다.

이계희는 1944년생으로 우리나라 나이로는 71세이다. 진밭에서 출생한 인물로 농악과 소리의 경험이 풍부하며 농사풀이 농악에 정통한 인물이다. 특히 제금을 잘

치고, 논농사소리에 해박한 경륜과 체험을 기반으로 하는 전승에 중심을 차지하고 있는 인물임을 단박에 알 수 있었다. 고로들이 있어서 이들과 함께 전승에 진력하고 있다.

최장규는 51세(1964년생)로 탁월한 가창자이고, 소리가 거의 절대음에 가까운 것들을 지니고 있는 인물이다. 그리고 소리에 깊은 열정을 가진 인물임을 알 수 있었다. 소리의 이인이고 진정한 고양소리의 전승자임을 새삼스럽게 깨달을 수 있었다. 이 제보자를 만나면서 젊은 사람이 어떻게 그렇게 소리를 잘하는지 거듭 놀라게 되었다. 특히 경기도 고양시의 소리 전승자를 샅샅이 찾아서 그들의 소리를 자신의 소리로 만든 공력과 체험에 우선 경의를 표해야 할 정도로 독보적인 가치를 지닌 인물이다. 최기복, 이금만, 김현규 등에게서 다양한 소리의 전통을 익히고 동시에 자신의 몸에 맞게 체득하였다고 하는 점에서 가장 놀라운 면모를 지니고 있다.

조경희는 55세(1960년생)로 송포호미걸이소리의 전수조교로 되어 있다. 김현규의 소리를 물려받았다고 자부하고 소리의 선창자 노릇을 하였다. 보존회원들과 소리를 익히면서 여러 가지 행사를 기획하고 아울러서 소리를 널리 알리려고 하지만 적지 않은 문제가 있으며, 일반화의 여러 난점에 대한 말을 하였다. 전승 자체가 힘들다고 하는 점이 확인되는 대목이다.

세 사람의 제보자에게 소리를 인공적 조건에서 부탁하고 채록한 결과 놀라운 성과를 얻을 수 있었다. 소리의 양대 갈래가 노동요와 의식요이고, 이 가운데 집중적으로 채록하고자 한 것은 바로 노동요이다. 특히 논농사 관련의 소리를 채록하였다. 그 이유는 자명하다. 이 고장이 들이 넓고 동시에 논농사소리의 본바닥에 해당하기 때문이었다. 여러 가지 소리를 채록하였지만, 그 가운데 논농사소리만을 중심으로 채록한 소리의 목록을 정리하면 다음과 같다.

순번	제보자	전승 지역	논농사소리 목록	채록 일자 장소
1	이계희 김수정 신유희 김병철	경기도 고양시 일산동구 진밭로 13	모찌는소리 모내는소리 김매는소리-떴다소리, 휠휠이소리, 꽃방아타령, 상사디소리, 후야 휠휠, 몸돌소리	2014년 1월 23일, 진밭두레소리 전수관
2	최장규 최걸훈	경기도 고양시 덕양구 행신동 무원로 5번길 7-20	쌍가래질소리, 용두레질소리, 모찌는소리(쪘네소리), 모심는소리(열소리), 논김소리-긴소리, 사두소리, 양산도, 새소리, 노루타령, 노잔다소리, 헤이리소리, 상사도소리, 새쫓는소리, 몸돌소리	2014년 1월 28일, 고양들소리보존회 사무실
3	조경희 송포호미 걸이보존 회원들	경기도 고양시 신도읍 삼송리	모내기소리(열소리) 두레소리-긴소리, 사두소리, 양산도, 방아소리, 놀놀이소리, 떴다소리, 상사소리, 잦은놀놀이소리, 후야소리, 몸돌소리	2014년 1월 28일, 송포호미걸이보존회 사무실

다양하고 풍부한 소리를 제공한 인물은 최장규이다. 최장규는 모르는 소리가 없을 정도로 소리에 대한 공력이 대단한 것을 알 수 있다. 여러 제보자로부터 토박이 소리를 찾아서 녹음하고 소리를 배우면서 여러 가지 소리를 다양하게 알고 자신의 소리 목록으로 정립할 수 있었다. 그것이 그의 인생에 상당한 밑천을 제공하였다고 볼 수 있다.

그만큼 폭넓은 자료를 조사하고 체득하여 일정한 연마를 한 뒤에 전승하므로 이처럼 전승 목록이 풍부하다. 김매는소리만을 기준으로 삼아서 본다면, 진밭두레의 어르신들이 전승하는 목록은 상대적으로 고풍스럽기는 해도 전승의 목록이 취약하고 단조롭다. 소극적으로 전승하고 전승의 적극성을 보이지 않아서 소리가 상당 부분 위축되었음을 알 수 있다.

조경희의 전승은 풍부하기는 하지만 소리의 공력과 청으로 본다면 다소 취약한 면모가 없지 않다. 본인의 목이 문제가 있다고 하므로 원인을 그 곳에서 찾을 수가 있겠으나 소리의 전승력과 활력을 위해서는 일종의 적극적 전략이 요구된다. 그런데 적극적 방안을 강구하지 못하고 있어서 안타까움을 주고 있다.

우리는 위에서 조사된 자료를 통해 전반적 개황을 정리한다면 필요한 정보를 집약해서 얻을 수 있을 것이다. 김매는소리를 서로 비교하는 표를 작성하면 고양시

민요 가운데 논농사 전승의 실상을 확실하게 알아볼 수 있다. 그러한 전승의 핵심을 정리해서 비교해서 보이기로 한다.

작업 과정	구체적 소리	최장규(15)	조경희(11)	이계희(9)
물푸기	쌍가래질소리	●		
	용두레질소리	●		
옮겨심기	모찌기	●		●
	모내기	●	●	●
김매기	긴소리	●	●	
	사두소리	●	●	
	양산도소리	●	●	
	방아소리		●	●4
	놀놀이소리		●	
	떴다소리		●	●1
	새소리	●		●2
	노루타령	●		
	노잔다소리	●		
	헤이리소리	●		●3
	상사도소리	●	●	●5
	잦은놀놀이소리	●	●	
	새쫓는소리	●	●	●6
	몸돌소리	●	●	●7

쌍가래질소리는 가래질을 하면서 물을 푸는 소리이다. 가래는 셋이서 작업을 하는 방식인데, 가래밥을 담는 것을 두 개로 만들어서 소리를 한다. 용두레질소리는 용두레질을 하면서 하는 소리이다. 그 전승의 실상이 이웃하고 있는 김포시의 통진이나 강화도의 전역에 존재하는 것과 다르지 않다. 물을 퍼서 옮기며 숫자를 헤아리는 소리이다.

모찌기소리는 모를 찌면서 하는 소리이다. 숫자를 헤아리는 소리인 점에서 동일하다. 모내기소리는 모를 논에 심으면서 하는 소리이다. 모찌기와 모심기 과정에서 느린 소리로 열까지 헤아리면서 이를 교환창의 방식으로 이어가는 점에서 주목할 만한 특징이 있다고 할 수 있다. 느리고 유장한 소리 속에서 작업의 방식이 아취를 구현하고 있는 점이 드러난다.

김매기소리는 다양하고 입체적 특성을 지니고 있다. 긴소리는 논바닥에 들어서면서 두레를 낸 여러 사람을 선창자가 이끌면서 한다. '군방임네'라는 소리로 일꾼을 부르고 불규칙한 소리를 하는 점이 확인된다. 사두소리는 고양, 파주, 양주, 연천 일대에서 발견되는 소리로 긴요한 특징을 지니고 있으며, '사두'라로 하는 후렴이 있어서 파생된 명칭이다.

양산도소리는 유흥민요인 양산도와 같아서 논매기의 과정에 부르는 것으로 이를 구분하는 학자도 있으나, 유흥민요와 논매기에서 부르는 양산도가 같은 형태이므로 이 지역이 결과적으로 양산도의 생산지이자 주산지임을 알게 하는 특성이 있다. 방아소리는 가장 풍부한 전승을 이루고 있는 것으로 꽃방아타령, 방아타령, 회방아타령과 맥락을 함께 하는 소리이다.

유흥민요와 일정하게 활발한 교유를 하는 것이 이 지역 소리의 특징이다. 놀놀이소리, 떴다소리 등을 비롯하여 여러 가지 특별한 민요 소리가 있는 것은 같은 맥락에서 살펴볼 수 있는 소리이다. 이와 달리 헤이리소리는 서산나무꾼의 소리로 알려져 있는 특별한 소리이다. 파주의 헤이리마을도 여기에서 그 명칭이 유래한다.

상사도소리, 새쫓는소리, 몸돌소리는 김매기의 마무리 단계에서 등장하는 소리이다. 주술적 기원을 일부 담고 있으면서 작업의 막바지에 논바닥을 김매는 두레꾼이 에워싸면서 하는 소리가 곧 몸돌소리 또는 몬돌소리라고 할 수 있다. 작업이 선형적 질서로 구성되고 작업의 단계마다 특징적인 소리를 발전시키면서 김매기소리를 창안한 민중 미의식의 발현이 이렇게 이루어졌다고 할 수 있다.

세 사람의 제보자에게 이러한 소리가 균질감 있게 나타나는 것은 아니다. 오히려 차별적 면모가 있기도 하고, 소리의 선형적 순서가 뒤틀려 버리는 것도 있으므로 이것이 일률적으로 발견되지 않는다. 일관된 소리의 채집이 안 된다고 하는 사실이 결과적으로 논농사소리 전승에 심각한 위기가 닥쳤다고 하는 사실을 반증하는 증거가 되기도 한다.

논농사소리의 목록을 통해서 우리는 여타의 연행맥락까지 고려하여 몇 가지 사실을 정리하고 이를 통해서 고양시 민요의 특색을 정리할 개연성을 지닌다. 고양시 민요의 일반적 성격은 무엇인지 점검할 필요가 있으므로 일단의 문장으로 만들어보기로 한다. 그것은 다음과 같은 작은 사실에서부터 큰 사실로 정리된다.[2]

1) 논농사소리는 모찌는소리, 모심는소리, 김매는소리 등으로 구성된다.
   1)1 모찌는소리는 한춤소리와 졌네소리로 구분되는데, 졌네소리가 우세하다.
   1)2 모심는소리는 하나소리와 열소리로 구분되는데, 열소리가 우세하다.
   1)3 김매는소리는 여러 하위의 소리들로 구성된 클러스터로 되어 있다.
      1)3.1. 긴방아소리가 앞의 서두를 장식한다.
      1)3.2. 특정한 소리를 타령으로 발달시킨다.
      1)3.3. 노루타령, 논김양산도, 느린방아타령, 꽃방아타령, 헤이리소리, 홀홀이 소리, 상사디야소리, 새날리는소리, 몸돌소리 등으로 구성된다.
2) 논농사소리인 김매는소리와 장례소리인 회다지는소리는 같은 소리를 사용한다.
3) 논농사소리는 농사풀이농악과 결합하여 연창되고 연행되는 공통점을 지닌다.
4) 고양시의 사례는 이웃하고 있는 파주, 양주, 동두천, 의정부와 공통점이 있다.

---

[2] 그러한 사실에 대한 정리는 앞의 저작에서 이소라가 상세한 논의를 한 바 있다. 여기에서는 그와 별도로 전승의 실상을 구조적으로 정리하고, 세부적인 사항 지적이나 지역적 특색을 지적하는 것에서 벗어나 이러한 소리들의 일정하게 작동하고 있는 문화적 창조력이 작은 것이면서 큰 것임을 지역유형이라고 하는 틀에서 해명하고자 한다.
김헌선, 「경기도 양주군 민요의 과거와 현재-노동요와 의식요를 중심으로」, 『구비문학연구』 제17권, 한국구비문학회, 2003.11, 113-171쪽. 이 글에서 이러한 견해를 한 차례 정리한 바 있다. 그 견해에 근거하여 재정리하면서 이 자리에서 활용하고자 한다.

1)은 고양시의 논농사소리가 지니는 특수성을 말한다. 지역적인 특징을 선명하게 드러내고 있으며, 다른 고장에서 발견되지만 매우 이채로운 특성을 반영하면서 이룩된 점을 선명하게 기억해야 할 것으로 보인다. 고양시는 적어도 이 세 가지의 민요를 전승하고 있으며, 세 명의 전승 주체가 모두 이 점을 드러내고 있음이 확인된다. 전승의 높낮이가 있지만 이들의 전승을 통해서 고양시 논농사소리의 일관성과 전승에 힘이 있음을 일단 확인하게 된다.

그 가운데 하위의 세 가지 특성을 거듭 확인할 수 있다. 모찌는소리는 한춤소리가 아니라 쪘네소리임을 알게 된다. 모심는소리는 하나에서부터 열까지 헤아리는 열소리임이 드러난다. 김매는소리는 세 번의 김매기를 통해서 불리는데, 애벌김, 이듭논, 삼동논 등을 매면서 여러 가지 소리가 함께 갖추어지는 소리를 활용하고 있다. 세부적 구성에 차이나 순번이 뒤바뀌거나 특정한 전승자에 의해서 소리가 특별하게 발달한 것이 첨가되지만 거의 같은 양상을 보이고 있다.

2)는 경기도 북부 지역의 소리에서 발견되는 일반적 특성을 보여준다. 그러나 왜 이러한 갈래를 섞어서 쓰는지 현재로서 규명하기 어렵다. 김매는소리와 회방아소리 또는 회대소리에서 왜 소리가 같으면서 사설이 달라지는지 이 전통이 어디에서 기인했는지는 현재로서는 알기 어려운 소리의 전통이 이룩되어 있다. 이 전통을 통해서 우리는 다른 민속문화권에서 발견되지 않는 특성을 말할 수 있을 것으로 보인다. 노동요와 의식요의 공유, 논농사와 회다지소리의 공유가 어떠한 의미가 있는지 알아야 할 필요가 있다.

3)은 더욱 중요한 국면의 공통점이다. 논농사소리와 농사풀이농악이 서로 결합하고 이 과정에서 소리를 하는 것이 일반적인 현상임을 볼 수 있다. 농사풀이농악은 소고잽이들이 고깔을 쓰고 이를 일정한 대열을 이루면서 이들 자체의 일정한 의미를 지니고 있는 것을 볼 수 있다. 서로 불가분의 관계를 맺게 된 것은 이유가 어디에 있는가? 두레 때문인가 정월 보름 행사 때문인가 하는 등의 의문을 자아낸다.

4)는 1), 2), 3)에 근거한 것으로 경기도 서북부 지역에서 발견되는 현상으로 이해되고 경기도의 큰 지역성에 근거한 면모를 구현하고 있는 점에서 가장 긴요한 특성

을 지니고 있다. 미세한 국면이 발전하여 거대한 국면에 이르는 공통점을 단계적으로 확장할 수 있다고 하는 점에서 소중한 면모를 과시하고 있다. 아마도 이러한 특성에 기초한 고양시 민요의 특징을 말하는 것만으로도 충실한 전승이 이루어진 결과라고 하겠다.

농사풀이라고 하는 형식 안에서 모심기와 논매기가 분리되어서 일정한 소리의 전통으로 분리되는 현상을 볼 수 있다. 농사풀이와 논농사소리를 함께 하는 전통을 통해서 우리는 논농사소리와 농사풀이가 복합적으로 전개되는 원래의 면모를 확인할 수 있다. 농사풀이와 논농사소리는 깊은 관련을 가지고 있으면서 독자적 구성을 하는 특성이 있다.

두레소리는 명확하게 두레의 형식과 깊은 관련을 지니게 된다. 고양시의 소리는 일정하게 두레를 구성하는데 핵심적 구실을 하게 된다. 가령 예를 든다면, 송포호미걸이와 같은 절차는 소리와 농악을 함께 연주하면서 일정한 순서를 지향하게 된다. 구두레참례굿-신두레맞이굿-인사굿-진풀이 등이 핵심적 구실을 하게 된다.

구두레패는 3채가락을 주로 연주하고, 신두레패는 길놀이에 맞추어 각자 자기 동네에서 연주하던 가락인 굿거리3채를 친다. 이 과정에서 날라리도 아울러서 연주하기 시작하며, 구두레와 신두레가 만나서 연주하면서 서로 합쳐지는 특성을 구현한다. 신두레맞이굿은 신두레가 구두레에 다가오면 구두레는 맞이하는데, 구두레 상쇠는 마당에서 오른쪽으로 향하다가 중앙을 향하여 우측 신두레 상쇠부터 인사를 하면서 신두레와 구두레가 합쳐지는 굿을 치게 된다. 그리고 기를 쓸면서 놀이를 한참 진행하고 서로 하나가 되는 일을 전개하게 된다.

인사굿은 구두레와 신두레가 합쳐져 같이 원을 이루면 원 안에서 서로 마주보며 인사굿 한 번을 하고 뒤돌아 바깥을 향하여 인사굿을 치면서 필요한 농악놀이를 다시 한번 하게 된다. 인사굿이 끝나면 본격적으로 진풀이가 시작된다. 진풀이굿으로 하는 것은 오방진, 가세치치, 열십자돌아가기, 멍석말이, 쌍줄배기, 어린무동이 농기 위에 올라가 노는 것으로 마무리된다.

두레소리는 일정하게 복색과 악기 등에서 특징적인 현상을 가지게 된다. 그것은 고깔소고, 제금 등을 지니고 소리와 풀이, 놀이 등을 함께 진행하는 것을 볼 수 있다. 고깔소고는 단순한 것으로 보기 어렵다. 아울러서 제금이 들어가 있는 것이 특징이다. 이 두 가지가 곧 이 지역의 농악적 기원과 양상을 해명하는데 있어서 가장 선결되어야 할 과제이다. 제금은 고형의 악기이다.

고깔소고는 경기도 북서부와 강원도의 영서와 영동 지역에서 발견되는 특징적인 복색이다. 고깔소고를 쓰고서 일정하게 일련의 농사놀이를 진행하게 되는데 이 복색은 호남지역의 고깔소고와 관련되지만 아울러서 차별화되는 것이다. 춤사위를 중시하지 않고, 일정한 행렬을 중시하는 특성을 지니고 있기 때문이다. 그것이 농사풀이라고 할 수 있다. 농사풀이를 전개하는데 고깔은 일정한 의미를 지니고 있다. 이러한 방식의 전개를 통해서 우리는 두레소리가 긴요한 구실을 하는 점을 확인하게 된다.

고양시에 전승되는 두레소리는 우리가 아는 것 이상의 고형적 면모를 지니고 있다. 논농사소리, 두레라고 하는 형식과 농사풀이를 통해서 이루어지는 악기와 복색 등을 통해서 원형적 면모가 있는 형태임을 우리는 새삼스럽게 알 수 있다. 고양시 민요의 전승 맥락과 함께 고양시 민요를 중시하면서 본다면 새로운 연구 시각이 열리게 된다.

진밭두레농악풀이

진밭두레농악풀이

경기도 경기서북부 일대에 전승되는 논농사소리를 중심으로 이 소리의 맥락과 민요적 특색과 특징으로 논농사소리는 두레에 의해서 진행되는 것을 볼 수 있다. 두레꾼들에 의한 두레소리를 하면서 이를 호미걸이, 호미씻이 등으로 일컬으면서 이러한 소리를 하는 점에서 의미를 지니고 있다. 특히 호미걸이소리와 함께 일정한 농사풀이농악을 연행하는 점이 가장 긴밀한 특성을 지니고 있다.

이 글에서는 이러한 성격을 중심으로 일정한 가설을 세우고 특히 논농사소리와 함께 농사풀이가 가지는 의미를 집중적으로 조명하였다. 고양시의 사례가 한 곳으로 머물지 않고, 다른 고장까지 입체적으로 확장되는 점을 볼 수 있다. 특히 농사풀이 농악의 일본적 사례를 중심으로 하는 점에서 전악과의 공통점과 차이점을 비교하고자 하는 소박한 생각을 전개하였다.

두레굿과 보름굿의 전통을 통해서 농사풀이 농악이 지니고 있는 두레굿적 성격을 비교하면서 이들의 농사에 대한 주술적 성격을 규명하고자 하였다. 그리고 동시에 두레굿의 면모를 농사풀이와 연결하는데 있어서 이 소리의 지역유형적 성격을 함께 재론하는 것이 필요하다는 점을 강조하였다.

특히 이 지역의 소리는 방아타령의 주산지라고 하는 견해를 표방하였다. 방아타령이라고 하는 것을 중심으로 하는 일련의 주술적 축원의 형식이 소리를 결정하였으며, 이러한 소리가 두레소리 내지 두레굿의 전통과 결합하면서 농사풀이의 농악을 창출한 것으로 이러한 면모를 확대하였다. 그런 점에서 이 소리는 방아타령이 핵심이고, 농사풀이 농악과 깊은 관련을 지니고 있게 된다.

두레소리의 확대 방식으로 부르는 소리가 지역유형을 독자적으로 지니면서 방아타령을 여러 가지 소리로 전용하고 재창조하면서 일정한 클러스터를 형성하고 있는 점을 주목해야 한다. 타령의 갈래수를 늘리고, 방아타령을 입체적으로 확대하고, 이를 논농사소리에만 국한시키지 않고, 회방아소리로 확대적용하면서 소리를 하위적으로 구성하는데 일정하게 논농사소리의 방식을 고집하고 있는 점이 드러난다.

두레소리의 확장을 통해서 이른바 소리문화를 이어가는데 있어서 우리 민요 연구에 많은 시사점을 던져준다. 이 지역의 소리 특성을 통해서 기층문화의 이면에 잠재된 지역유형의 창조가 핵심이다. 소리를 단조롭게 하지 않고 자유로운 창조로 이어가면서 이른바 소리의 전통을 확장하고 이를 두레문화적 관점에서 형성하고 있는 이면을 읽을 수 있다. 그리고 이러한 소리의 창조가 다른 고장에서 창조된 것과 거의 일치하는 점을 볼 수 있다.

이러한 전통은 농사풀이 농악의 권역과 비교될 수 있지만 이러한 소리의 근저에 이른 바 경기농사풀이 소리와 농사풀이 놀이라고 하는 독자적 구분이 가능하지 않을까 짐작된다. 농사풀이 농악의 전통과 권역을 모두 비교한 것은 아니지만 이러한 농사풀이 농악이 미치는 범위에서 일차적으로 이러한 소리가 파생된 것은 주목할 만한 현상이다.

두레소리이므로 두레의 형태와 깊은 관련이 있고, 이 지역에서는 두레풍장이라고 하지 않으며, 두레를 호미시세, 호미걸이 등으로 지칭하는 점이 확실하게 드러난다. 두레소리를 통해서 두레의 조직과 함께 소리의 전통을 통해서 이른 바 소리의 전통과 함께 이루어지는 점을 독자적으로 규명할 수 있다. 이러한 소리의 전통을 통해서 이루어지는 두레소리와 두레농악의 전통을 이어져가는 점을 차후 과제로 남겨둔다.

특히 두레를 매개로 하는 두레농악인 두레풍장과 두레의 농사풀이가 어떠한 관련성을 지니고 있는지 검토하지 않을 수 없다. 두레의 이대유형은 두레풍장과 농사풀이에 대한 근본적 의문이 생겨난 셈이다. 두레풍장의 두레굿과 농사풀이의 호미걸이 등은 서로 깊은 관련성을 지니고 있을 가능성이 있다.

논김소리(긴소리)

소리: 최장규 외
채보: 정서은

<메> 이편 저편 좌우편 군방님네~~~
<받> 예~
<메> 자, 이만 못한 곳에도
떡이 석섬 서말 서되 서홉 서작 세 숟가락 세 알캥이 세 토막이 남서~~
자, 영감마님 슬슬 딸네 집 가던 힘으로,
옛날 노인네 하던 두레소리, 우렁우럭 해 보십시다~~
<받> 예~

논김소리(노루타령)

모심는소리(열소리)

쌍가래질소리

소리: 최장규 외
채보: 정서은

상여소리(하직소리)

소리: 최장규 외
채보: 정서은

회방아소리(방아타령)

회방아소리(상사소리)

소리: 최장규 외
채보: 정서은

회방아소리(오호소리)

두레소리(몸돌소리)

두레소리(상사소리)

소리: 송경희 외
채보: 정서은

두레소리(후야소리)

소리: 송경희 외
채보: 정서은

모내는 소리(열소리)

모찌는소리

소리: 신유희 외
채보: 정서은

몸돌소리

상사디 소리

소리: 신유희 외
채보: 정서은

상여소리-빨리걸어갈때

상여소리(회방아소리1)

소리: 신유희 외
채보: 정서은

<메> 군방네여~
<받> 예~
<메> 우리 전후 객담은 다 그만두시고 우리 옛날 옛적 그 노인네들이 회방아 닫는 소리 한 마디 늘엉늘엉 해 봅시다~
<받> 예~

상여소리(회방아소리1)

소리: 신유희 외
채보: 정서은

상여소리(회방아소리1)

소리: 신유희 외
채보: 정서은

상여소리(회방아소리2)

5장
경기도 파주 금산리 민요의 경계면적 특징

1. 경기도 파주 금산리 민요의 현지조사 경위
2. 경기도 파주시 금산리 민요의 내적 경계면
3. 경기도 파주시 금산리 민요의 외적 경계면: 마들농요와의 비교
4. 경기도 파주 금산리 민요의 내적·외적 경계면의 가능성

1. 경기도 파주 금산리 민요의 현지조사 경위

경기도 파주시 금산리에 여러 가지 민요가 전승된다. 민요 가운데 개별적인 놀이와 목적으로 소용되는 민요도 있고, 집단적인 협동과 특정한 목적의 일을 하기 위해서 부르는 민요도 있다. 한 마을이나 지역의 특징을 구현하는 민요로 논농사소리·장례의식에 사용되는 소리·집터를 다지는 소리·세시절기에 의한 고사소리 등이 이러한 성격을 점검하는데 유력한 사례들이 된다.

경기도 파주시 금산리 민요는 논농사 소리와 상여소리 및 회달구 소리(또는 회다지소리) 등이 일정한 순서로 잘 갖추어져 있다. 이들이 지니고 있는 공통적인 요소는 파주 금산리 민요의 성격뿐만 아니라, 경기도 서북부의 지역적 특색을 온전하게 이해하는데 많은 준거를 제공하는 소리라고 판단된다. 따라서 이를 대상으로 다면적 의미를 환기하는 여러 국면을 드러냄으로써 이 민요의 소중한 전거를 공유하고자 한다.

파주 금산리 민요에 대한 여러 가지 현지조사가 이루어진 바 있다. 음원이 다수 채록되고 좋은 음원이 확보되었지만 본격적인 연구가 이루어지지 않았음이 확인된다. 음원으로 문화방송의 『한국민요대전』 경기도편이 있으며,[1] 한 차례의 현지조사에 의한 것을 악보화한 『경기도의 향토민요』 상·하권[2]이 있어서 이 지역의 민요가 가지는 중요성을 일깨우게 한다. 그러나 음원과 악보가 연구를 대신할 수 없으며, 이 지역 민요의 특징과 의의를 드러내기 위해서 본격적인 언급이 필요한 실정이다. 그렇게 하기 위해서 이 지역에 대한 몇

---

1 『한국민요대전』(경기도편), 문화방송, 1996, 308-333쪽.
2 김영운·김혜정·이윤정, 『경기도의 향토민요』 하권, 경기문화재단, 2006, 506-546쪽.

차례 현지조사가 이루어졌다.

　제2차 한국구비문학대계 파주군편의 작업을 하면서 처음으로 이 지역을 실제 조사하게 되었는데 그때의 감흥은 이루 말할 수 없었다. 『한국민요대전』의 구연자들이 특정인 몇 명을 제외하고는 그대로 살아 있었으며, 현장에 그대로 머물러 살면서 여전히 이 소리를 이어가고 있었다. 이번 조사를 통해서 이 지역의 민요를 새삼스럽게 자각하고, 이 지역 민요의 중요성을 절감하게 되었다. 이에 대한 현지조사의 일정은 다음과 같다.

　1) 제1차 현지조사
　　조사일시 : 2010. 1. 13(수)
　　조사장소 : 경기도 파주시 탄현면 금산리 산 22번지 파주금산리민요전수관
　　제 보 자 : 추교전 외 12인
　　청　　중 : 25인

　2) 제2차 현지조사
　　조사일시 : 2010. 1. 18(월)
　　조사장소 : 경기도 파주시 탄현면 금산리 의령남씨 장례 현장
　　제 보 자 : 추교전 외 8인
　　청　　중 : 30인

　3) 제3차 현지조사
　　조사일시 : 2010. 1. 21(목)
　　조사장소 : 경기도 파주시 탄현면 금산리 산 23번지 금산농요전수회관
　　제 보 자 : 조경환·추교전·추교옥 외 17명
　　청　　중 : 15인

4) 제4차 현지조사

   조사일시 : 2010. 7. 27(화)
   조사장소 : 경기도 동두천시 생연동 사당골 산중 묘지
   제 보 자 : 한영교·어두용·이영재 외 10여명
   청   중 : 60인

  현지조사는 모두 네 차례에 걸쳐서 이루어졌는데 파주에서 세 차례, 한번은 전혀 멀리 떨어진 동두천에서 이루어졌다. 1)과 3) 두 번은 인공적인 조건 아래에서 이루어진 것이고, 2)와 4) 두 번은 실제 장례가 행해지는 곳에서 자연적 조건 속에서 이루어졌다. 자연적 조건은 무덤을 파고 그곳에 주검을 감장하고 봉분을 쓰는 현장에서 이러한 조사가 가능하게 되었다. 파주 금산리와 멀리 떨어진 동두천에서 이룩된 회다지소리의 현장을 말하는 이유는 상이한 지역인데도 동일한 조건 속에서 이루어진 결과를 보이는데 적절하겠기 때문이다.

  현지조사가 이루어진 시기에 따라서 인적 구성원이 달라지고 현지조사의 관점에 차이가 있으므로 이를 모두 드러낸 것이다. 그러나 이미 파주군 탄현면 금산리의 농요와 장례요는 많은 연구자들에게 개방되어 왔으며 밀도 있는 조사 작업이 이루어져서 그에 대한 정보는 충분하게 개방되어 있다고 판단된다.

  첫 번째 조사는 금산리의 주민을 처음 대면하면서 이루어졌다. 이미 문화재 지정 관계와 방송 출연으로 개방적이고 적극적인 태도로 조사에 임해주었다. 중요한 제보자 가운데 한 명이 세상을 뜬 형편이었으나 적극적인 구연으로 많은 의문을 해소할 수 있었다.

  첫 번째 조사 때 중요한 제보자가 아파트 경비 일을 하는 관계로 참여하지 못해서 이 인물을 보완해 넣어서 재녹음을 할 필요가 있었으므로 추가적인 작업을 하게 되었다. 이 인물이 바로 추교옥이었다. 추교옥을 1월 21일에 만나서 녹음하기로 약속일을 잡았는데 그 사이에 마을에 상이 나서 자연적인 조건 속에서 세 차례에 걸친 회다지 소리를 현장에서 녹음을 하게 되어서 두 번째 현지조사와 녹음이 되었다.

세 번째 현지조사는 추교옥이 참여한 상태에서 녹음이 이루어졌다. 새납을 부는 어르신이 질병이 생겨서 온전하게 하지 못했지만 달라진 사정에도 불구하고 적극적으로 임해서 결과적으로 풍성한 성과를 얻을 수 있었다.

네 번째 현지조사는 동두천시에서 이루어졌다. 동두천시는 미군부대가 들어서 있으며 전통적인 문화가 많이 훼손된 곳으로 추정되는데, 사실은 그렇지 않다고 하는 것이 밝혀진 결과이다. 논농사가 활발하게 이루어졌으며, 미군부대에 빼앗긴 소요산 인근의 땅을 제외하고 토박이들이 살고 있으므로 이들의 전통은 은밀하고도 적극적인 의지를 가진 토박이들에 의해서 전승되고 있음을 절감하게 되었다.

동두천시의 전통민요에 대한 현지조사를 하던 중에 상이 나게 되어서 이 현장 녹음을 하게 되었다. 파주군 탄현면 금산리의 회다지와 동두천시 생연동 사당골의 회다지가 같지만 다른 방식으로 전승되고 있는 점에 깊은 반성과 자각을 할 수가 있었다. 찌는 듯한 무덤터에서 해를 가릴 수 없는 상황 속에서 녹음과 촬영이 이루어졌다. 세 번에 걸친 회다지 과정에 흥겨운 놀이와 신명을 한껏 맛볼 수 있는 현지조사였다.

이 현지조사의 작업에 근거하여 이 글에서는 파주 금산리 민요의 경계면적 특징과 의의를 논의하고자 한다. 이 성과는 한국학중앙연구원의 구비대계 데이터베이스에 싱크로나이즈된 음원과 사설이 제공될 예정이다. 자세한 사항을 그쪽으로 미루고 이 글에서는 이 과정에 이루어진 결과의 일환으로, 금산리 민요의 창조력과 미학을 특정한 용어인 경계면interface라고 하는 개념 속에서 이를 증명하고자 한다.[3]

경계면은 일종의 두 가지 작업 그룹이나 시스템 사이에 이루어지는 역동적 지점을 말하는 것으로 이를테면 논농사소리와 회방아소리, 또는 금산리 지역의 민요와 다른 고장인 서울 인근 중랑구의 마들농요 등이 서로 역동적으로 간섭하고 작용하

---

[3] 경계면이라고 하는 용어는 여러 학문에서 두루 쓰는 개념 가운데 하나이다. 가령 컴퓨터과학에서 적용 가능한 구성요소들인 하드웨어와 소프트웨어가 역동적으로 작용하는 일정한 장을 뜻하는 것이기도 하고, 인문과학이나 사회과학에서도 이 경계면이 거의 같은 뜻으로 사용된다.

는 위치와 지점 등을 예로 들 수 있다.

대체로 두 가지 측면에서 이 경계면이 성립한다고 가정할 수 있는데, 그것이 바로 내적 경계면과 외적 경계면이라고 할 수 있다. 경계면에 대한 탐구는 민요 연구에 새롭게 기여할 수 있을 것으로 추정된다. 우리는 한 지역에서 이루어지는 민요의 경계면에 대한 연구를 온전하게 해명해내지 못했던 것으로 파악된다. 가령 논농사와 장례는 별도의 작업이고 서로 공질적인 면모를 갖기 힘든 국면이 있음에도 불구하고, 이들을 동질적인 그룹으로 연구하여 온전한 연구를 이루지 못한 결함이 있다. 이에 대한 근본적인 의문을 우리는 내적 경계면이라고 하는 개념 속에서 접근할 수 있을 것이다.

내적 경계면에서 해명해야 할 과제는 왜 금산리 민요를 비롯하여 경기도 서북부 지역에서 논농사소리와 회다지소리를 서로 공유하고 있는지에 대한 답변을 마련하는 것이라고 할 수가 있다. 다른 고장에서 이러한 경계면은 공유되지 않을 뿐만 아니라 서로 접근되지도 않는 현상이다. 이를 내적 경계면이라고 하는 개념 속에서 해명하고자 한다. 이 개념 속에서 특정한 민요 집단의 창조력과 전승력이 일정하게 규명될 수 있을 것이다.

외적 경계면은 집단의 창조력을 근간으로 하여 외연적인 범위를 크게 확대해서 특정하게 한 고장이나 지역을 넘어서서 일정한 문화적 권역 내에서 이루어지는 창조력을 검증하는 개념이다. 우리는 민요가 특히 이 글에서 문제삼고 있는 경기도 민요가 매우 다양하고 역동적인 경계면을 형성하고 있는 점을 쉽사리 감지할 수가 있다.

이 경계면 가운데 파주 금산리를 지리적으로 북단으로 보고, 서울 중랑구의 마들이나 강동구의 바웃절에서 불리는 민요를 파주 금산리에 반하는 남단이라고 하는 특정한 장을 상정할 수 있다. 이 장에서 이루어지는 외적 경계면을 통해서 경기 서북부의 지리적 창조력이 무엇인지 검증할 수 있을 것으로 보인다. 다른 지역과 다르게 이 지역 소리 집단의 창조력이 구체화되는 경계면을 상정할 수 있을 것으로 보인다.

2. 경기도 파주시 금산리 민요의 내적 경계면

금산리 민요를 점검하는데 일단 두 가지 질서를 존중할 필요가 있다. 하나의 질서는 작업의 순차적 구성에 따른 소리가 존재하는 선형적인 질서를 말한다. 이 질서는 선후관계가 분명하고 이 선후관계는 이 민요들의 표면적인 질서를 구성하는 요소가 된다. 동시에 다른 하의 질서는 특정한 국면의 수평적이고 수직적인 관계항을 환기하는 여러 가지 국면에 대한 다면적 탐구가 이 소리의 기본적인 질서이다.

이 두 가지 질서를 우리는 서사적인 내용물을 연구하는데 있어서 이를 순차적 질서와 병렬적 질서로 다루어 온 바 있다. 특히 이러한 개념에 지적 혁명을 제공한 인물은 여럿이 있지만 레비스트로스에 의해서 집중적으로 탐구되었다. 레비스트로스의 연구 관점에 의거해서 이 개념이 다소 분명하게 언명되고 점검되었다. 가령 아스디왈신화를 분석한 관점에서 두 가지 질서를 파악한 개념은 시퀀스와 도식이다.[4]

시퀀스séquence는 이야기의 표면상 줄거리이고, 표면상의 이야기는 시간적 순서에 따라 이어지는 사건들을 의미한다. 이와 달리 도식schème은 이야기의 숨은 내용이고, 이 이야기들이 수평으로 또 수직으로 여러 목소리가 중첩되고 병행되는 멜로디 같은 것이라고 정의하였다. 이 개념들이 서사적인 내용에만 의의를 가지고 있는 것은 아니다. 오히려 민요 연구를 심화하는데 있어서도 이 개념에 의한 질서들은 매우 유용한 준거를 제공하게 된다.

이 개념의 유효성이 있다면, 금산리 민요를 이 관점에서 다시 다루어 볼 필요가 있겠다. 금산리에 전승되는 민요는 대체로 몇 가지가 있다. 이 가운데 여러 사람을 동원하면서 집단적인 전승력과 창조력을 구현하기 위해서 필요한 작업의 종류와 소리를 예거하면 다음과 같다.

---

[4] Claude Lévi-Strauss, "La Geste D'Asdiwal(1)", *Anthropologie Structurale Deux*, Libraire Plon, 1973, pp.175-233; "The story of Asdiwal", *Structural Anthropology 2*, Penguine Books, 1977, pp.146-197.

논농사소리: 모찌는소리-모심는소리-논매는소리[애벌김매기-두벌김매기-삼동논매기]
상 여 소 리: 상여소리-자진상여소리
회다지소리: 회방아소리

  논농사소리는 일정한 장을 중심으로 하는 노동의 과정에서 연행되는 소리이다. 이 소리는 논바닥이라고 하는 안정적이고 고정적인 공간에서 벌어지는 노동과 관련이 되고, 아울러서 일정한 순서로 되어 있는 것이 특징이라고 할 수가 있다. 이 작업의 단계는 거의 일련의 순서가 있으며, 작업의 과정은 되돌릴 수 없는 질서를 구현하고 있다. 이 소리는 일련의 방식으로 구성하고 있는 점에서 선형적인 질서를 보여주고 있으며, 이 때문에 순차적인 구조로 되어 있다고 할 수 있다. 이 작업 방식을 결정하는 여러 가지 컨텍스트들의 조건이 있지만 이에 대해서는 생략하기로 한다.

  상여소리는 집과 무덤 사이를 공간으로 하는 이동 수단의 소리로 상여를 메고 움직이는 특성을 가지고 있다. 이 과정에 특별한 창조력을 발휘하기는 어렵지만, 예외적으로 몇 군데서 방맹이상여를 메고 짝소리의 창조력를 구현하는 곳도 있다. 하지만 파주의 금산리에서는 이러한 창조력이 이루어지지 않았다. 다만 예전의 고제 상여소리와 신식 상여소리의 차별성만을 가지고 있다. 핵심적 차이는 사설을 굿거리 한 장단에 배분하는가, 아니면 두 장단에 소리를 배분하는가 하는 문제이다. 상여소리와 자진상여소리는 서로 순서를 뒤바꿀 수 없는 특징을 지니고 있다.

  회다지소리는 달리 회방아소리라고도 하는데 무덤의 봉분을 다지면서 하는 소리이다. 경기도의 서북부 일대에서는 회다지소리가 매우 엄격하고도 체계적으로 구성되어 있다. 다른 고장에서 무덤의 봉분을 다지는 소리는 단조롭기 그지없는데, 이 지역에서 무덤의 봉분을 만들기 위해 회를 다지면서 하는 소리가 입체적으로 구성되어 있음이 확인된다. 무덤의 공간적 협소함에도 불구하고 사람의 힘을 이용하여 회를 다지는 방식이 인상적이고 이를 일정하게 소리로 구성하고 있는 점을 인상적으로 파악할 수가 있겠다. 회방아소리는 이러한 관점에서 보면 충분한 연구의 대상이 된다.

경기도 금산리의 민요 가운데 논농사소리와 회다지소리는 서로 깊은 관련이 있으며 여러 가지 다면적인 의미를 환기하게 된다. 순차적인 질서를 형성하는 이면에 각각의 소리들이 지니고 있는 개별적인 소리들의 수평적이고 수직적인 의미를 환기할 필요가 있다. 이 점에서 잠정적인 논의를 전개하기로 한다.

파주 금산리의 〈모찌는소리〉는 파주 금산리 지역의 특징을 한껏 구현하면서 소리가 진행된다. 이 소리의 사설을 보면 다음과 같다.

    쪘네 쪘네 모 한 춤을 쪘네
        쪘네 쪘네 모 한 춤을 쪘네
    슬슬 동풍에 궂은비는 오고요
        쪘네 쪘네 모 한 춤을 쪘네
    시화나 연풍에 님 사귀여 노잔다
        쪘네 쪘네 모 한 춤을 쪘네
    풍년이 온다네 풍년이 와요
        쪘네 쪘네 모 한 춤을 쪘네[5]

이 소리는 논바닥에서 이루어지는 처음 소리이다. 모춤을 쪄서 이를 묶으면서 하는 소리이다. 다른 고장에서는 이 소리가 많이 채록되지 않는 점을 감안한다면 매우 이례적인 특징을 가지고 있다. 이러한 방식으로 소리를 하는 곳은 많지 않으며, 파주군 일대를 비롯하여 양주시, 동두천시, 김포시, 강화도 인근 등지에서 이러한 소리가 발견된다. 그러나 이 소리의 원산지는 황해도와 경기도 개성 인근의 넓은 들에서 하는 소리라고 하는 것이 일반적인 정설이다.

---

[5] 2010. 1. 21(목) 경기도 파주시 탄현면 금산리 산 23번지 금산농요전수회관, 이하의 자료들도 출처가 동일하므로 출처를 생략하기로 한다.

〈모심는소리〉는 일련의 지역적 창조력이 구현되는 소리인데, 이 소리는 모를 내거나 논바닥에 부으면서 하는 소리이다. 이 소리의 실제적인 사설을 보면 다음과 같다.

    허나 허나 한알기로구나
        허나 허나 한알기로구나
    일년은 열두달 삼백은 육십일
        허나 허나 한알기로구나
    여기저기 심어도 사방 줄모가 되누나
        허나 허나 한알기로구나
    두 마지기 논빼미가 반달만큼 남았구나
        허나 허나 한알기로구나

〈모심는소리〉는 일련의 두 가지 하위유형의 소리가 이 지역을 위시한 다른 지역에서도 분포한다. 그 하나의 하위유형이 바로 〈한알기소리〉라고 하는 것으로 이 소리는 후렴에서 이러한 면모가 구현된다. 다른 하위유형은 이와 달리 경기도 양주시의 남면을 기점으로 갈라지는 이른 바 〈열소리〉유형이 있다. 둘은 셈소리에 근간을 두고 있는 것이지만, 동시에 열까지 다 헤아리는 것인가 아니면 하나씩 헤아리는가에 유형적인 준거가 달라진다.

가장 풍부하고 다양하게 발달한 소리는 일련의 세트를 구성하고 있는 〈논매는소리〉이다. 이 소리는 세부적인 구성이 활발하고 이 과정의 소리가 다양하게 구현되어 있으므로 이를 차례대로 살필 필요가 있다.

    0) 군방님네 부르는 소리
      군방님네 군방님네 군방님네,
      이쪽 저쪽 저쪽 군방님네~

군방님네 군방님네~
옛날 옛법 버리지 말고 새로 새법 내지 말고
옛날부터 부르던 노래나 한마디 불러 보시죠.

이 소리는 처음에 하는 소리인데 논매는 작업의 긴요한 절차이다. 일련의 조직원을 부르는 소리로, 구성원의 의식을 환기하는 소리라고 할 수가 있다. 세 번에 걸쳐서 부르는 이러한 형식은 두레풍장에서 "천개띄기 또는 청령부르기"에서 하는 소리와 방식과 절차에서 일치점을 갖추고 있다. 전통을 환기하고 조직의 서두에서 이 소리를 하는 이유를 분명하게 하고 있다.

1) 논김양산도
에헤에 에헤에 워어어 일낙 워어어
　에헤에 에헤에 워어어 일낙 워어어
고 양덕맹산 흐르는 물은 감돌아든다 부벽루하로다
　에헤에 에헤에 워어어 일낙 워어어
오늘날도 하 심심하니 양산도나 불러를 보세
　에헤에 에헤에 워어어 일낙 워어어

〈논김양산도〉는 전국적으로 널리 퍼져 있는 양산도의 한 지역유형임이 확인된다. 양산도는 여러 가지 지역유형을 가지고 있는데 가령 경기 서북부 지역의 양산도와 경기 남부의 양산도, 그리고 전라도 일대에 널리 퍼져 있는 양산도 등이 그러한 형태이다. 이 소리는 통속민요인 〈양산도〉와 일정하게 관련되는 것을 확인할 수가 있으며, 이 소리가 바로 〈논김양산도〉의 저변에 해당한다고 하겠다. 양산도라고 이름을 붙이는 것은 이러한 창민요와 관련되는 것이라고 해당한다. 일반적인 노동요에 소리가 유려한 소리가 원용되는 현상에 대한 입체적인 접근이 필요하다고 하겠다.

2) 자진방아타령

    에헤헤 어야 어라 우겨라 방아로구나
    나니가 난실 에리로다 니나노 방아 좋소
      에헤헤 어야 어라 우겨라 방아로구나
      나니가 난실 네로구나 어야루 방아가 좋소
    에헤헤 어야 하라 우겨라 방아로구나
    북소리 두둥둥 쳐 울리면서
    봉죽을 받는 배 떠 들어오네
      에헤헤 어야 어라 우겨라 방아로구나
      나니가 난실 네로구나 어야루 방아가 좋소

〈자진방아타령〉은 곡조가 느리고 후렴으로 방아타령과 동일한 소리가 이어지는 것을 확인할 수 있다. 거의 같은 곡조인 것처럼 보이지만 실제 하는 소리는 서로 구별되고 느리고 무겁게 불러서 〈자진방아타령〉과 관련되는 소리라고 할 수 있다. 곡조가 일치하지만 일정한 구분이 필요했으므로 이를 흔히 〈자진방아타령〉 또는 〈니나노방타령〉이라고도 한다고 해서 스스로 준별되는 의식을 갖추고 있음이 확인된다.

3) 긴방아타령(우겨라방아)

    좋다 좋구나 달은 떠서 온다마는 임은 어이 왜 못 오시나
    허공에 흘린 달은 임을 응당 보련마는
    현생 차생 무슨 죄로 음수 양인 에헤라 이런가
      에헤 에헤요 어라 우겨라 방아로구나
      나니가 난실 네로구나 어야루 방아가 좋소
    좋다 좋구나 하늘천자 따지 땅에 집우자로 집을 짓고
    날일자 풍창은 달월자로 달아놓고

별진 잘숙에 에헤야 놀아를 보세
에헤 에헤요 어라 우겨라 방아로구나
나니가 난실 네로구나 어야루 방아가 좋소

〈긴방아타령〉은 달리 〈우겨라방아타령〉이라고도 하는데, 사설을 거듭 달아대고 마치 사설시조의 엮음과도 같게 사설을 길게 늘어붙이는 것이 이 소리의 특징이라고 할 수 있다. 이 소리는 경기 서북부의 일반적인 소리이고, 경기도 소리의 경쾌한 면모를 갖추고 있으며, 이른바 경토리의 본질적인 면모를 갖추고 있는 소리라고 칭하지 않을 수 없다. 이 소리의 일반적인 양상은 거듭 연구의 대상이 되고 서울 인근까지 폭넓게 존재하는 고정적인 면모를 가지고 있는 소리라고 하겠다.

4) 헤이리소리

헤헤헤 헤허이허어야 에헤 에 헤이리로야
헤헤헤 헤허이허어야 에헤 에 헤이리로야
헤헤헤 헤허이허어야 헤이리 소리는 농사꾼의 소리라
헤헤헤 헤허이허어야 에헤 에 헤이리로야
헤헤헤 헤허이허어야 천하지대본은 농사밖에 또 있느냐
헤헤헤 헤허이허어야 에헤 에 헤이리로야
헤헤헤 헤허이허어야 천증세월은 인증수요
헤헤헤 헤허이허어야 에헤 에 헤이리로야

〈헤이리소리〉는 경기도 파주군을 중심으로 하는 특정한 소리인데 독특한 후렴구로 말미암아서 이름이 정해지게 되었다. 이 때문에 파주의 헤이리 마을이 생길 정도이므로 이 소리의 지역적 정체성을 강조해도 지나치지 않을 것이다. 이 소리의 기원은 여러 가지가 있지만 유력한 가설은 서산의 나무꾼의 소리라는 데서 기원을 찾는 가창자들도 존재한다. 서산 나무꾼의 소리라고 하는 민요의 내적 증거도 존재한다.

이 소리는 논매는 소리에서도 사용하지만 달리 회방아를 다질 때에도 헤이리소리를 쓰기 때문에 사설에서 이를 구분하고자 할 때에 회방아꾼의 소리라고도 한다. 그렇다면 이 소리는 기능에 있어서 세 가지로 나뉘는 점을 확인하게 된다. 나무꾼의 헤이리, 농사꾼의 헤이리, 회방아꾼의 헤이리 등이 이러한 사례에 해당한다. 지역마다 독자적인 현지 명칭이 분화되어서 같은 장단으로 이 소리를 하는데, 이를 준별하여서 어러리, 헐어리, 헤이리, 놀노리 등으로 후렴을 다르게 대는 데서 유래된 것도 있음이 확인된다.

5) 개성난봉가

박연폭포 흘러가는 물은 범사정으로 감돌아 든다
　에헤야 에에루화 좋구 좋다 어러럼마 디여라 내 사랑아
슬슬 동풍에 궂은 비 오고 시화연풍에 임 사귀어 노자
　에헤야 에에루화 좋구 좋다 어러럼마 디여라 내 사랑아
건곤이 불장재하니 적막강산이 금백년이로다

〈개성난봉가〉는 〈자진난봉가〉라고도 하는데 이 소리는 개성을 중심으로 널리 퍼져 있는 통속민요와 일정한 관련을 가지고 있다. 이 소리를 부를 때 〈박연폭포〉와 같은 것도 섞어서 부르게 된다. 하나의 소리에 여러 소리가 섞였다는 측면에서 파주 금산리의 농요가 지닌 경계면적 특징이 선명하게 드러나는 소리 중 하나이다.

6) 오돌독이

닐닐닐 어리구 절싸 말 말아라
　사람의 섬섬간장 에루화 다 녹이누나
닐닐닐 어리구 절싸 말 말아라
　사람의 섬섬간장 에루화 다 녹이누나

무정세월아 오고 가지를 말어라
　사람의 일천간장 에루화 다 녹이누나

　〈오돌독이소리〉는 달리 〈닐니리소리〉라고도 하는데 이 소리 역시 파주시의 경계면적 창조력을 선명하게 보여주는 사례 가운데 하나이다. 일반적으로 널리 알려진 통속민요를 가져다가 논매는 작업의 소리로 썼다. 이러한 양상이 비단 파주의 금산리로 한정되는지는 앞으로 다시 살펴야 하겠지만, 통속민요를 가져다가 쓴 것은 매우 특별한 현상이라고 할 수가 있다.
　가령 양주군에 속했다가 서울로 편입된 마들지역의 농요에서도 이러한 소리가 쓰이고 있음이 확인된다. 다만 이를 마들농요에서는 〈오동동이〉라고 한다. 그러므로 제보자들이 이 소리를 조병호의 삼촌인 조황승이 〈논매는소리〉에 편입했다고 하는 설명은 다소 무리가 있는 주장으로 보인다.

　7) 몸돌소리
　　　에혀라 몸돌
　　　　에혀라 몸돌
　　　펑펑 돌려라 원형몸돌
　　　　에혀라 몸돌
　　　동구랗구나 똬리몸돌
　　　　에혀라 몸돌

　〈몸돌소리〉는 논매기 작업을 마무리하면서 하는 소리이다. 이 소리는 흔히 논매기를 하면서 논바닥을 둘러싸면서 하는 소리인데 이 소리를 흔히 논을 에워싸는 소리라고도 하며 논매기를 마무리하면서 하는 소리이다. 이 소리는 경기도의 남부와 북부를 아랑곳하지 않고 경기도 전역에서 광범위하게 쓰는 소리이다. 경쾌하게 사설을 잦게 대는 특징이 있는 소리이다.

8) 우야소리(새 쫓는 소리)

　　우 우야라 훨훨

　　　우 우야라 훨훨

　　우야소린 새 쫓는 소리

　　　우 우야라 훨훨

　　새 쫓는 소리에 새 모여든다

　　　우 우야라 훨훨

　이 소리의 뒤에다 〈새 쫓는 소리〉를 하는 것이 관례인데, 이 소리는 마무리하는 과정의 여러 가지 근거와 이유를 대고서 이 소리가 다양하게 기원을 이룩하였다고 하는 점을 확실하게 보여준다. 이 소리를 통해서 하나의 작업이 완결된다. 이 소리는 논매기와 회방아를 다질 때에 작업이 완결될 때 부르는 소리이다.

　파주 금산리의 〈논매는소리〉는 전국적으로 동일한 유형의 소리 가운데 그 창조력이 한껏 발휘된 소리이다. 그 점을 세 가지 특징인 조직, 소리의 단계별 구성, 소리의 다면적 의미의 환기 등으로 예시할 수 있다. 이른 바 이 소리를 하는 주체와 방법을 명시하고 있는 점에서 남다른 면모가 있다. 두레라는 조직에서 일정한 구성 요소를 이룬 인물이 이 소리를 통해 절차를 알리고 구성원들을 부르는 방식을 선택한 것은 고유한 것이면서 아울러서 이 소리를 가능하게 하는 전통이 오랜 것임을 반드시 환기시킨다. 가령 '옛날 노인들이 하던 옛법을 버리지 말고 새로 새 법을 내지 말고, 옛날 노인 허시든 소리나 하여보자'라고 하는 것은 구비역사의 결정적인 증거물이 이 조직이고 이 조직에 의해 소리를 한다고 알리는 기능을 한다. 구비로 전하는 두레의 법조문과도 같은 구실을 하게 된다.

　파주 금산리의 〈논매는소리〉는 단계별로 아주 다양한 소리를 구성하고 있는데, 이 소리들은 자체의 질서도 소중하지만 다른 각도에서 본다면 선형적인 질서와 달리 하나 하나의 소리들이 일정하게 자체의 지역만이 아니라 다른 지역의 소리를 환기하게 하는 여러 소리들로 짜여져 있음이 확인된다. 수평적으로 확대되고 수직적으로 여러 가지 요인들을 환기하게 한다는 것은 이러한 까닭에 타당하다고 하겠다.

이러한 현상을 종합하면 매우 흥미로운 결과들이 도출이 된다. 그것은 몇 가지로 압축된다. 가령 〈모찌는소리〉와 〈모심는소리〉는 지역적인 한정성을 가지고 있다. 그러나 〈논매는소리〉에 이르게 되면 전통적인 소리와 외래의 소리들이 서로 충돌하여 내적인 소리와 외적인 소리가 서로 엇섞이는 특징을 구현한다.

그러나 작업의 후반부에 이르는 소리일수록 경기도의 전역으로 공유되는 특징을 지니고 있다. 가령 〈몸돌소리〉와 〈새쫓는소리〉는 경기도의 남부와 북부에서도 공통적으로 발견된다. 그러나 앞에서 살핀 〈헤이리소리〉와 〈꽃방아소리〉는 지역적인 한정성을 가지고 경기도의 서북부에서만 발견되면서 서울 인근까지 근접해서 발견된다.

더욱 흥미로운 사실은 지역성의 테두리가 단일한 소리의 총체인 〈논매는소리〉에서 단계별로 분포와 변이의 과정을 각각의 소리마다 구현하고 있다. 경기도의 넓은 지역에서 발견되는 소리, 특정한 지역에서 한정되지만 두루 발견되는 소리, 특정 고장에서만 한정되어서 발견되는 소리 등이 위계적으로 존재한다. 〈모찌는소리〉와 〈모심는소리〉는 제한적인 지역에서만 발견되고, 〈헤이리소리〉와 〈꽃방아소리〉는 경기도의 서북부에서 두루 발견된다. 그러나 〈몸돌소리〉와 〈새쫓는소리〉는 경기도의 전역에서 발견되는 일정한 원리를 가지고 있다. 〈논매는소리〉가 일정한 세트로 되어 있지만 이 구성 요소들이 분포하는 지역적 위계성이 존재하게 된다.

금산리 농요 가운데 가장 인상적인 면모는 토박이소리와 외지에서 유입된 떠돌이 소리가 복합되는 국면이 다수 발견된다. 적절한 사례로 〈양산도소리〉·〈개성난봉가〉·〈오돌독이〉 등은 토박이 소리와 외지의 소리가 합쳐져서 역동적인 소리로 되는 점에서 일정한 관련을 가지고 있는 소리이다. 이러한 점에서 이 금산리 농요는 다양하고 다면적인 소리의 결집체임을 쉽사리 알 수가 있다.

그러나 더욱 중요한 사실은 여러 소리들 중에서 내적 경계면에 있는 소리들의 공유가 인상적이라고 할 수가 있다. 선형적인 질서들이 이루는 것들의 환기와 다르게 이 문제는 매우 이례적이라고 말할 수도 있겠다. 가령 경기도 남부의 평택이나 안성 등지에서는 〈논매는소리〉와 〈회다지소리〉의 공유에 의한 공질성이 구현되지 않는다. 그렇기 때문에 〈논매는 소리〉와 〈회다지소리〉를 공유하는 것은 경기도 북부의 파주·양주·고양·동두천·의정부·구리시·서울 암사동 등지에서 발견되는 이례적인 현상이라고 할 수 있다.

그 점을 명확하게 하기 위해서 실제로 파주시 금산리에서 채록된 〈회다지소리〉를 예시하고 이 점을 대응시켜서 논의하기로 한다.

0) 군방님네 부르는소리
(말) 자 등들 맞춰요. 자 시작해보죠
이쪽 저쪽 저쪽 군밤님네~
군밤님네 군밤님네~
옛날 옛법 버리지 말고 새로 새법 내지 말고
옛날부터 부르던 노래나 한마디 불러 보시죠.

1) 진달고소리
에에 어이리 달고
  에에 어이리 달고
여보아라 소년들아
  에에 어이리 달고
이내 말씀 들어보소
  에에 어이리 달고
어제 청춘 오늘 백발
  에에 어이리 달고

2) 자진달고소리
에허라 달고

에허라 달고
　세상천지 만물 중에
　　에허라 달고
　통술령 고개주 술 넘어간다
　　에허라 달고

3) 방아타령
　에헤허야 어라 우겨라 방아로구나
　나니가 난실 네로다 니나노 방아 좋소
　　에헤허야 어라 우겨라 방아로구나
　　나니가 난실 네로구나 어여루 방아가 좋소
　에헤허야 어라 우겨라 방아로구나
　너는 죽어서 하남의 모란이 되구요
　나는 죽어서 봄나비 되라
　　에헤허야 어라 우겨라 방아로구나
　　나니가 난실 네로구나 어여루 방아가 좋소

4) 헤이리소리
　에헤헤 에허이 호야 에헤 에 헤이리로~야
　　에헤헤 에허이 호야 에헤 에 헤이리로~야
　에헤헤 에허이 호야 헤이리 소리는 농사꾼의 소리라
　　에헤헤 에허이 호야 에헤 에 헤이리로~야
　에헤헤 에허이 호야 헤이리 소리는 평민의 소리라
　　에헤헤 에허이 호야 에헤 에 헤이리로~야
　에헤헤 어허이 호야 헤이리 소리는 서민의 소리라
　　에헤헤 에허이 호야 에헤 에 헤이리로~야

에헤헤 에허이 호야 헤이리 소리는 나무꾼의 소리라
  에헤헤 에허이 호야 에헤 에 헤이리로~야
에헤헤 오허이 호야 청천하날엔 잔별도 많구요
  에헤헤 에허이 호야 에헤 에 헤이리로~야

5) 상사소리
  닐릴릴 상사도야
    닐릴릴 상사도야
  무엇이 그리워 상사 났나
    닐릴릴 상사도야
  삼십 먹은 노처녀가
    닐릴릴 상사도야

6) 새날리는소리
  우 우야라 훨훨
    우 우야라 훨훨
  우야소리 새 쫓는 소리
    우 우야라 훨훨
  새 쫓는 소리에 새 모여든다
    우 우야라 훨훨

 이상의 결과들 비교하기 위해서 〈논매는소리〉를 준거삼고 이를 〈회다지소리〉에 적용시켜보면 다음과 같은 도표로 정리된다.

비교 요소	논매는소리	회다지소리	일치여부
선창자와 집단	0. 군방님네 부르는소리	0. 군방님네 부르는 소리	○
고유한 소리	1. 논김양산도	1. 긴달고소리	×
	2. 자진방아타령	2. 자진달고소리	×
	3. 긴방아타령		×
꽃방아소리	4. 우겨라방아	3. 방아타령	○
특징적 소리	5. 헤이리소리	4. 헤이리소리	○
잡가 · 통속민요	6. 개성난봉가		×
	7. 오돌독이		×
악청 순청 교대	(상사소리)	5. 상사소리	○
에둘러싸는소리	8. 몸돌소리		×
마무리소리	9. 우야소리	6. 새 날리는 소리	○

이상의 도표를 본다면 서로 다른 갈래의 민요임에도 불구하고 합치되는 국면이 있으며 이 국면의 해석을 하는데 많은 고려 사항이 있음을 인식하게 된다. 먼저 합치되지 않는 소리에 대해서 차례로 말하고자 한다. 고유한 소리는 하나의 지역적 특색을 구현하면서도 특정 작업의 성격에서만 도출되는 소리를 말한다. 그러한 소리로 적절한 것이 바로 〈양산도〉, 〈자진방아타령〉과 같은 〈논농사소리〉이다. 이 소리들은 회다지 소리에서는 발견되지 않는다. 역시 〈긴달고소리〉, 〈자진달고소리〉는 회방아 이외에는 사용되지 않는 소리이다. 따라서 이 소리들은 작업의 고유한 장에서 발현되는 소리임이 분명하다.

다음으로 잡가를 비롯한 통속민요의 요소가 〈회다지소리〉에서는 발견되지 않는다. 이 점은 〈논매는소리〉의 요소가 토박이소리와 외지소리를 통해서 입체적으로 구성하고 있으며, 창조적인 요소가 틈입할 요소가 많은 점을 쉽사리 인지할 수가 있다. 〈몸돌소리〉가 회다지의 과정에서 없는 것은 당연하고 장이 다르기 때문에 이러한 소리의 부재가 구현되는 점을 알 수가 있다.

그러나 문제의 핵심은 〈논매는소리〉와 〈회다지소리〉가 공유된다는 특징에 있다.[6] 이것이 경기도 파주시와 서북부 일대의 주요한 특징이라고 하지 않을 수 없다. 공유되는 소리 가운데 먼저 지도자와 집단 구성원 사이의 의사소통을 하는 소리의 형식이 두 가지 소리에 모두 존재한다. 일단 이 현상은 존중할 만한 것이지만 문제는 두레와 향두계가 일치될 수 없다는 점에서 이것을 일치점으로 볼 수 있는지 의문이 생기게 된다.

엄격하게 말한다면 두레와 향두계는 불일치하는 조직이다. 따라서 이 과정이 뒤섞인 것이 이 지역의 소리를 특징적으로 이해할 수 있는 단서로 될 수 있겠다. 현재 이에 대한 심도 있는 조사나 해석이 이루어지지 않아서 이에 대한 해석의 윤곽을 세울 수 없다. 사회조직이 다른데 어떻게 서두의 형식을 함께 하게 되었는지 의문이 많이 생기게 된다.

이른 바 〈꽃방아소리〉와 〈헤이리소리〉 등이 일치하는 것은 단순한 일치로 보기 어렵다. 이 두 가지 소리는 경기도의 서북부를 대표하는 소리라는 점에서 의의가 있으며, 파주시를 중심으로 하는 특정한 제한된 지역에서만 나온다는 점에서 두 갈래의 소리에 일치되어 있는 점은 매우 인상적이다. 소리의 특징에 의해서 회방아꾼들이 서로 일치되는 동작을 하게 되는데 이를 그들의 말에 의하면 이를 쫘배기라고 한다. 작업의 장이 다른데도 일치되는 소리를 서로 바꿔가면서 부르는 것은 인상적인 현상이다.

〈상사소리〉〈우야소리〉 등의 소리들은 이례적인 것은 아니고 경기도 전역에서 공통적으로 발견되는 특징적인 소리임을 알 수가 있다. 이러한 소리의 일치점은 작업을 마무리 짓고 결말을 맺는 방식으로 말미암아서 소리가 공유되는 것을 확인할 수 있다.

우리는 경기도 파주시 금산리 민요의 내적 경계면에서 소리를 창조한 집단, 소리

---

6   김헌선, 『한국구전민요의 세계』, 지식산업사, 1997. 이 점에 대해서는 이 저작에서 오래 전에 말한 바 있다. 이 연구 관점을 계승하면서 이를 새로운 개념과 관점에서 재론하기로 한다.

의 갈래, 특정 소리의 공유 등에 대한 역동적인 현상을 만날 수가 있었다. 그것은 삶의 터전과 죽음의 터전, 곧 논과 무덤 등을 양면으로 구성하지 않고 이들의 적절한 경계면에서 소리가 어우러지도록 하면서 발생하는 특징적인 소리라고 할 수 있다. 이 소리를 통해서 우리는 일련의 소리의 역동성과 신명풀이를 핵심으로 하는 창조방식에 주목할 수 있다.

경기도 소리의 본고장이 여럿이 있는 것은 아니다. 경토리의 충실한 주산지노릇을 하면서 이들 소리는 내적 경계면을 통해서 일을 하고, 삶을 깨우고, 죽음을 신명으로 창조하는 특징적인 면모를 과시하고 있음이 확인된다. 소리를 하면서 삶을 살고 소리를 하면서 주검을 처리하는 기본적인 정신이 내적 경계면에서 소리를 공유하고 저마다의 질서를 만들어내면서 삶을 환기하도록 하는 특징을 구현하게 되었다.

3. 경기도 파주시 금산리 민요의 외적 경계면: 마들농요와의 비교

이제 경기도 파주 금산리의 민요를 거시적인 관점에서 비교하기 위해서 외적 경계면을 살펴보기로 한다. 금산리와 인접한 모든 지역의 자료를 점검해야 하지만 예전에 양주군에 속했으면서 현재는 서울의 노원구에 속하는 일명 마들농요를 보도록 한다. 이 지역의 민요를 선택한 이유는 전혀 다른 고장의 소리가 아니라 파주 금산리 민요의 중남단에 해당하면서 여러 가지 문제를 환기하게 하기에 마들농요와 비교하기로 한다. 마들농요는 파주 금산리 민요와 매우 깊은 층위를 공유하면서도 약간의 차이점들을 구현하고 있으므로 외적 경계면의 대상으로 가장 적절한 지역이라고 할 수가 있겠다. 따라서 이 지역을 중심으로 파주 금산리 민요의 외적 경계면을 함께 다루고자 한다.

서울시 노원구 마들농요는 오늘날 행정구역으로 서울시 노원구 일대이지만 예전에는 경기도 양주군 일대에 전승되던 소리이다. 이 지역 소리는 서울 중심의 소리와 경기도 북부소리의 지역적 경계면에 있는 소리로 매우 중요하다고 할 수 있다.

경기도 서북부소리는 황해도 소리와 인접하고 있어서 소리의 꺾음새가 분명하고 높은 소리를 질러내는 것이 특징이라 할 수 있는데, 이러한 소리의 특징을 마들농요는 전부 갖추고 있는 셈이다.

마들농요는 마을을 중심으로 하는 몇몇 토박이의 소리가 오늘날에 이어져 계승되고 있다. 마들농요는 상계 1통에 배밭을 많이 가지고 있는 부잣집에 양자로 들어간 윤선보의 소리를 주축으로 해서 그 동생인 윤충보와 곁들여지고, 중계동의 남대문이라는 마을의 서운남·박우석·황동식 등이 전승하던 소리가 합쳐진 결과물이다. 이들은 모두 갈월경로당을 중심으로 모였던 인물들이다.

윤선보의 목소리를 담은 테잎을 중심으로 살펴보면 서도소리의 전형적 면모인 수식음이 매우 많이 발견되고 아주 높은 소리인 '악청'으로 하는 것이 특징이다.[7] 이러한 소리를 중심으로 하면서 현재에 전승되는 소리를 갈래별로 살펴보기로 한다.

〈아침소리〉

이 아침소리는 두 가지 기능을 하고 있었던 것으로 짐작된다. 하나는 아침에 들에 나가면서 하는 소리이다. 다른 하나는 써레질을 마치고 쇠스랑 따위로 추가적인 작업을 하면서 하는 논 고르는 소리라고도 말한다. 후렴구가 없이 흥미로운 사설을 나열하는 것이 특징이라고 할 수 있다.

이 소리는 후렴구가 없으므로 사설을 계속 이어가는 통절양식으로 되어 있는 것이 특징이다. 장단은 대체로 일정하지 않으나 3소박 6박자로 되어 있어서 도드리 장단과 일정하게 한 배가 맞는다고 할 수 있다. 선율은 서울 소리의 남부지역 소리와 상통한다. 솔-라-도-레-미 등으로 선율구조가 짜이는데, 솔에서 떠는 목을 쓰고, 레에 퇴성을 하고, 도로 종지하는 특징을 갖추고 있다. 길고 유장할 뿐만 아니라,

---

[7] 이 테잎은 김완수선생이 보존하고 있던 것인데, 이 소리는 한 가지 단점이 사설 몇 토막 밖에 없어서 소리 전체의 분량을 헤아리기 어려운 점이 있다. 그렇다고 하더라도 마들농요의 근간이 무엇인가 아는데 매우 중요한 근거를 제시해주는 자료이다. 이 테잎은 현지조사가 이루어진 시기인 2004년 2월 22일에 입수하였다.

서울소리처럼 밝고 경쾌한 느낌을 준다.

사설은 다음과 같이 전개된다. 의미가 있는 말을 갈라서 사설을 살펴보면 다음과 같다.

둘러주소 둘러주소 이 논돔배를 둘러주소
이 논돔배를 둘러주면 준치 자반 주신다네
준치 자반 아니 먹은 신계복산 중이 살랴
신계복산 중이라도 소승 적엔 먹었다네
준치자반 아니 먹은 전지 미륵 살만 쪘네
전지 미륵 살찐 것은 석수 손에 달렸다네

〈모심는소리〉

모심는 소리는 모를 심으면서 하는 소리이다. 앞에서 언급한 바와 같이 황해도와 경기도 일대에서는 모심는 소리가 크게 두 가지 소리가 쓰인다. 하나는 '하나 하나' 등을 반복해서 하는 소리를 하는 '하나소리'류가 있다. 다른 하나는 '하나'에서부터 시작하여 '열'까지 헤아리다가 이 소리를 반복해서 하는 '열소리'류가 있다.

하나소리는 선후창으로 하면서도 반복창에 가까운 특징을 가지고 있다. 이와 달리 열소리는 교환창으로 하면서 소리를 바꿔 부르는 특징이 있다. 여러 가지 수를 반복하여 헤아리는 셈소리가 마들농요에서도 반복적으로 나타나고 있어, 마들농요가 예외적인 소리가 아님을 보여주고 있다.

열소리는 두 가지 하위유형이 있어서 경기도 파주나 양주 및 고양시의 열소리는 수심가소리에 가깝지만, 마들의 열소리는 경토리여서 높은 소리에도 불구하고 명랑하고 경쾌한 느낌을 주는 것이 사실이다. 두 하위유형의 열소리 모두 두 사람이 교환창으로 받는 공통점이 있음에도 불구하고 차이가 나는 것이다. 그러한 점에서 이 소리들의 실상은 경기도 서북부 민요 연구에 도움을 줄 수 있을 것으로 판단된다.

가: 하나로다 둘이요 둘이라 셋

나: 셋 셋 셋이로구나 셋이나 넷

가: 너이로구나 넷이요 넷이면 다섯

나: 다섯이라 여섯이요 여섯 일곱

가: 일곱이냐 여일곱 일곱이면 여덟

나: 여덟 여덟 여덟인데 아홉

가: 아홉 아홉 아홉이면 열

나: 열이나 열이 하나

가: 하나 하나 둘이로구나 둘이면 셋

나: 서이로구나 서이요

〈논매는소리-상사소리〉

상사소리는 마들농요에서 논매기를 할 때에 하는 소리이다. 상사소리는 마들뿐만 아니라, 경기도 서북부 일대에서 나오는 각별한 소리이다. 이 소리는 경쾌하고 발랄하여 여러 소리에 두루 쓰이는 것으로 확인되고, 이 소리의 본래 기능은 다양하다. 선소리와 뒷소리로 장절형식으로 되어 있는 특징이 있고, 또 경쾌한 소리로 되어 있는 특징이 존재한다.

무엇이 그리워 상사나었나
    넬넬넬 상사도야
삼십 먹은 노처녀가 시집을 못가 상사났나
    넬넬넬 상사도야
사십 먹은 노총각이 장게를 못가서 상사의 났나
    넬넬넬 상사도야
여보아라 소년들아 이내 말씀 들어보소
    넬넬넬 상사도야

어제 청춘 오날 백발 그 아니 가련한가
　　　넬넬넬 상사도야
슬프도다 우리 부모 슬픈 것을 모르느냐
　　　넬넬넬 상사도야
서산에 지는 해는 누루하여 금지하나
　　　넬넬넬 상사도야
광대에 일등미색 네가 곱다고 자랑마라
　　　넬넬넬 상사도야
창해유수 흐르는 물은 다시 오기 어렵더라
　　　넬넬넬 상사도야
이 노래 그만두고 또 다른 노래를 불러보자
　　　넬넬넬 상사도야

〈논매는소리-애벌매는소리〉

　논매기는 세 차례에 걸쳐서 진행되는 것이 경기도 전역에서 발견된다. 세벌 논매기는 이름이 각기 존재해서 애벌논매기, 이듬논매기, 세벌논매기 등으로 명칭이 있다. 이 가운데서 세벌논매기의 이름이 달라질 수도 있으나, 통상적으로 이러한 사실을 그대로 따라가고 있다고 보아도 좋다. 마들농요에서도 역시 이와 같은 소리의 구분과 작업의 방식이 공통적으로 존재한 점을 확인할 수가 있다.

　〈애벌논매는소리〉는 두루차소리-점심소리-방아타령 이렇게 셋으로 구성되는데, 선소리와 뒷소리로 나누어져 있어서 장절형식으로 된다. 선소리꾼의 소리가 3소박 4박자로 이루어져 있으나 엄격하게 이러한 규칙이 지켜지는 것은 아니다. 고정적인 박자 속에서도 비고정적 가변성이 생기기도 한다. 애벌논매는소리에는 '두루차'라는 말이 들어 있어서 '두루차소리'라고 일컫는다. 두루차소리를 하면서 호미로 김을 맨다.

아나마 갈꺼랴 에 헤이와
　　에 두우루차 하헤 헤에와
이 논매기가 힘이 들어
　　에 두우루차 어허 어허와
화에 간다 네 네 -에화
　　어 두우루차 어허 허와

〈점심소리〉

점심소리는 아침소리와 동일하다. 음악적 형식이나 장단이 일치하고, 점심소리를 통해서 규칙적인 6박의 형식보다는 가변적인 소리를 알 수 있게 되어 있다. 점심소리는 후렴구가 없어서 통절양식으로 되어 있음이 확인된다. 점심소리의 사설은 다음과 같다.

점심땐지 연심땐지 요내가슴 쓸쓸하오
샛별같은 점심꼬리 반달겉이 떠나온다
일러주소 일러주소 점심터나 일러주소
나목다리 돌다리 건너 느티잣터 나무 밑이 점심터시

〈논매는소리-방아타령〉

방아타령은 논매기 소리에서 중심적인 구실을 한다. 방아타령은 경쾌하고 발랄한 전형적인 서울소리이고, 높은 소리와 발랄한 소리가 합쳐지면서 신명나는 소리로 짜여져 있다. 그리고 선소리꾼으로 사설 첨가능력에 따라서 얼마든지 사설을 엮어 넣는 특징을 갖추고 있다. 그런데 마들농요에서는 이러한 현상이 발견되지 않고, 규칙적인 선소리와 훗소리가 장절형식으로 이루어진 것이 특징이다.

훗소리는 대체로 '에헤-어허야 어야 우겨라 방하로구나 나니가 난실 네로구나 니나노 방하가 좋소'라고 되어 있어서 4장단으로 구성된다. 그렇다면 선소리꾼은 6장

단으로 선소리를 맥이게 된다. '에헤 어허야 어야 어라 우겨라 방아로구나 + 사설'
의 6장단을 멕이게 된다. 이러한 형태의 방아타령은 고양·파주·양주·연천 등지
에 폭넓게 분포해서 경기도 북서부 지역의 유형임을 확인하게 된다.

    에헤이 오호야 어라 우겨라 방아로구나
    나니가 난실 네로구나 니나노 방아가 좋소
  에헤이 오야 어라 우겨라 방아로구나
  몽금에 포구가 좋다고 하여도 정든님 없으면 적막강산
    에헤히 오호야 어라 우겨라 방아로구나
    나니가 난실 네로구나 니나노 방아가 좋소
  에헤이 오야 어라 우겨라 방아로구나
  백두산 명물은 들쭉 열매인데
  압록강 구비구비 이천리 흐르네
    에헤히 오호야 어라 우겨라 방아로구나
    나니가 난실 네로구나 니나노 방아로구나
  에헤이 오야 어라 우겨라 방아로구나
  너는 죽어서 화남의 모란이 되고요
  나는 죽어서 범나비 되잔다
    에헤이 오호야 어라 우겨라 방아로구나
    나니가 난실 네로구나 니나누 방아가 좋소

〈논매는소리-미나리(두벌논매기 소리)〉

마들지역에 전승되는 미나리는 경기도 동부지역에 전승되는 미나리 또는 메나리
와 일정한 관련이 있으리라고 추정된다. 강원도에서부터 출발하여 양평·가평·이
천 등지에 전승되는 메나리 소리와 사설의 내용이 흡사한 것처럼 되어 있으나, 음악
적 형식이나 구조에 있어서 전혀 차원이 다르다고 판단되기 때문이다. 민요의 지역

적 권역 가운데 경계면에 들어오면서 메나리토리와 경토리라는 민요권역의 충돌이 핵심이다.

　마들지역의 미나리는 두 가지로 존재하는데, 긴 미나리는 후렴구가 있어서 장절 형식으로 되어 있으며, 대체로 느린 6박에 장단 주기가 형성되나 불규칙한 것이 특성으로 이해된다. 선소리꾼이 두 장단에 소리를 멕이고 나면, 훗소리꾼은 한 장단에 '이에 이에 이에 이이에'라고 하는 입타령을 받는 것으로 되어 있다. 자진 미나리는 긴 미나리와 흡사하나 장단이 보다 빨라지면서 3소박 6박자가 아니라 3, 2, 3, 3, 2, 3 등의 6박 집합장단주기가 형성되어 불규칙한 느낌을 주게 된다.

　이 미나리소리는 두벌논매기에 사용하는데, 두벌논매기에서는 호미로 논을 매지 않고, 손으로 논을 매는 것이 특징이라고 할 수 있다. 다른 고장에서도 마찬가지이다.

　　(긴 미나리)
　　　　이예 이예 이예
　　이슬 아침 나오시라고 모시치마 다 젖었네
　　　　이예 이예 이예
　　모시치마 젖었걸랑은 거덤거덤 걷어안고
　　　　이예 이예 이예
　　연광정에 줄을 매고 동남풍에 말려주소
　　　　이예 이예 이예

　　(자진 미나리)
　　　　이예 이예 이예 이예
　　이슬 아침 나오시라고 모시치마 다 젖었네
　　　　이예 이예 이예 이예
　　모시치마 젖었걸랑은 거덤거덤 걷어안고
　　　　이예 이예 이예 이예

연광정에 줄을 매고 동남풍에 말려주소
　　이예 이예 이예 이예

〈새쫓는소리〉

〈새쫓는소리〉는 경기도 서북부 일대에서 두루 발견되는 소리이다. 김매기 또는 논매기를 마칠 때쯤에는 반드시 이 소리를 하게 된다. 후렴구가 '후여라 훨훨'이라고 하는 것이 붙는 것이 특징이라고 할 수 있다. 3소박 4박자로 되어 있으며 잦은 굿거리 장단으로 간주된다. 선율은 라- 도- 레- 미 등으로 되어 있다. 소리가 구성지고 신명나게 짜여지는 것이 특징이다.

우혀라 훨훨
　　우혀라 훨훨
우야 소리에 새 모여든다
　　우혀라 훨훨
아랫녁 새도 날아오고
　　우혀라 훨훨
웃녁새두 날아오고
　　우혀라 훨훨
높이 떳구나 종달새며
　　우혀라 훨훨
낮이 떳구나 굴뚝새며
　　우혀라 훨훨
말잘하는 앵무새야
　　우혀라 훨훨
춤 잘추는 학두루미
　　우혀라 훨훨

몸채 좋은 공작새야
　　우혀라 훨훨
우야소리에 새 모여든다
　　우혀라 훨훨

〈저녁소리〉

　논일을 마치고 돌아오면서 하는 소리가 곧 저녁소리로, 저녁소리는 '둥기당소리'를 긴 둥기당소리와 자진 둥기당소리로 나누어서 하게 된다. 이것은 곧 느린소리와 자진소리로 나뉘어 하는 것이다. 제주도의 '오돌또기'나 사당패가 입소리로 하는 '오도동기소리' 등 '둥기당소리'와 흡사한 소리가 존재하므로, '둥기당소리'가 이들 소리의 영향을 받은 것은 아닌지 의문시 된다.

(긴 저녁소리)
여다질네 여다질네 동대문을 여다질네
　　에헤 둥기야 당실 둥기야 당실
　　모두다라 두어당실 다 던져버리고
　　말이 무엇해 네가 네로구나
동대문을 열구보니 팔만 장안이 꽃밭일세
　　에헤 둥기야 당실 둥기야 당실
　　모두다라 두어당실 다 던져버리고
　　말이 무엇해 네가 네로구나
꽃밭 속에 말을 타니 말굽 안에서 상내 나네
　　에헤 둥기야 당실 둥기야 당실
　　모두다라 두어당실 다 던져버리고
　　말이 무엇해 네가 네로구나
말굽 안에서 상내 나면 요내 몸에서 몸 상내 나네

에헤 둥기야 당실 둥기야 당실
　　　모두다라 두어당실 다 던져버리고
　　　말이 무엇해 네가 네로구나

(자진 저녁소리)
마들노래를 불러보세 넓은 들이 갈월들이라
　　　에헤 둥기야 당실 둥기야 당실
　　　모두다라 두어당실 다 던져버리고
　　　말이 무엇해 네가 네로구나
앞을 보니 도봉산이요 뒤를 보니 수락산이라
　　　에헤 둥기야 당실 둥기야 당실
　　　모두다라 두어당실 다 던져버리고
　　　말이 무엇해 네가 네로구나
도봉산을 올라가니 망월사가 절경일세
　　　에헤 둥기야 당실 둥기야 당실
　　　모두다라 두어당실 다 던져버리고
　　　말이 무엇해 네가 네로구나
동대문을 열구보니 팔만장안이 꽃밭일세
　　　에헤 둥기야 당실 둥기야 당실
　　　모두다라 두어당실 다 던져버리고
　　　말이 무엇해 네가 네로구나

　　마들농요는 여러 지역의 소리가 합쳐져 있는 조곡의 성격을 지니고 있어 그 정체성을 의문스럽게 만든다. 마들농요의 정체성은 없는가? 그렇지 않다. 마들농요는 두 가지 각도에서 정체성을 지닌다. 하나는 경기도 서북부와 동북부가 합쳐지는 정체성을 갖는다. 서북부 민요의 특징인 경·서토리와 동북부 민요의 특징인 메나리토리가 합쳐져 있는 특성이 있다. 마들농요에서 미나리가 발견되는 것은 이 때문이다. 마들농요는 지역적 특성으로 긴요한 면모가 있다고 하겠다.

다른 하나는 토박이소리와 떠돌이소리가 합쳐져서 혼재되어 있는 특성을 갖는다. 토박이소리는 붙박이소리로 본래 그 고장에 머물러 있는 소리이고, 떠돌이소리는 다른 고장에서 특정한 매개자를 통해서 들어온 소리이다. 사당패의 입소리인 '둥기야소리'가 마들농요에 들어와서 저녁소리로 발전한 것은 각별하다고 하겠다. 문화적 접변 과정에서 발생하는 소리의 지층을 지니고 있다는 점에서 요긴하다.

마들농요는 경기도 서북부소리와 경기도 동북부소리가 교차하는 경계면이라고 할 수 있다. 높이 소리를 질러내고 꺽음소리를 내는 것이 이 지역의 소리가 갖는 특징이라고 할 수 있다. 마들농요는 구행정구역으로 보아서 양주군 소리이나, 현재는 서울시 노원구 상계동, 중계동, 하계동, 공릉동 일대에 전승되는 소리이다. 소리에는 〈아침소리〉, 〈열소리〉, 〈상사도야〉, 〈애벌논매는소리〉, 〈점심소리〉, 〈방아타령〉, 〈미나리(두벌소리)〉, 〈우야소리〉, 〈저녁소리(꺽음조)〉 등이 주된 소리이다.

마들농요의 주요한 제보자인 윤선보 어른의 소리는 일품으로 평가되는 동시에 많은 의미를 담고 있다. 소리의 내력이 분명하고 가락과 사설이 비교적 정확한 점을 미루어, 이 소리는 경기도 파주 금산리의 민요를 총괄적으로 알아볼 수가 있는 핵심적인 외적 경계면에 해당한다고 해도 과언이 아니다. 이 소리들을 간추려서 정리하게 되면 외적 경계면의 지역적 창조력과 전승력이 어떠한 의미를 가지고 있는지 분명하게 알 수가 있다. 이 점에서 파주 금산리 농요와 마들농요는 중요한 의의를 지닌다고 생각된다.

특징 비교		경기도 파주 금산리 민요	마들농요	일치
지도자와 집단		0. 군방님네 부르는소리		×
지역 특징 구현소리		1. 논김양산도	아침소리	×
		2. 자진방아타령	점심소리(미나리에 근접)	×
		3. 긴방아타령		×
		4. 우겨라방아	방아타령(논매는소리)	○
협의의 특정지역소리			두루차소리(애벌매는소리)	×
			미나리(두벌논매는소리)*	×
외지소리		5. 헤이리소리		×
		6. 개성난봉가		×
		7. 오돌독이	둥기당소리(저녁소리)*	○
광의의 마무리소리		(상사소리)	상사소리(상사도야)	○
		8. 몸돌소리		×
		9. 우야소리	새쫓는소리	○

* 표는 긴 소리와 자진소리 등으로 나누어져 있음

    외적 경계면에 의한 특징을 보면 왜 두 지역의 소리가 역동적으로 만나고 있는 경계면인가 하는 점을 명확하게 알 수가 있다. 마들농요의 중요성은 이와 같은 소리의 구성 속에서 충분하게 인지되었지만 여러 가지 소리들이 충만하게 작용하면서 지역적 특색을 드러내는 면모가 있음을 확인하게 된다. 외적 경계면을 형성하는데 공통적인 소리를 기반으로 하고 있음이 명백하다.

    하나는 이른 바 〈꽃방아타령소리〉의 끈질긴 공통점이 있다. 이 소리가 파주 금산과 서울 마들에 공통적으로 존재하는 이유는 이 소리의 본래 구비적 발행처가 바로 이곳이라고 하는 점을 끊임없이 반추하게 한다. 그런데 이 소리를 더욱 확대해서 본다면 구리시와 서울 암사동까지도 두루 존재하였음이 확인되므로 이 소리의 소중한 이유가 자명해졌다. 경토리의 본질적인 국면을 이룩하는 소리이기 때문이다. 한없이 자유로운 사설의 창작과 후렴의 반복적 제약을 통해서 자유와 제한, 창조와 반복의 문제 등을 이러한 소리로써 시연하고 있다고 해도 잘못이 아니다.

마들지역에서 가장 이채로운 두 가지 소리는 바로 〈미나리〉와 〈두루차소리〉이다. 이 소리들은 매우 중요한 전거를 제공하고 있지만 과연 이 지역까지 미나리가 들어왔을까 하는 점은 의문을 자아낸다. 이 소리의 전통을 생각하면 이 두 가지 소리의 유형과 형태가 현재 발견되지 않는다.

〈미나리〉는 강원도에서 발원하면서 이 소리가 영동과 영서 지역을 관통하면서 내려와 경기도의 포천·가평·양평 등지에서 일부 나타나는 점을 알 수가 있다. 그런데 이 소리의 실상이 직접 마들지역까지 내려왔다고 하니 이는 창조력을 구현하는 방법 가운데 매우 이채로운 현상일 수가 있다. 현재 이 두 가지 소리에 대한 정보와 개황을 알 수가 없으므로 이 소리에 대한 판단은 유보하는 것이 바람직할 것이다.

창조적인 구연자는 항상 특정한 지역의 소리에 의하여 창조의 전통적 비밀을 고수하되 동시에 자신의 가창력과 개인적인 창조력을 발휘하는데 있어서 가장 선명한 국면의 창조를 직접적으로 실현하게 된다. 그것이 바로 창조적인 소리의 국면이라고 하지 않을 수 없는데 이러한 방식으로 손쉽게 사용하는 방식 가운데 하나가 바로 토박이 형식에다 외지의 소리를 얹어 부르는 패턴을 보이고 있다. 그러한 창조의 결과가 파주 금산리와 서울 노원구의 마들에 동시에 보인다고 하는 것은 매우 이례적인 현상이다.

이러한 경계면의 외적 형태들의 사례가 다른 지역에 없는 것도 아니다. 가령 강원도의 강릉을 비롯한 일정한 고장에서 부르는 민요에서도 동일한 패턴을 보이고 있다.[8] 가령 강원도의 〈오독떼기〉와 함께 부르는 여러 가지 잡가류는 이러한 전통을 환기하게 하는 요소이다. 〈오독떼기〉는 영동지역에서 주로 불리고, 강릉·명주를 중심으로 그 주변 지역에서만 부르던 독특한 지역유형적인 성격을 가진 소리이다. 여러 가지 지역과 소리의 양상을 살펴보게 되면, 〈꺾음오독떼기〉라고 현지 명칭으로 전하는 오독떼기의 축약형태가 뒤를 이어서 오는 경우도 있다. 흔히 〈사리

---

8 최상일·김진순, 「강원도 민요의 분류와 분포」, 『한국민요대전』, 문화방송, 1996, 38-39쪽.

랑〉, 〈담성가〉, 〈안선달〉 등의 잡가류를 함께 부르기도 한다.

이에 관한 강원도의 사례를 확장적으로 적용한다면, 양양군에서는 〈오독떼기〉와 〈미나리〉, 〈꺾음미나리〉, 〈동강소리〉, 잡가류 등이 함께 불러졌다. 강원도의 양양 남부지역인 현남면, 현북면 등에는 주로 오독떼기가 분포되어 불리고 있으며, 양양군의 손양면, 강현면, 양양읍 등지에서는 〈오독떼기〉와 〈미나리〉가 함께 상보적으로 분포되어 있으나 오독떼기보다는 미나리가 더 많이 불렸다고 한다. 아울러서 강원도의 양양군 현남면 입암리에서는 〈큰노래〉라고 지칭되는 소리의 서두를 장식하는 소리가 있어서 두레소리의 기원을 생각하게 한다. 가령 전남지역 〈긴소리〉 앞에 나오는 〈무상삼장〉류와 거의 유사한 기능을 보여준다고 하겠다.

또한 이 지역은 〈오독떼기〉를 부른 다음에 〈양승백이〉, 〈동따래기〉, 〈사령가〉, 〈쌈싸는소리〉 등의 다양한 잡가류를 불렀음을 확인할 수 있다. 소리의 기능은 초벌과 두벌의 구분이 없으며 먼저 오독떼기를 부르다가 힘이 들면 잡가류를 부르고 논에서 나올 때는 마무리로 〈쌈싸는소리(싸대소리)〉를 불렀다고 한다. 〈오독떼기〉나 잡가류의 가창방식은 한 사람이 소리 꼭지를 꺼내게 되면 모두가 따라하는 선입후제창이지만 앞소리는 한 사람이 고정적으로 꺼내는 것이 아니라 여러 명이 돌아가며 꺼내는 형태를 지니고 있으므로 이 소리의 가창방식은 제창과 교환창, 그리고 선후창의 다면적 의미를 환기하게 하는 소리이다.

우리는 경기도의 외적 경계면을 확장하여 나타나는 지역적 특징이 전국적인 보편성으로 확장될 가능성을 쉽게 감지하게 된다. 이 전통은 토박이의 형식 속에서 외지에서 널리 불리는 잡가류 등이 이입되면서 이 소리를 다면적으로 확장하는 현상을 일정하게 나타내고 있음을 인정할 수 있다. 이러한 전통의 발견이야말로 매우 중요한 의의를 지닌다고 생각된다.

우리 민요의 외적 경계면이 소중한 이유가 여기에 있다. 한 지역의 특수성이 그 자체로 고유성을 가지는 것이 아니라 보편성의 확인임을 분명하게 인지할 수가 있다. 동심원적으로 사태를 확장하고 시야를 확대하는 일이 필요한 것이 이 때문이다. 토박이 소리와 외지의 떠돌이 소리가 복합적으로 작용하는 점을 고려하면서 한 곳에 매몰되지 않는 문제의식의 각성이 민요의 경계면 연구에서 핵심적인 사안이 될 수 있다. 〈오돌독이〉와 〈둥기당소리〉의 일치점은 이러한 복합적인 층위의 문제를 환기하는 것이다.

그러므로 이 광의의 소리를 통해서 민요의 지역적인 현상과 특징을 읽어내는 일이 긴요하다. 서울소리 때문에 우리는 연구가 온전하게 진행되지 않았음을 시인하지 않을 수 없다. 연구를 진작하고 시야를 확대하기 위해서 지역적인 특수성과 보편성을 동시에 염두에 두지 않을 수 없다.

경기도 파주 금산리 민요를 통해서 보건대 외적 경계면과 내적 경계면은 불가분의 문제일 수 있음을 절감하게 된다. 내적 심화와 함께 외적 비교 연구가 바람직한 과제이고 방법임을 알 수 있다. 민요 연구는 대상의 사례를 한정해서 정밀하게 연구하면 온당한 결론을 얻을 수 있을 것 같지만 문제의 실상은 간단하지 않다.

그렇게 했을 때에 반복적으로 널리 알려져 있는 심층적인 주제를 찾아서 논의를 해야 한다. 그렇게 해야만 연구는 일정한 방향을 잡을 수 있다. 여러 가지 국면의 역동적 전개를 인정하고 이 양상의 전체가 의미하는 바를 찾아야만 연구는 일련의 성과를 얻을 수 있을 것으로 짐작된다. 파주 금산리의 집단적 창조가 전국의 여러 곳에서 동시에 이어졌으며, 그러한 창조력은 우리 민요의 위대한 전통이라고 할 수가 있다.

4. 경기도 파주 금산리 민요의 내적·외적 경계면의 가능성

이 연구는 현지 연구이다. 현장에서 얻은 조사의 결과물을 중심으로 하면서 파주군 금산리의 민요가 남다른 점을 지니고 있다는 점에 착안하여 이 연구를 시작하였다. 민요가 선형적인 질서로만 이루어졌다고 하는 단조로운 연구 방법에서 벗어나서 한 대상이 지니는 여러 가지 목소리를 두루 환기하는 작업을 특정 소리의 국면마다 수평으로 또는 수직으로 진행하였다. 정밀한 논증을 하지 않고 이 작업을 장차 확대하려는 의도 하에 이러한 작업의 세부적인 면모를 좌표적으로 위치 매김을 했다고 지나치지 않는다.

이 연구를 통해서 우리는 경기도 서북부 지역의 민요 그 가운데서도 논농사소리와 회다지소리를 재발견하는데 힘을 기울였다. 이 소리들은 선형적인 질서 속에서는 서로 연결되지 않았는데, 이를 다각도의 관점에서 연구하자 우리는 서로 숨길 수 없는 뚜렷한 주제와 동기가 여러 목소리 속에서 중첩되는 점을 확인할 수가 있다. 그러한 목소리가 존재하는 특정한 공간적 장을 필자는 경계면이라고 하는 용어로서 재정립하고 논의하고자 하였다.

경계면이라고 하는 특정한 공간적 장에서 여러 소리들이 저마다의 기능을 수행하면서도 일정한 소리를 공유하여 공통점과 차이점을 드러낸다고 하는 사실을 알 수 있었다. 그러한 소리를 우리는 특정 갈래의 소리를 가져다 공유하는 현상이라고 하였으며, 이것이 경기도 서북부 민요의 창조적이고 역동적인 면모라고 지적하지 않을 수 없다. 이 소리의 공유가 바로 경기도의 서북부에서 생기는 현상이다.

또한 이 소리의 공유가 전면적이거나 체계적으로 전개되는 것이라고 감히 말할 수는 없을 것으로 본다. 소리는 저마다 고유성을 가지고 있으며, 이 기능은 원론적으로 무시할 수 없을 것으로 파악된다. 그렇기 때문에 이 소리들은 고유의 갈래가 가지는 엄격한 체계성 속에서 소리를 특정하게 배분하고 공유하는 점이 확인되었다. 그런데 그것이 놀랍게도 특정한 곳의 지역성과 고유성을 드러내는 신명나는 소리들임을 새삼스럽게 환기할 수가 있다.

이러한 소리의 구성과 패턴은 내적 경계면이라고 하는 대목에서 구체적으로 감지된다. 특히 외지소리는 회다지에서는 구현하지 않는다. 장례라고 하는 엄격성이 있으므로 이 점 때문에 이러한 소리가 구성될 수 없음은 물론이다. 소리의 창조력을 높게 구현하는 경기도 파주시 탄현면 금산리 주민들의 놀라운 능력일 수 있다. 창조력을 개인이 발휘하게 되면 이 소리가 전승되지 않고 유형적으로 망실되어 버릴 가능성이 많다. 그런데 이 소리를 위대하게 재현하는 특징을 이어가고 있다고 하는 것은 특별한 창조의 집단적 구현이라고 하는 점 외에 달리 할 말이 없을 것으로 보인다.

  더욱 중요한 발견은 외적 경계면이라고 하는 개념 속에서 이루어졌다. 역동적인 창조의 현상이 비단 한 지역에서만 이루어진 것은 아니다. 서울의 마들농요에서 경기도 금산리의 민요와 같은 소리들이 일부 발견되었으며 이는 이 지역의 소리들이 특정하게 파주를 비롯한 경기도 서북부 지역의 소리에 관련해 있으면서 전승이 이루어지는 결과물임을 알 수 있다. 경기도 서북부 남단에 있는 소리들이 결과적으로 일치하는 특징을 구현하고 이 점에서 외적 경계면의 창조력 또한 내적 경계면의 그것과 일치하는 점을 보이고 있다.

  게다가 특정한 곳의 토박이소리와 외지소리가 합쳐져서 구현되는 현상은 비단 한 고장만의 현상이 아니라 본질적으로 여러 지역에서 두루 존재하는 공통점임을 확인할 수 있었다. 가령 강원도의 논매기에 발견되는 〈오독떼기〉와 여타의 잡가류의 결합을 그러한 각도에서 외적 경계면의 연장선상으로 확대할 수 있을 것으로 보인다. 집단의 선택보다 광범위한 시대적 선택과 창조가 여기에 있었음을 알 수가 있다.

  그렇다면 금산리의 민요가 보여준 내적 경계면과 외적 경계면은 어떠한 관점에서 평가할 것인가 하는 문제가 남는다. 소리의 갈래가 각기 다른데 이들의 소리가 공유되고 논매기와 무덤다지기에서 보여주는 소리의 일치점을 경계면적 창조력이라고 하는 점에서 해석할 수는 있지만, 문제는 다른 고장에서는 그러한 일을 왜 하지 않았으며, 유다르게 그 고장에서만 시행했는지 우리는 현재 이에 관한 정보를 거의 가지고 있지 않다. 내적 경계면의 창조력을 평가할 수는 있지만 이러한 현상이 왜 생기는지 참으로 알기 어려운 일이다.

  외적 경계면에서 생기는 창조력을 서울과 경기북부 사람들이 특히 탁월하게 발현했음을 인정하는 길 이외에 다른 해석이 있을 수 없다. 경기 서북부 일대를 모두 현지조사 한 결과는 아니지만, 적어도 의정부시·파주시·양주시·동두천시·고양시·구리시·서울시 마들과 바웃절 등지에서 소리를 하는 사람은 모두 탁월한 소리꾼임을 부정할 수가 없을 정도이다.

  제보자나 청중 모두들 아무나 마이크를 갖다 대면 이 소리를 순식간에 하고, 특히 경기소리와 황해도소리, 그리고 여러 가지 잡가 등이 능한 것을 보면 집단적인 환각에 빠질 정도로 소리를 잘하는 점을 볼 수가 있다. 소리를 하면 거의 정신착란에 가깝게 소리 경쟁을 하니 이는 놀라운 일이 아닐 수가 없다. 내적 경계면과 외적 경계면은 바로 이러한 사람들을 중심으로 요동치면서 역동적으로 생성되었을 개연성이 있다. 소리꾼 누구나 소리를 잘하고 있지만 문화적 창조력이 이어지는 것은 여기에까지 깊은 에너지를 보여주고 있다.

내적 경계면과 외적 경계면의 사이에서 화합과 갈등을 반복하면서 경기도 파주 금산리의 민요는 생성되었다. 문화재 지정 뒤에 복합적인 사정이 있어서 서로 문화재 되기를 거부하는 일도 이례적인 현상이다. 소리가 문화재로 되고 창조력은 고갈되면서 진정한 소리의 역동적 창조가 없어지는 시대에 이러한 현상들은 민요 연구의 색다른 지침과 방침을 제공할 것이다.

[경기도 파주의 농요와 장례의식요 악보]

논매는 소리-논김양산도

창: 추교현
채보: 정서은
조사일시: 2010. 1. 21.

논매는 소리-긴방아타령

창: 추교헌 외
채보: 정서은
조사일시: 2010. 1. 21.

논매는 소리-개성난봉가

창: 추교전 외
채보: 정시은
조사일시: 2010. 1. 21.

회다지소리-우야소리

창: 추교전 외
채보: 정서은
조사일시: 2010. 1. 21.

회다지소리-우야소리

창: 추교옥 외
채보: 정시은
조사일시: 2010. 1. 21.

회다지소리-상사소리

창: 추교전 외
채보: 정서은
조사일시: 2010. 1. 21.

회다지소리-상사소리

창: 추교옥 외
채보: 정서은
조사일시: 2010. 1. 21.

♩.= 50 실음은 단7도 아래

닐 릴 리 - 상 사 도 야 - 닐 - 릴 리 상 사 도 야

무엇이 그리워 상사 - 났 - 나 닐 - 릴 리 상 사 도 야

삼십 - 먹 - 은 노처 - 녀 - 가 닐 - 릴 리 상 사 도 야

시집을 - 못가서 상사 - 가 났 - 나 닐 - 릴 리 상 사 도 야

회다지소리-방아타령

창: 추교전 외
채보: 정서은
조사일시: 2010. 1. 21.

회다지소리-달고소리

창: 추교옥 외
채보: 정서은
조사일시: 2010. 1. 21.

콩데우소리-콩심는 소리

창: 추교현 외
채보: 정서은
조사일시: 2010. 1. 21.

상여소리

창: 추교옥 외
채보: 정시은
조사일시: 2010. 1. 21.

모찌는 소리

논매는 소리-헤이리소리

창: 추교옥 외
채보: 정시은
조사일시: **2010. 1. 21.**

논매는 소리-자진방아타령

창: 추교전 외
채보: 정서은
조사일시: 2010. 1. 21.

논매는 소리-우야소리

창: 추교전 외
채보: 정서은
조사일시: 2010. 1. 21.

논매는 소리-오돌독이

창: 추교옥 외
채보: 정서은
조사일시: 2010. 1. 21.

6장
경기도 떠돌이농악의 전형적 사례
—남사당패의 사례를 중심으로

1. 머리말
2. 남사당패의 내력
3. 남사당패 풍물놀이의 연행적 성격
4. 남사당패의 보편성

1. 머리말

남사당패 연구가 무척 많이 진행되었다. 그런데 남사당패를 둘러싸고 있는 몇 가지 문제가 있다. 이 문제는 세 가지 정도로 요약된다. 첫째, 남사당패의 역사적 실재에 관한 연구이다. 남사당패는 어디에서부터 비롯되었으며 남사당패의 예술적 전환은 언제부터 비롯되었는가 하는 점이 검토되어야 마땅한데, 기존의 연구사에서는 이에 대한 연구가 마뜩하게 진척되지 않았다. 둘째, 남사당패놀이 가운데 그 핵심은 풍물놀이에 있다. 그래서 풍물놀이의 내력과 연행 예술적 특징에 관한 연구가 상세하게 진행되어야 한다. 셋째, 남사당패놀이가 지니는 동아시아적 보편성과 특수성은 어디에서 구해야 하는가 하는 점이다. 남사당패와 같은 유랑연예인집단은 동아시아의 여러 민족에게서 두루 확인된다. 따라서 이에 관한 검토가 불가피하다.

남사당패 연구가 일정한 수준에 이르렀다고 하는 것은 기왕의 연구 업적이 말해준다. 남사당패 연구의 선구적인 저작은 송석하의 『한국민속고』이다.[1] 이 저작은 본격적인 남사당패 연구는 아니지만, 남사당패와 일정한 관련이 있는 사당패에 관한 첫 언급이 있다는 점에서 긴요하다고 하겠다. 사당패의 전승 실상과 문헌을 비교하면서 그들의 연행을 언급한 점이 주목된다. 그러나 사당패의 문헌적 전거에 관한 연결이 설득력 있게 전개된 것은 아니다.

다음으로 요긴한 연구 업적은 심우성의 『남사당패연구』이다.[2] 이 연구업적은 이후에 판을 달리해서 동문선출판사에서 다시 간행한바

---

[1] 송석하, 『한국민속고』, 일신사, 1960.
[2] 심우성, 『남사당패연구』, 동화출판공사, 1974.

있으나, 대체로 골격은 유지되고 있으며 같은 내용으로 취급할 수 있다. 이 연구서는 이른 시기 남사당패놀이의 실상을 상세하게 보고했다는 점에서 일차적인 가치를 가진다. 그리고 남사당패의 역사적 근원이 무엇인가 하는 점을 놀이 종목별로 제시하고 있다는 점에서도 긴요한 의의를 갖는다고 하겠다.

최근에 『남사당패연구』를 보완한 업적이 나왔으니 그것이 곧 『남사당놀이』이다.[3] 이 연구서는 기왕의 연구 업적을 시각적으로 보완하고, 현재의 전승 상황을 보고했다는 점에서 의의가 있는 저작이다. 이 밖에도 윤범하의 『안성 남사당 풍물놀이』라는 저작이 나왔다.[4] 이 저작에서 기왕의 연구 업적과는 다르게 역사적 기원과 내력을 새롭게 규명하려는 시도가 있었다. 안성 남사당 풍물놀이의 특성이 무엇인가 상세하게 도해하면서 현장론적 증거를 보완하고 있을 뿐만 아니라, 더 나아가서 남사당풍물놀이의 역사를 재구하려는 점에서 일단의 주목을 요구한다고 하겠다. 그러나 자료의 신뢰성에 관한 일정한 검토가 필요하다.

이상의 연구사 검토에서 확인되듯이 남사당패연구의 결정적 한계는 자료의 빈곤이다. 자료의 한계를 타계하기 위해서는 문제의 초점을 다시 설정해야 할 필요가 있다. 즉 남사당패의 외연적 범위를 어떻게 확정지을 것인가 하는 것이다. 남사당패를 그 집단의 전체적 성격에서 규정하면서 역사적 기록을 찾는 것과 구체적으로 남사당패의 개별적인 놀이에서 그 기원을 찾는 것을 변별적으로 적용해야 마땅하다. 남사당패의 내력을 풍물놀이, 버나, 살판, 덜미, 덧뵈기, 어름 따위를 모두 고려해서 찾고자 하면 그 실체는 찾을 수 없으며 개별적인 놀이의 기원은 역사적으로 한결같지 않다. 따라서 남사당패의 성격이 무엇이고 그것이 어떠한 경로로 변천되어 왔는가 하는 점을 검토해야 한다. 그래야 연구의 올바른 방향이 설 것이라 판단된다.

그리고 여섯 가지 놀이 가운데 가장 핵심이 되는 것은 곧 풍물놀이이다. 풍물놀

3   심우성, 『남사당놀이』, 화각서원, 2000.
4   윤범하, 『안성 남사당 풍물놀이』, 이가책, 1994.

이는 기본적으로 놀이의 배경 음악이 되는 것이므로 풍물놀이의 소종래와 농악의 연관성이 반드시 검토되어야 마땅하다. 만일에 현재 전승되는 남사당패의 음악이 남사당패 음악의 독자적 성격을 드러내는 것이라면, 그것이 어떠한 면모를 지녔는지 규명해야 마땅하다. 종래 연구사에서 이 점이 소홀하게 취급되었으므로 남사당패 연행의 특성이 잘 드러나지 않았다고 판단된다. 따라서 남사당패 음악이 온전한 특징을 갖추고 있으며, 그것이 있다면 어떠한 음악인가 하는 논의를 진행해야 문제의 실마리가 풀린다. 이 과정에서 남사당패의 음악의 성격이 해명되리라 예측된다.

2. 남사당패의 내력

남사당패는 최근 연구에 의하면 고려시대 이래 승광대에서 비롯된 것으로 파악하는 연구가 있으니 그 점에 귀를 기울일 필요가 있다.[5] 남사당패는 절과 깊은 관련이 있다. 이러한 사실은 크게 세 측면에서 지적할 수 있으니 남사당패의 근거지, 구성요소, 행위 등에서 남사당의 절과의 친연성을 논하는 단서가 된다. 남사당패의 근거지는 흔히 안성 청룡사라고 했으니 절의 신표를 얻어서 연행한다는 점에서 절과의 깊은 내력을 말한다. 남사당패의 구성원 가운데 절과 관련된 일정한 용어가 쓰이고 있다. 예컨대, 화주化主와 같은 용어가 그것이다. 또한 남사당패가 절걸립과 일정한 관련을 지니고 있다는 사실 또한 주목된다.

그렇다면 남사당패의 내력은 재인승才人僧 또는 재승才僧에서 찾는 것이 바람직한 견해이고, 이를 통해 남사당패의 역사적 문헌을 보완할 수 있는 단서를 찾을 수 있다. 조선조 시대에 재승에 관한 언급이 조선왕조실록에 보이니 문종실록 즉위 원년

---

5   전경욱, 「한국 산악 백희의 놀이꾼」, 미발표 원고, 2001.7.20. 이 논문은 散樂百戱의 기원을 해명하는 논문인 바, 이 논문에서 才僧출신의 사장, 사당, 남사당에 관한 작업을 진척시켰다. 이 글에 의해서 남사당패의 역사적 내력을 기술한다.

(1451년) 6월 10일 조에 의해서 증거를 찾을 수 있다. 중국 사신을 영접하는 과정에서 불교 사찰의 재승 출신이 동원되었으니 이들이 수척水尺과 함께 우희優戲를 담당했다고 되어 있다. 그러므로 우리는 재승의 존재와 남사당패가 어떠한 관계가 있으며, 재승은 문종시대에 비롯된 것이 아니라는 가설에서 출발할 필요가 있다고 생각한다.

승광대는 조선 초기 사원 혁파에 의해서 절에서 쫓겨난 무리로 구성된 재인 집단 또는 예능인 집단이라는 점을 부인하기 어렵다. 그런데 이미 고려 시대에도 절과 관련된 일정한 무리가 있었음이 문헌에 등장한다.

병신년에 제정하기를, "석가모니가 불도를 천명한 것은 청정심을 우선하고, 더러운 것과 누추함을 멀리 하여 탐욕스러운 집착심을 제거하는데 있다. 오늘날 나라의 부역을 회피하는 무리들이 사문이라 가탁해서 칭하며 사사로이 생을 도모하기 위해서 재화를 증식하고 있다. 그래서 (이들이) 논갈고 목축하는 것으로 업을 삼고 상업하는 것이 예사롭게 되어 있다. 밖으로 나아가서는 계율의 조문을 어긋지고, 들어와서는 청정심의 규약이 없으며, 몸에 입은 장삼(가사)은 술독 덮개로 떨어지고 강학하고 염불하던 장소는 떼어내서 채소밭이랑으로 변하였다. 장사치들과 결탁해서 물건을 매매하고, 잡인들과 어울려 즐기며 술자리를 하고, 기생들과 시끄럽게 섞여서 우란분재에 더루운 냄새를 끼치고 있다. 속인의 갓을 쓰고 속인의 옷을 입으며, 사원을 짓는다는 명목으로 돈을 걷으면서 깃발과 북을 갖추고 노래하고 연주하면서 여염에 출입하고 시정에 당돌하여 사람들과 더불어서 피투성이 상처를 내기도 한다. 짐은 선악을 구분해서 엄숙히 기강을 바로잡고자 한다. 마땅히 중외의 사원을 걸러서 그 계행을 밝혀 닦는 자는 사원에 안주토록 하고, 범하는 자는 법으로 논케 할 것이다."[6]

---

6 丙申, 制曰, 釋迦闡敎, 淸淨爲先, 遠離垢陋, 斷除貪欲, 今有避役之徒, 托號沙門, 殖貨營生, 耕畜爲業, 估販爲風, 進違戒律之文, 退無淸淨之約, 衵肩之袍, 任爲酒甖之覆, 講唄之場, 割爲忽( )之疇, 通商買賣, 結客醉娛, 喧雜花院, 穢臭蘭盆, 冠俗之冠, 服俗之服, 憑托修營寺院, 以備旗鼓歌吹, 出入閭閻, 搪揬市井, 與人相鬪, 以致血傷, 朕, 庶使區分善惡, 肅擧紀綱, 宜令沙汰中外寺院, 其精修戒行者, 悉令安住, 犯者以法論.

이 기록은 『고려사』 문종 병신 10년(1056) 9월조의 기록이다. 문종이 절에 있는 특별한 집단이 나라의 질서와 승단의 질서를 교란시키는데 주목하고 이에 대한 특단의 조치를 내려 제정하는 문면이다. 이 문면에서 우리는 부역을 기피하며 사문의 취지에 어긋나는 세 가지 일에 초점을 맞추어 읽어낼 필요가 있다.

부역을 기피하는 무리들은 승려가 아니면서 승려인 척 했다는 점이 주목된다. 중이면서 중이 아니라고 하는 사실은 우리 무속과 불교의 복합 문화사에서 아주 긴요한 구실을 하게 마련인데, 그러한 전례가 여기에서 확인된다. 승려 노릇을 빙자해서 승단의 질서를 교란시키고 있는 무리가 있었다는 사실이 지적된다.

이들 무리는 생을 도모할 목적으로 기존 승단의 경제질서나 토지를 갉아먹고 있다는 사실이 드러난다. 그래서 청정심을 갖추고 보리심을 추구하는 절의 기본적 토대가 이들에 의해서 와해되고 있는 일단의 현상이 이루어지고 있다. 이들은 아마도 상인들과 결탁하거나 특별한 행사가 있을 때에 잡인들과 어울리면서 술도 마시고 승려 노릇의 도리에서 어긋나는 행위를 했다는 것이 두드러진다. 여기에서 특별한 행사라고 하는 것은 7월 15일 백중에 맞추어서 하는 우란분재의 재례이다. 이러한 사실은 승속이 어울리는 대에 이들의 작태를 말하는 것이다.

다음으로 주목해야 할 사실은 그런데도 불구하고 이들이 절과 깊은 관련이 있다는 점이다. 이들이 속인의 갓과 복색을 하고서 사원을 짓는다는 명목으로 돈을 걸으면서 북과 깃발을 갖추고 노래하면서 악기를 불렀다고 하는 것은 절걸립이나 건사에 일정한 기능을 이들 집단이 했다는 뜻으로 이해된다. 그래서 이들은 어떠한 각도에서는 절에 고용된 일정한 연예인 집단일 가능성이 있다. 마치 남사당패의 신표가 절에서 발부되어 절을 빙자해 먹고살면서 예능인 노릇을 하는 것과 하등 다르지 않다.

그렇다면 이들은 누구인가? 이들은 더 말할 나위 없이 재인승이다. 전통적인 놀이꾼인데, 절에 깊은 관련을 가지면서 활약한 놀이꾼이고, 이들이 후대에 중광대 또는 승광대가 된다. 이미 11세기에 승려 노릇을 하는 놀이꾼이 이른 시기에 존재한다는 사실은 주목받아 마땅하다.

조선시대에 이르러서 이들 집단은 지속되었으며 여러 기록에서 이들 집단의 활약상이 언급되고 있다. 대개는 부정적인 면모로 보고되어 있으나, 사실은 그들의 실상을 알 수 있는 본격적인 반증으로 작용하고 있다.

구체적인 기록을 살펴보면 다음과 같다.

(가) 신이 그윽이 생각하건대, 중국에는 중이 있으면서 도사道士가 있는데, 우리 나라는 중은 있는데 도사가 없으니, 이는 매우 다행한 일입니다. 근일에 경외京外의 남녀 노소가 사장社長이라고 칭하고 혹은 거사居士라고 칭하니, 이것은 또한 도사에 비교되는 것으로서 중도 아니고 속인俗人도 아닌데, 그 생업生業을 폐하고서 차역差役을 피할 것만을 엿보고 있습니다. 외방에서는 천만 명이 무리를 이루고서 절에 올라가 향香을 불사르고, 경중에서는 마을에서 밤낮으로 남녀가 섞여 거처하고 징과 북을 시끄럽게 두들기면서 이르지 않는 바가 없으니, 늙은이는 괜찮지만 젊은이는 불가하며, 어린이는 더욱 불가합니다. 군액軍額이 감하고, 전지田地는 황폐하며, 차역差役이 고르지 않고, 남녀가 섞이고, 양민良民이 죄를 짓게 되니, 사람으로서 이보다 심할 수 없습니다. 빌건대, 금후로 70세 이상된 노옹老翁 가운데 90세 이하로 갓笠을 쓰고 경쇠磬를 두드리면서 염불하며 외우는 자 이외에, 사장社長의 무리를 일체 혁파한다면 다행함을 이길 수 없겠습니다.[7]

『조선왕조실록』〈예종실록〉 원년 6월 29일조 양성지상소문

(나) 사장社長이 무리를 모아, 뭇사람衆을 미혹迷惑하는 것은 제거하지 않을 수 없습니다. 그들의 유류類는 모두 시정市井의 무식한 무리인데, 망령되게 인연因緣과 화복禍福의 설說을 사모하나, 장사하는 것이 그들의 업業이고 속이는 것이 그들의 마음인데도 한결

---

[7] 一, 禁社長。臣竊惟, 中國有僧而有道士, 東國則有僧而無道士, 此甚幸事也。近日京外老小男女, 稱爲社長, 或稱居士, 此亦道士之比也。非僧非俗, 廢其生業, 窺避差役。外方則千萬爲群, 上寺燒香, 京中則閭閻晝夜, 男女混處, 錚鈸轟轟, 無所不至。老者可矣, 壯者不可, 壯者固不可矣, 少者尤不可焉。軍額之耗, 田疇之荒, 差役不均, 男女之混, 良民之罪人, 莫此爲甚。乞今後七十老翁九人以下, 着其笠, 擊磬念誦者外, 一罷社長之輩, 不勝幸甚。

같이 아미타승阿彌陁僧만 하면 불도佛道를 이루고 죄악罪惡을 소제消除한다고 생각하여, 바로 사社를 대도大都의 여염閭閻 가운데에 창건하고 염불소念佛所라고 칭하면서 그 업차業次를 버리고, 분연紛然히 무리를 모아 치의緇衣·치관緇冠하여 남자는 동쪽으로 여자는 서쪽으로 하니, 그 형상을 보면 중도 아니고 속인도 아니며, 그 거처居處하는 것을 보면 절도 아니고 집도 아닙니다. 아침이면 시리市利를 속이고, 저녁이면 부처에 귀의歸依하여, 기이한 형태와 괴이한 형상으로 잡답雜沓하게 주선周旋하여, 징錚을 울리고 북鼓을 치며, 파사婆娑(1355) 하여 용약踊躍하므로, 가동街童과 거리의 부녀자가 돌아보며 흠모하니, 이목耳目으로 익숙하게 익혀서 당연하게 생각하고 다투어 서로 추창하여 붙습니다. 이미 국가의 백성을 교화하고 풍속을 이루는 뜻을 거슬렸고, 또 석씨釋氏의 이세離世·절속絶俗하는 도道도 아니니, 또한 어떠한 풍속입니까? 만일 그 도道로써 천하를 바꾼다면 반드시 집집마다 절이 되고 사람마다 중이 된 뒤라야 족할 것입니다. 불씨佛氏의 말을 요약하면, '여래如來'라 하고, '보살菩薩'이라 하고, '아미타불阿彌陁佛'이라 하니, 그 마음을 구하는 데에 불과할 따름입니다. 아아, 마음을 과연 뭇사람으로 더불어 북을 쳐서 구하는 것이 옳겠습니까? 아침에는 장사를 속이는 행동을 하고 저녁에는 부처에 의지하여서 그 죄를 소멸한다면, 무릇 십악十惡을 범한 자로 누가 한결같이 염불念佛하여 그 죄를 면할 수가 없겠습니까? 이와 같이 하여서 마음을 구할 수가 있고, 성불成佛할 수 있으며, 악을 소멸할 수 있다면, 이는 누구를 속임입니까? 하늘을 속임이 아니겠습니까? 성인聖人이 천하 국가를 다스리는 것은 마땅히 백성을 인仁으로써 물들게 하고 백성을 의義로써 연마하게 하며 백성을 예禮로써 절제할 따름인데, 어찌 그 황탄한 행실에 맡기어 그 올바르지 아니한 풍속을 기르며 다스리려는 것이 옳겠습니까? 엎드려 바라건대 빨리 유사攸司에 명하여 중도 아니고 속인도 아닌 것을 통렬히 금하여서 유신維新의 교화를 맑게 하소서.[8]

8 社長之群聚惑衆, 不可不除也. 類皆市井無識之徒, 妄慕因緣、禍福之說, 商賈其業, 欺詐其心, 以爲一念阿彌陁僧, 可以成佛道, 可以消除罪惡. 乃創社於大都閭閻之中, 稱爲念佛所, 棄其業次, 紛然群聚, 緇衣、緇冠, 男東、女西. 視其形, 非僧、非俗; 視其處, 非寺、非家. 朝則罔市利, 暮則歸依佛, 奇形、怪狀, 雜沓周旋, 鳴錚、擊鼓, 婆娑踊躍, 而街童、巷婦, 環視欣慕, 耳目習熟, 以爲當然, 爭相趨附. 旣戾國家化民成俗之意, 又非釋氏離世、絶俗之道,

『조선왕조실록』〈성종실록〉 2년 6월 8일, 한치형 상소문

(다) 헌부가 아뢰기를,

"상께서 즉위하신 이래 정학正學을 장려하고 이교異敎를 배척하기를 지극하게 하지 않은 바가 없습니다. 그래서 사설邪說이 영원히 끊어지고 좌도左道가 있다는 말이 들리지 않았으니, 승니僧尼가 없어져 이색異色의 사람이 보이지 않았습니다. 그런데 난리 이후에 전쟁에 관한 일이 많아 미처 문교文敎를 펴지 못한 채 구로舊老가 다 죽어 후생들이 흥기興起되지 않으므로, 유식한 사람들이 한심하게 여긴 지 오래입니다. 10여 년 전부터 인심이 흐려지고 사설邪說이 횡행해도 금하여 검칙하지 못하니, 어리석은 백성들이 미혹되어 남자는 거사居士가 되고 여자는 사당社堂이라 칭하며 본분의 일을 일삼지 않고 승복을 걸치고 걸식하며 서로를 유인하여 그 무리들이 번성하고 있습니다. 그런데도 주현에서 금단하지 않으므로 평민의 절반이 떠돌아다녀 도로에 줄을 잇고 산골짜기에 가득 차며 혹 자기들끼리 모이면 천백千百의 무리를 이루니 보기에 놀랍습니다.

경성京城에 있어서는 엄한 법이 있는데도 출입하며 유숙留宿하는 자가 헤아릴 수 없이 많을 뿐만 아니라 여염 사이에도 상하가 모두 휩쓸려 중을 접대하고 부처를 공양하며, 사신捨身하여 재齋를 설시하는 자가 역시 많고, 사대부 중에도 마음을 기울여 부처를 받들면서 부끄러운 줄을 모르는 자가 있으니, 이런 풍속을 가지고 세도를 어떻게 구하겠습니까. 백련교도白蓮敎徒 난과 같은 변이 혹 뜻밖에 일어 백성들의 이목을 가리고 천하를 혼탁한 지경으로 빠뜨릴까 두렵습니다. 청컨대 중외中外로 하여금 거사와 사당이라 일컫는 남녀로서 떠돌아다니면서 그 거처가 일정하지 않은 자는 소재所在

亦何等風俗也? 如以其道, 易天下, 則必家家爲寺, 人人爲僧, 然後足矣。要之, 佛氏之言曰 "如來", 曰 "菩薩", 曰 "阿彌陁佛", 不過求其心而已。嗚呼! 心果可與衆, 鳴鼓而求之乎? 朝爲欺詐罔市之行, 而暮依於佛, 以消其罪, 則凡十惡大憝者, 孰不能一念佛, 而免其罪乎? 如是, 而可以求心、可以成佛、可以消惡, 是誰欺, 欺天乎? 聖人之治天下國家也, 當漸民以仁, 磨民以義, 節民以禮而已。豈可任其荒誕之行、長其不經之俗, 而以爲治乎? 伏望, 亟命攸司, 痛禁非僧、非俗之流, 以淸維新之化。

주현에서 잡아가두고 추궁하여 더욱 심한 자를 조사해 낸 다음, 여자가 있고 가업家業이 실한 자는 뽑아서 북도北道로 들여보내 변방을 채우고, 의탁할 사람이 없는 자로 나이가 젊어 부릴 만한 자는 관노비官奴婢로 정속定屬시키고, 요언으로 군중을 현혹시키거나 유혹하기를 창도하여 민간에 화를 끼치는 자는 취복取服해 계문啓聞하여 국법을 시행할 것을 해조로 하여금 경중京中 및 개성부開城府와 팔도에 알려 특별히 신칙하여 착실히 거행하게 하소서.

정업원淨業院·안일원安逸院 등의 옛터는 바로 전일 선왕先王의 후궁이 거주하던 별처別處로 궁궐에서 아주 가까운 곳입니다. 그런데 지금 여승女僧이라 불리는 자들이 많이 들어가 집을 짓고 감히 전철을 따르고 있는데도 관에서는 괴이하게 여기지 않으므로, 도성 안의 무식한 자들이 분주하게 떠받들고 혹 딸들을 다투어 투속시키고 있습니다. 전일에는 조정에 공론이 있어 선왕의 후궁이 거주할 때에도 철거하기를 청하였는데 지금 보잘것없는 저 무리들이 어찌 감히 국법國法을 두려워하지 않고 당돌하게 다시 설치한단 말입니까. 청컨대 한성부漢城府로 하여금 집을 모조리 철거하여 성문 밖으로 내쳐 성안에 발을 붙이지 못하도록 하게 하소서. 삼척 부사三陟府使 허균許筠은 유가儒家의 아들로 그 부형이 종사하던 것과는 반대로 불교를 숭신崇信하여 불경을 외며 평소에도 치의緇衣를 입고 부처에게 절을 하였고, 수령이 되었을 때에도 많은 사람이 보는 앞에서 재齋를 열어 반승飯僧(5758) 하면서도 전혀 부끄러워할 줄을 몰랐으며, 심지어 중국 사신이 나왔을 때에는 방자하게 선담禪談 불어佛語를 하며 부처를 좋아하는 일을 장황하게 늘어놓아 중국 사신의 눈을 현혹시켰으니, 매우 해괴하고 놀랍습니다. 청컨대 파직하고 서용하지 말아 사습士習을 바로 잡으소서."9

9 憲府啓曰:"自上臨御以來, 崇獎正學; 斥黜異敎, 無所不用其極。故, 邪說永殄, 左道無聞, 僧尼消絶, 異色之人不復見矣。亂離之後, 兵革事多, 未遑文敎, 舊者已盡, 後生不興, 有識之寒心久矣。十許年來, 人心貿貿, 邪說肆行, 無復禁檢。愚民迷惑, 男爲居士; 女稱社堂, 不事其事, 緇服乞食, 互相誘引, 其徒寔繁。州縣不知禁止, 平民半爲遊蕩, 道路相望, 山谷彌滿, 或自聚會, 則千百爲群, 所見駭愕。至於京城, 法有嚴條, 而非但出入留宿者, 其麗不億, 閭閻之間, 上下麋然, 飯僧供佛, 捨身設齋者, 亦多有之, 而士大夫亦或傾心奉佛, 不知怪恥, 將此風流, 世道何救? 竊恐白蓮之變, 或出於意外, 而塗生民之耳目, 溺天下於汚濁者, 不幸近之矣。請令中外, 居士、社堂稱名男女, 流徙轉移, 不奠厥居者, 所在州縣, 囚禁推詰, 覈出尤甚, 有女子家業稍實者, 則抄入北道, 以實邊, 鄙無依之人, 年少可使者, 則定屬官奴婢施行, 或至妖言惑衆, 倡爲誑誘, 貽禍民間者, 則取服啓聞, 以正邦刑, 令該曹知委京中及開城府、八道,

『조선왕조실록』〈선조실록〉 40년 5월 4일조

이상의 (가), (나), (다) 세 가지는 다음과 같은 몇 가지 사실을 추론하게 한다. 첫째, 고려시대 이래로 재인승과 유사한 승광대의 집단이 시대적 상거에도 불구하고 지속적으로 존속하고 있음이 드러난다. 그들은 겉은 중 행세를 하고 있으나 기실은 중도 아닌 짓을 하면서 기예를 팔아서 먹고 살았으며, 그러한 기예에 악기와 소리를 겸해서 가지고 있었음이 명확하게 드러난다. 따라서 승광대의 지속적 면모가 확인된다.

둘째, 이들은 일정한 명칭을 지니고 있었는데, 그러한 명칭이 한결같지 않다. 예컨대 위에서 논의된 바와 같이 사장社長, 거사居士, 사당舍堂 등이 함께 거론되고 있다는 사실이다. 절에서 일정한 노릇을 하고 있었으므로 이러한 명칭이 쓰였으며, 사장이라고 하는 용어는 전체의 총괄적인 명칭이고, 거사는 남자무리를 지칭하며, 사당은 여자무리를 지칭한다고 볼 수 있다. 사당패의 존재가 곧 이들과 일정한 관계를 지니고 있으며, 현지 조사에 의한 사실과도 일치한다.[10] 따라서 사당과 같은 무리가 본격적으로 존속하고 있음을 보여주는 증거가 된다.

셋째, 이들 집단이 절과 깊은 관련을 가지고 있으면서도 (다)에 이르러서는 서서히 절과의 관련이나 친연성이 와해되고 있음을 보여준다. 다시 말하면, 고려시대나 조선전기처럼 절의 승광대와 같은 관계가 희미해지고 유랑하는 무리들이 생겨나면

另爲申飭, 着實擧行。淨業院、安逸院等舊基, 乃前日先王後宮所住別處, 而宮闕至近之地。今者女尼稱見者, 多入作屋, 敢循前轍, 而官不爲怪, 都中無識, 奔波供奉, 或率女子, 爭相投屬。前者朝廷有公論, 則先王後宮居住之時, 亦請撤去, 今則幺麽彼輩, 何敢不畏國法, 唐突還設乎? 請令漢城府, 盡撤房屋, 驅出門外, 使不得接足於城中。三陟府使許筠, 以儒家之子, 反其父兄所爲, 崇信佛敎, 誦讀佛經, 平居緇衣拜佛, 爲守令時, 設齋飯僧, 衆目所見, 恬不知恥。至於天使時, 恣爲禪談佛語, 張皇好佛之事, 以眩觀風之鑑, 極爲駭愕。請命罷職不敍, 以正士習。"

10 심우성, 앞의 책, 1974, 34쪽. 사당패의 구성은 다음과 같이 되어 말했다.

　　　　　　　　　　　┌ 사당(거사)
　　사당패: 사당(모갑) ├ 사당(거사)
　　　　　　　　　　　└ 사당(거사)

사당패는 사당과 거사가 짝이 되어서 이루어진 집단이다. 남사당패는 이러한 구성을 갖추지 않는다. 남사당패는 뜬쇠와 가열 및 삐리가 짝을 이룬다.

서 독자적인 집단으로 발전했을 가능성을 시사한다. 거사와 사당이 본분의 일을 일삼지 않고 승복을 걸치고 유리걸식했다는 사실은 이들 집단의 분화에 일정한 계기가 있었음이 드러난다. 그에 관한 결정적 기록이 곧 (다)인 셈이다.

이러한 역사적 내력이 남사당패의 본질을 규명해 줄 수 있는 것은 결코 아니다. 이상의 논의는 승광대의 역사적 변천과정에서 자연스럽게 탄생하거나 존속한 놀이꾼 집단의 자취만을 말해주는 것이다. 그러므로 중광대의 후손이 사당패의 후손인 남사당패라고 간주할 수 없다. 따라서 이들 집단은 역사적 변천이 있었으리라 짐작되며, 남사당패는 그들과 다른 특별한 계기에 의해서 변천되고 분화되었을 가능성이 높다고 하겠다.

사당패와 남사당패는 동질적 집단이 아니고, 기예의 종류와 절차가 엄격하게 구분된다. 남사당패는 조선 후기 유랑 연예집단의 분화 과정에서 가장 후대에 파생되었을 개연성이 높다. 이러한 추정의 단서로는 남사당패의 존재는 신재효본 〈박타령〉이나 〈변강쇠가〉에 등장하는 유랑 연예인 집단의 형태에서 찾아볼 수 없기 때문이다. 사당패의 존재는 신재효본의 판소리 사설에서 생동감 있게 묘사되어 있으나, 남사당패와 흡사한 놀이패가 없다는 사실은 그러한 반증이 된다. 따라서 남사당패의 성립은 19세기 후반 무렵이나 20세기 초엽에 생성되었으리라고 추정된다.

3. 남사당패 풍물놀이의 연행적 성격

남사당패 농악은 토박이 농악과 긴밀하게 연결된다. 이를 대립적으로 파악하는 방법과 이를 조화의 방법으로 파악하는 방법이 가능하다. 남사당패를 통해서 보여지는 지역적 농악인 토박이 농악의 침식과 파괴는 매우 특별한 현상이 되기 때문이다. 그러한 문화적 파탄 역시 인간의 문화적 창조라고 하는 점에서 거의 같은 것을 볼 수가 있다. 인간이 만들어낸 결과이고 자연적 재앙은 아니다. 그렇기 때문에 이를 인정하고 상생의 관점, 조화의 관점에서 토박이 농악과 떠돌이농악을 파악해야 한다.

게다가 더욱 중요한 사실이 하나 더 있다. 남사당패의 순기능과 남사당패의 역기능을 동시에 인정해야 한다는 사실이다. 우리는 그간에 토박이 농악의 관점에서 남사당패의 역기능만을 따로 떼내어서 했던 잘못이 있다. 그러한 것은 순종을 지키려는 다른 메타패러다임을 낳은 결과이다. 이제 이것을 시정하고 바른 관점에서 순종과 잡종, 단종과 복종의 관점에서 창조적으로 행한 남사당패의 농악을 평가해야 할 것으로 보인다. 그렇게 해야만 진정한 문화적 창조의 실상을 이해할 수 있겠기 때문이다.

남사당패 놀이 가운데 근간을 이루는 것은 풍물놀이다. 풍물놀이는 다른 놀이의 반주 음악으로서도 긴요한 구실을 하기 때문에 남사당패 풍물놀이의 음악적 성격을 규명해야 할 것으로 판단된다. 종래에 이 문제는 무척 범박하게 처리되었던 느낌이다. 남사당패의 풍물가락이 무엇인가 하는 점이 논의되어야한다.

남사당패의 풍물놀이 가락은 웃다리 가락이라고 해서 자신들만의 판제와 가름새만을 강조하고 있다고 할 수 있다. 그런데 막상 가락을 들어보면 그다지 유다른 가락이 쓰이는 것이 아니다. 대체로 길군악 7채, 마당굿 1채, 자진 가락, 쩍쩍이 가락, 굿거리 탈춤 가락 등이 대종을 이루고 있다. 남사당패의 풍물 가락은 철저하게 경기도와 충청도 일대의 농악 가락을 근간으로 삼고 있음이 드러난다.

남사당패의 풍물놀이 가락이 이와 같다는 사실은 무엇을 말해주는가? 그것은 남사당패 풍물 놀이 가락이 독자적으로 파생된 것이라기보다는 경기도 충청가락의 지역적 전승 유형에 기초하고 있다는 뜻이다. 종래에 기존 연구사에서 이 점이 소홀하게 취급되어서 가락의 정체성 문제가 대두하게 된 셈이다. 안성 청룡사를 근거지로 하는 남사당패의 농악이 전혀 새로운 것이 아니라, 지역적 유형에 근거해서 성립했다는 말이 된다. 따라서 남사당패 풍물놀이가 과연 지역 유형에 6속하는 것인지 반성을 진지하게 할 필요가 있다고 생각된다.

남사당패의 풍물 가락은 인접하고 있는 지역의 평택농악, 대전 웃다리 농악과 하등 다를 바가 없다. 그 이유는 두 가지 측면에서 해명이 가능하다. 첫째는 남사당패에 종사했던 인물들이 그 지역에 가서 상쇠 노릇을 하거나 가락을 지도했으므로,

그러한 결과가 나타난 것이라고 말할 수 있다. 실제로 평택농악의 상쇠 최은창이나 대전 웃다리 농악의 상쇠 이돌천은 남사당패에 몸담았던 인물들이다. 그러니 이러한 인물들의 등장으로 말미암아 남사당패의 풍물가락과 흡사한 음악이 존재하고 놀이가 존재한다고 볼 수 있다.

그러나 이것은 잘못일 수 있다. 남사당패에 몸담지 않았던 인물이 지도하는 지역농악 가락에도 역시 동일한 가락과 판제 및 가림새가 쓰이고 있기 때문이다. 따라서 경기 충청 일대에 광범위한 웃다리 가락의 지역적 유형이 존재했다고 하는 것이 보편타당한 생각이다. 대동소이한 차이가 있다고 하더라도 근간의 구조적 일치가 있으므로 이점이 인정되어야 하리라 생각된다. 실제로 안성 지역의 상쇠인 김기복에 의해서 연행된 결과를 보더라도 안성지역의 독자적인 풍물놀이가 존재했다고 하는 사실을 부인하기 어렵다.

기왕의 연구에 따르면 이점이 강조되어 있지 않아서 문제의 핵심이 흐려졌다고 이해된다. 그렇기 때문에 우리는 몇 가지 사실에 유추된 가설을 가지고 이 문제를 검증하기로 한다.

(라) 농악의 본질적 모방
(마) 농악의 지역적 유형 성립
(바) 농악의 예술적 변형
(사) 예술 농악의 보편적 성립

(라)는 오늘날 우리나라에 전승되는 농악의 기본적 형태에 관한 것일 수 있다. 영남 농악, 호남 농악, 웃다리 농악 등은 모두 어떠한 근거에서 출발하여 성립되었으리라 추정된다. 그런데 그것의 기본형은 한결 같지 않았으니 때로는 그것이 군악軍樂이기도 했고, 무악巫樂이기도 했으며, 농사일을 하는데서 기원했으리라 추정된다. 어떠한 지역의 농악이든 이 세 가지 범형範型에서 출발했을 것임은 부인하기 어렵다. 이 세 가지 기본적인 요소가 섞여 있기도 하고 독립적으로 존재하기도 한

다고 생각한다.

　농사일을 하는 것에서 본떴다고 하는 것은 일종의 주술 행위이다. 풍농을 기원하기 위한 놀이에 소용되는 음악이 곧 농악이다. 잡색들이나 무동의 놀이 가운데 농사짓는 행위가 있는 것은 농경행위의 모방이라 할 수 있겠다. 군악이라고 하는 것은 군사 행위에 쓰이는 일치된 군호의 금고 노릇을 했다는 음악의 기원을 지칭한다. 실제로 영남 농악에서 이러한 현상을 만날 수 있다. 또한 제의적인 기원에서 비롯된 의례 음악으로서의 무악적 요소가 존재한다. 그러므로 이 세 가지는 농악의 성격을 규정짓는 요소와 모방의 요소라고 생각한다.

　이 가운데 세 가지 요소가 균등한 의의를 갖는 것은 아니다. 농악 발생의 유력한 가설이 되는 것은 두렁쇠와 낭걸립 또는 서낭걸립이 암시하듯이 노동과 의례가 긴밀하게 관련된다. 두렁쇠라고 하는 것은 노동의 현장에서 일하는 데 목적을 두고 농악이 쓰였음을 말하는 증거이다. 두레풍장이나 두레서낭에서 농악의 용례는 노동과 의례가 미분화된 형태로 조속했음을 말하는 증거이다. 그러므로 농악은 노동과 밀접한 관계가 있으며, 그것으로부터 농악이 유래했음을 말한다. 아울러서 농악은 신청걸립이나 서낭걸립에서 확인할 수 있듯이 의례의 일환으로 신성한 농악을 했음이 구체적으로 드러난다. 두레조직이라고 할 수 있는 단체에서 서낭대를 서낭기로 받아다가 백중 무렵에 두레기에 내렸던 서낭을 다시 원위치에 올리면서 호미씻이 행사를 하는 것은 신성한 의례와 세속적 노동이 긴밀한 관계를 맺고 있음이 드러난다.

　그렇다면 농악의 노동음악적 성격과 의례음악적 성격은 중첩되거나 복합되면서 탄력이 있는 긴장감을 갖고 있음이 사실로 나타난다. 농악의 세속적 성격과 신성한 성격은 미분화되거나 그 자체로 복합되면서 세시풍속의 전반적 성격에 깊이 구현되었다. 두레풍장이나 두레농악에서 전반적인 절차에 서두와 결말은 신성한 의식음악으로 장식하면서 실제적인 내용과 구체적 절차는 노동음악의 세속적 농악으로 메꾸어 나갔다고 할 수 있겠다. 노동음악과 의례음악은 분간되는 것이면서도 세부적인 차이에 의해서 내용이 달라진다는 사실을 구체적으로 보여준다. 그런데 신성한 의례에서 세속적 놀이로 변형되는 것은 일반적 사례이며 예술사 발전의 보편적 법칙이다.

　(마)는 농악의 지역적 유형이 성립되는 단계를 함축한 것이다. 전국의 농악이 지역적 특색을 드러내는 것은 농악이 기원 단계를 지나쳐서 각 지역마다의 독자적 유형을 성립시켰다는 뜻이 된다. 이 과정에서 각 지역의 농악은 가락의 분화와 더불어서 놀이의 구성까지도 갖추게 된다. 예컨대 웃다리 풍물은 밝고 경쾌한 쇳가락을 중심으로 진풀이나 무동놀이의 모습을 크게 강화시켰다. 이러한 현상은 우연이 아니라 각 지역에서 강조하는 특색이 온전히 구현되면서 나타난다.

　(마)는 웃다리농악 또는 웃다리풍물의 지역적 성격을 뚜렷하게 이해할 수 있는 긴요한 가설적 단계이다. 웃다리농악은 남사당패에서 쓰는 농악의 갈래 구분법으로 세상에 널리 알려져 있는 견해가 있다. 웃다리가락과 아랫다리가락은 지역적 특색을 드러내는 것으로 심우성의 견해에 따르면 경기도와 충청도에 널리 분포하는 농악을 웃다리가락이라고 하고, 이와는 다르게 영남지역과 호남지역의 가락을 아랫다리가락이라고 하는 구분법을 제시하고 있다. 그러나 이러한 견해에 대해서 반론을 제기하는 견해도 있다. 웃다리와 아랫다리의 지역적 구분은 북쪽 농악의 가락을 지역적으로 드러내는 것으로 안성, 천안, 청주 등지에 전승되는 농악을 웃다리라 지칭하고, 이와는 다르게 대전지역 이하의 남쪽 농악 가락을 지칭하는 명칭이 아랫다리라 지칭하는 것이다. 두 견해는 외연과 내포가 달라지는데, 심우성의 견해는 전국의 농악 가락을 가르는 개념으로 되고, 이와 다르게 이보형의 견해는 경기도와 충청도 일대의 가락을 미분하여 지역적 특색으로 드러내는 견해도 된다.

　경기도 농악의 지역적 특색은 웃다리농악에서 발견된다. 경기도 지역의 안성과 평택 등지의 농악은 웃다리농악의 가락, 판제, 가림새 등을 선명하게 갖추고 있음이 드러난다. 웃다리농악의 가락이 구체적인 특징으로 드러나는 것은 곧 앞에서 말한 바와 같이 길군악7채, 마당굿1채, 쩍쩍이 또는 동리3채, 자진가락 등으로 다양한 면모가 드러난다. 이러한 가락은 영남지역과 호남지역에서 발견되지 않을 뿐만 아니라, 충청북도의 보은과 옥천 등지에서도 한결같이 발견되지 않는다. 그리고 충남

서산과 당진 등지에서도 경기도의 가락과 차별성을 가지면서 구성된다는 사실을 깨우쳐 알 수 있다. 특히 행진가락에 쓰이거나 멍석말이 진풀이에 쓰이는 길군악7채의 가락이 야무지게 쓰이지 않는 것은 경기도 웃다리가락의 쓰임새를 알 수 있는 대목이라 할 수 있다.

웃다리농악의 판제 또는 고유성이 확연하게 드러나는 것은 경기도의 안성과 평택 등지의 농악에서 찾을 수 있다. 웃다리농악의 판제는 결국 농악의 편성을 지칭하는 용어이다. 가락의 순서가 어떻게 구성되는가 하는 사실을 알 수 있는 적절한 준거가 판제이다. 판제가 한결같고 뚜렷한 것이 곧 안성과 평택의 농악이다. 또한 웃다리농악은 가림새가 분명하다. 가림새는 앞치배, 뒷치배, 잡색놀이 따위의 놀음이 진풀이와 더불어서 체계적인 굿성과 차별성을 갖추고 있는 것이다. 안성과 평택 농악의 가림새는 곧 웃다리농악의 가림새를 확실하게 보여주는 사례이다.

그렇다면 경기도와 충청도 일대에 전승되는 농악은 그 나름대로 보편성과 특수성을 유지하면서 분화되고 발전되었으리라 짐작된다. 과연 이 지역의 농악은 각기 달라서 일정한 공통점을 추출하기 어렵다. 경기도에서 이동 쪽으로 넘어가 강릉 일대의 영동지역에서는 길군악7채를 연주하고 있으므로 그 지역은 경기도 안성지역의 농악을 가져다 쓰고 있다. 그러나 안성 이남이나 이서 지역에서는 안성과는 다른 농악이 존재하며, 서산과 당진 등지에는 농악의 판제가 안성과 일치하지 않는다. 충남 부여군의 추양리 농악은 경기도와 전혀 다르고, 가락과 판제에서 그러한 특성이 드러난다. 충청북도 보은이나 옥천 등지에서도 경기도 가락을 치지 않는 것으로 나타난다. 요컨대 경기도 안성과 평택의 농악이 중심이 되고 웃다리농악과 아랫다리농악이 확연하게 구분된다. 이 지역의 가락이 깊이 영향을 주는 지역과 저마다의 특색을 가지고 독자적 지역 유형을 유지하는 농악가락도 존재한다.

이러한 특색은 경기도와 충청도 가운데서 평택과 안성 지역이 차지하는 위치를 새삼스럽게 일깨우는 것이다. 웃다리가락의 핵심적 구실을 하는 지역 유형의 농악이 곧 안성과 평택의 농악이다. 그런데 토박이 농악이 지역 유형의 농악으로서 기능을 했을 뿐만 아니라, 오히려 떠돌이 농악으로 일정한 기여를 했으므로 토박이 농악과 떠돌이 농악의 접합점이 생긴다. 그래서 지역 농악이 전국적으로 알려지는 계기가 된다고 할 수 있다. 지역 농악의 특수성이 전국적 보편성을 지니게 된다는 뜻으로 된다.

그런데 안성지역 농악의 특수성이 무엇인가 논의해야 안성농악의 특징이 선명하게 드러나리라 예상된다. 안성농악의 특징은 가락, 판제, 가림새라는 내용적 측면에서도 구분될 뿐만 아니라, 또한 복색과 놀이의 형식적 측면에서도 그 특색이 온전히 드러난다고 할 수 있다. 안성농악 가락은 앞에서도 언급한 바와 같이 자진가락, 길군악7채, 굿거리, 3채, 쩍쩍이가락 등이 두루 쓰인다. 대체로 3소박 4박자 계통이 우세하고 길군악7채나 쩍쩍이가락처럼 특별하게 가락을 가다듬어서 발전시킨 것이 흔하다. 그렇기 때문에 길군악7채와 쩍쩍이가락이 안성지역 웃다리가락의 가장 큰 특색이라고 단언할 수 있겠다.

우선 길군악7채의 가락 얼개가 요긴하며 그것이 어떠한 짜임새로 되었는가 살펴볼 필요가 있다. 가락의 구성 요소가 이와 같은 가락의 짜임새와 얼개를 결정짓기 때문이다. 길군악7채의 선형적 질서는 이렇게 늘여 쓸 수 있겠다.

(1) 젠지 젠/ 겡- / 겡- / 젠지젠/ 겡- / 젠지젠/ 젠지젠/ 젠지젠/ 겡- / 젠지젠/ 겡- / 겡- / 젠지젠//젠지젠/ 겡- //

(2) 젠지젠/ 겡- // 젠지젠/ 겡- // 젠지젠// 젠지젠// 젠지젠// 젠지젠/ 겡- // 젠지젠/ 겡- // 겡- / 젠지젠/ 젠지젠/ 겡- //

(3) 젠지젠/ 겡- // 젠지젠/ 겡- 젠지젠/ 젠지젠// 젠지젠/ 겡- // 젠지젠//겡- 겡- / 젠지젠// 젠지젠/ 겡 /

(4) 3 / 2 // 3 / 2
　　3 / 3 // 3 / 2 // 3 / 2
　　2 / 3 // 3 / 2

　(1)은 길군악7채의 분절되지 않은 선형적 질서를 늘어놓은 것이다. (2)는 길군악7채의 징 점수가 일곱 개이므로 그것에 따라서 표시해서 분절했다. 징이 일곱 번 처지기 때문에 길군악7채라고 일컫는다. (3)은 장단의 구성 요소에 따라서 분절해서 재배치한 결과이다. 마당굿 일체의 구성 요소인 '갱-/ 겐지겐// 겐지겐/ 겐-'이라고 하는 기본적인 요소를 거듭 바꾸고 겹으로 짜면서 길군악7채가 파생되었음을 단적으로 확인할 수 있다. (4)는 (3)의 사실을 3소박 2소박의 관계로 다시 바꾸어서 표기한 결과이다. 길군악7채는 마당굿1채 가락을 곱으로 짜면서 변주를 했으니 그 주된 요소는 3+3+3+2와 2+3+3+2의 근간을 어떻게 배치하느냐에 따라서 확연하게 나타났다.

　다른 지역의 농악에서도 질굿 또는 길군악 가락이 이러한 변형을 드러내는 것은 그다지 흔한 현상이 아니다. 예컨대 호남 우도 지역의 두레풍장 가락이나 5채 길굿 가락과 같은 데서도 2+3+3+2의 가락을 겹으로 짜면서 3+2+3+2의 가락으로 변형시키는 사례가 존재하기 때문이다. 따라서 길군악7채의 경우에도 이러한 사례와 동일하나, 한층 경쾌하고 빠른 가락으로 변형시켰음이 선명하게 드러난다. 그것이 안성 지역 길군악7채의 가락적 특징이다.

　안성 가락 가운데 쩍쩍이가락 역시 주목된다. 쩍쩍이가락은 달리 동리3채 가락이라고 지칭한다. 이 가락을 길군악7채의 모습처럼 표시하면 다음과 같다.

　(1) 겐지겐/ 겐지겐/ 겐지겐/ 겟쩡- / 게겡- / 겐지겐/ 으껫- / 으껫- /
　　 게겡- / 겐지겡/ 으껫- / 으껫-

(2) 겐지겐/ 겐지겐/ 겐지겐/ 겟깽-
   게갱- / 겐지겐/ 으겟- / 으겟-
   게갱- / 겐지겡/ 으겟- / 으겟-

(3) 3 / 3 / 3 / 3
   3 / 3 / 3 / 3
   3 / 3 / 3 / 3

쩍쩍이가락은 안성 농악 가락 가운데 특별한 것이다. 3채가락을 세 개를 엮어서 하나의 가락 주기로 만든 것이기 때문이다. 첫 번째 장단은 온전히 연주하지만 두 번째 장단과 세 번째 장단은 꽹과리를 막고 치면서 쩍-, 쩍- 하고, 소리를 내서 연주하기 때문에 쩍쩍이라고 하는 가락 명칭이 유래했다고 할 수 있다. 쩍쩍이가락은 원진을 짜면서 특이한 걸음새와 진풀이를 하는데 사용하는 것으로 나타난다. 그리고 이때에 '동리를 받는다'고 하면서 이러한 명칭에서 '동리3채'라고 하는 별도의 명칭까지도 유래하게 된다. 쩍쩍이가락은 3채가락의 특별한 변주형에 해당한다.

안성농악의 판제와 가림새 또한 안성농악의 특색을 검토할 수 있는 긴요한 요소이다. 안성농악의 판제와 가림새는 판굿에서 분명히 드러난다. 판굿에서 나타난 순서는 인사굿, 돌림벅구, 소리판, 겹돌림벅구, 당산벌림, 벅구놀림, 당산벅구놀림, 오방진감기, 오방진풀기, 무동놀림, 벅구놀림(쌍줄백기), 사통배기, 가새벌림, 좌우치기, 네줄배기, 마당일채(쩍쩍이), 밀치기벅구, 상쇠놀이, 징놀이, 북놀이, 장고놀이, 따벅구, 시나위, 무동서기(동고리), 채상돌리기, 마당걸이 등의 순서로 진행된다. 이러한 판굿의 순서는 호남좌도, 호남우도, 영남농악 등에서 보이는 가림새와는 자못 다르다. 순서가 분명하지 않고, 가림새가 뚜렷하지 않은 것이 다른 지역의 농악인데, 안성 등지의 농악은 그 점을 확실하게 극복했다고 말할 수 있다.

안성농악의 가림새와 함께 주목해야 할 것은 진풀이이다. 진풀이에서 핵심은 달의 주기인 차고 기우는 것을 모방했다고 하는 외방울진 또는 멍석말이의 진풀이이다. 멍석말이는 멍석을 말고 푸는 원리에서 비롯되었을 것으로 추정되는데, 그러한 진풀이를 하는 과정에서 가락이 쓰인다. 그 가락이 안성농악에서 길군악7채이다. 그러나 다른 지역에서 멍석말이는 좌도의 경우에 1채나 자진3채를 연주하고, 우도의 경우에 오방진가락, 동살풀이, 세산조시 등을 연주하기도 하고, 영남지역에서는 자진3채를 연주한다. 가락이 특별하게 쓰이는 것이 차별성을 지닌다고 하겠다. 안성농악은 기본문법이 다르게 되어 있음이 가락에서 확연하게 드러난다.

또한 안성농악은 잡색놀음과 복색에서 차별성을 지닌다. 안성 지역의 복색은 전립을 쓰고 더그레를 걸치고 색띠를 띤다. 그러나 무동은 청래자를 입고, 붉은 치마를 두르면서 머리에 수건을 쓴다. 이와 아울러서 무동놀음인 여러 가지 동고리, 새미놀이, 오동고리 등의 동고리를 선다. 안성 지역에서는 유일하게 단동고리를 서지 않고, 8무동까지 서며, 그 가운데서도 새미놀음이나 새미(종애)를 가지고 노는 기러찌 사위나 던질 사위 등이 발달해 있는 것은 특징적 면모이다. 따라서 안성농악의 외면과 내면 모두 지역적 특색을 가질 뿐만 아니라, 그러한 면모가 곧 다른 지역의 농악과 구별되는 변별성을 한껏 드러낸다고 하겠다.

(바)의 현상은 본디 연행 현장의 문맥을 떠나서 예술적 기호와 취향에 맞추어 바뀐 결과로 이해할 수 있다. 특정 지역에 머무르지 않고, 농악의 본디 기능을 벗어나서 순수한 예술적 기능으로 바뀌는 것이 이 단계의 농악이라고 말할 수 있다. 이러한 단계의 농악은 붙박이로 머물던 단계의 음악이 아니라, 떠돌이 집단에서 수용하여 연행 예술로 새삼스러이 강화시킨 결과이다. 그렇기 때문에 농악이 지니고 있었던 기예와 예술적 의미는 상실되고 순수하게 볼거리로 전락한 것이 이 단계 예술의 특색이다.

남사당패 농악은 철저하게 안성농악을 중심으로 인근의 평택농악과 같은 것을 세련되게 짜서 전문 뜬쇠의 농악으로 발전시켰다고 하겠다. 두렁쇠의 농악이 뜬쇠의 농악이 된 것에는 몇 가지 추정과 이에 따른 보조적 해명이 필요하다. 조선후기 유랑연예인집단 가운데 절과 일정한 관련을 가졌던 예인집단은 사당패이다. 사찰을 중심으로 특별한 사찰과 결부된 사당골이 생성되는데, 대표적인 사례로 경기도 안성 청룡사와 청룡사당골, 황해도 은화 구월산의 패엽사와 사당골, 경상도 하동 쌍계사와 사당골, 전라도 강진 정수사와 사당골, 경남 남해의 화방사와 사당골 등은 절과 관련된 사당패의 본거지 노릇을 했으리라 추정된다. 그런데 사당골이 꼭 여기만 있어서 관련되는 것은 아니었을 성싶다. 조선후기 유랑연예인집단을 형상화했던 작품으로 신재효본 〈박타령〉과 〈변강쇠가〉가 있으니 여기에서도 사당패의 출현이 발견된다. 특히 〈박타령〉에서 사당패로 경기 안성 청룡사, 영남 하동 목골, 함열 성불암, 창평의 대주암, 함평의 월량사 등이 사당패와 일정한 관련을 지닌 절이다.

남사당패는 사당패에서 비롯되었을 가능성이 있으며, 그러한 증거로 안성 청룡사를 본거지로 하는 바우덕이패에 주목해야 마땅하다. 바우덕이가 사당패의 우두머리이면서 남사당패의 꼭두쇠 노릇을 했다는 것은 어디인가 앞뒤가 맞지 않는 것이다. 그러므로 사당패가 남사당패로 전환하는 과정에서 발생한 인물이 바우덕이이다. 바우덕이는 본디 사당패의 장기인 염불을 했던 인물이나 집단의 변질에 따라서 풍물놀이인 농악을 했을 개연성이 적지 않다. 사당패는 사당과 거사가 짝이 되어서 잡가, 염불, 매춘 따위를 생계 수단으로 삼았던 집단이다. 이와는 다르게 남사당패는 뜬쇠와 삐리가 짝이 되어서 여러 가지 예능을 비롯해서 고사소리와 남색을 팔던 집단이다. 잡가와 염불의 선율이 고사소리인 염불과 농악으로 바뀌는 것이 예술적 변환의 요체이다.

그런데 남사당패가 여섯 가지 놀이를 보편적으로 잘했다는 견해가 있어서 반성이 요청된다. 예컨대 풍물놀이, 어름, 버나, 살판, 덜미, 덧뵈기 등이 남사당패의 주된 종목이었다는 것이 그에 적절한 사례이다. 그러나 이것은 일견 타당한 견해이며 꼭 그랬던 것만은 아니다. 남사당패의 성격에 따라서 소리를 잘 한 집단, 농악만 했던 집단, 소박한 재주만 가지고 있던 집단 등으로 다변화되었을 것이며, 심우성의 견해는 전체 구성에 지나지 않는다. 따라서 남사당패의 본질이 모두 여섯 가지 예능 종목에 얽매였던 것은 전혀 아니다.

남사당패는 사당패의 계승자이다. 그에 관한 명확한 증거가 곧 고사소리에 있다. 절걸립을 다니면서 남사당패가 고사선념불과 고사뒷념불을 창안해서 독자적인 소리를 했으니 그것이 남사당패의 근간이 되는 비나리이다. 비나리는 분포지역마다 차이가 있으나, 비나리, 반멕이 등의 차이가 있으며 대종을 이루는 것은 관악산조와 치악산조의 비나리라고 할 수 있다. 이것은 뒷념불에 관한 구분으로 경기도 동남부는 치악산조의 반멕이를 했고, 경기도 서북부에서는 경조의 관악산조 뒷념불을 해서 구분했다.

　(사)의 단계는 (바)가 지속되면서 생겨난 자연스러운 현상이다. 남사당패의 풍물놀이가 가다듬어져서 사물놀이로 상승하면서 나타난 결과라 할 수 있다. 전국적인 보편화가 이루어지면서 본래 예술의 의미나 기능까지도 잠식되면서 전국적으로 획일화되는 것이 이 단계 농악의 특징이라고 할 수 있다. 과연 이러한 현상이 바람직한 것인가 하는 문제는 별도의 사실이다. 이 단계에 이르러서 각질화된 보편 문법이 성립되었다.

　(라)에서 (마)까지의 사실에 근거해서 남사당패의 풍물놀이에 대한 성격 규명을 할 필요가 있다. (라)는 남사당패 풍물놀이의 기본적 요소에 잠재되어 있는 것이다. 치배와 잡색(무동)으로 구성되어 있는 것 가운데 남사당패의 것은 의례적 요소와 농악적 요소가 혼하게 나타난다. (마)에서 남사당패놀이의 지역적 유형으로 남사당패 풍물놀이와 유사한 평택농악, 안성농악, 대전웃다리농악 따위의 광의의 용례를 찾아낼 수 있겠다. 특히 무동놀이와 법고놀이에서 무동들이 농사짓는 광경을 재현하는 것은 농악으로서의 본디 기능을 찾을 수 있는 요소이다. 그리고 벅구가 이를 다시 찌끔사위로 재현해서 상승시키는 것은 농악의 주술적 성격을 엿볼 수 있는 것이다.

　남사당패 풍물놀이는 농악이 예술적으로 변형되고 발전된 사례이다. 남사당패 풍물놀이의 외형적인 요소 가운데 내재되어 있는 본질적인 모습은 곧 농악이지만 농악을 넘어서서 예술로 비약한 결과들이다. 그런데 담당층만 사라졌을 따름이고, 실제로 분간은 잘 되지 않는다. 그래서 (마)와 (바)가 잘 구분이 되지는 않으니 그러한 집단의 차이점을 가지고 논해야 하겠다. (사)는 사물놀이에 의해서 계승되면서 보편화된 단계의 실상을 말한다. 웃다리풍물 끝에 짝쇠나 다듬이가락이 있는 것은 새로운 창조이지만 재고를 요하는 것이라고 할 수 있다. 남사당패 풍물놀이를 둘러싼 복잡한 문제는 선명하게 해결해야 하나, 지역적인 전승유형이 전국적인 광포유형으로 바뀌는 과정이 남사당패 풍물놀이에 의해서 구체화된다.

4. 남사당패의 보편성

남사당패의 보편성은 두 가지 각도에서 논의할 수 있다. 하나는 조선후기 유랑연예인집단과 비교함으로써 그에 관한 보편성을 입증할 수 있다. 재래의 놀이꾼들이 특정한 시기에 이르러서 변모된 것을 입증할 수 있다. 재래의 놀이꾼들이 특정한 시기에 이르러서 변모된 것을 입증해야 유랑연예인집단의 놀이패로서 보편성을 검증할 수 있다. 재래의 놀이 형식과 놀이패들이 산악백희散樂百戲이다. 산악백희의 놀이패가 역사적 전환기에 이르러서 변모된 결과가 곧 남사당패의 보편성을 입증할 수 있는 계기로 된다.

다른 하나는 남사당패의 보편성은 동아시아일대의 놀이 집단과 견주어서 말할 수 있다. 일본의 에도江戶시대에 동일한 놀이집단이나 놀이 형식이 있었음이 주지의 사실이다. 예컨대 카와라코지키河原乞食이라는 연예인 집단이 있으며, 그들의 놀이 종목 가운데 회회廻, 괴뢰희傀儡戲, 원회猿廻, 망도網渡 등이 그러한 사례이다. 그러므로 여러 가지 연희 종목에 대한 입체적인 비교 연구가 가능해야 보편적인 특성을 규명할 수 있으리라 생각한다.

최근 연구에서 활발하게 개척하고 있는 연구 방향은 동아시아 전체의 산악백희에 관한 총괄적인 비교 연구이다. 중국, 한국, 일본 등이 산악백희의 범주에서 무엇이 어떻게 바뀌었나 하는 점을 살펴볼 수 있는 증거가 될 수 있다. 이에 관한 연구 방향과 과제는 연구 진척 여부에 따라서 남사당패의 보편성과 특수성을 증명할 수 있으리라 이해된다.

남사당패의 면모

1970년대 남사당패 사진 자료: 경복궁/ 창경원인지?
앞줄 좌측으로부터: 조송자, 남운룡 뒤로: 송복산, 하나 건너 김용래, 박계순
뒷줄: 김용배, 김재원, ○○○, 남기문, 정연일(상모무동), 김용배, 이돌천, 상모 강○○, 송순갑 등

남사당패의 꼭두각시놀이/ 달리 덜미라고 하는 것

남사당패의 대잡이와 산받이의 면모

남사당패 김재원의 버나놀이

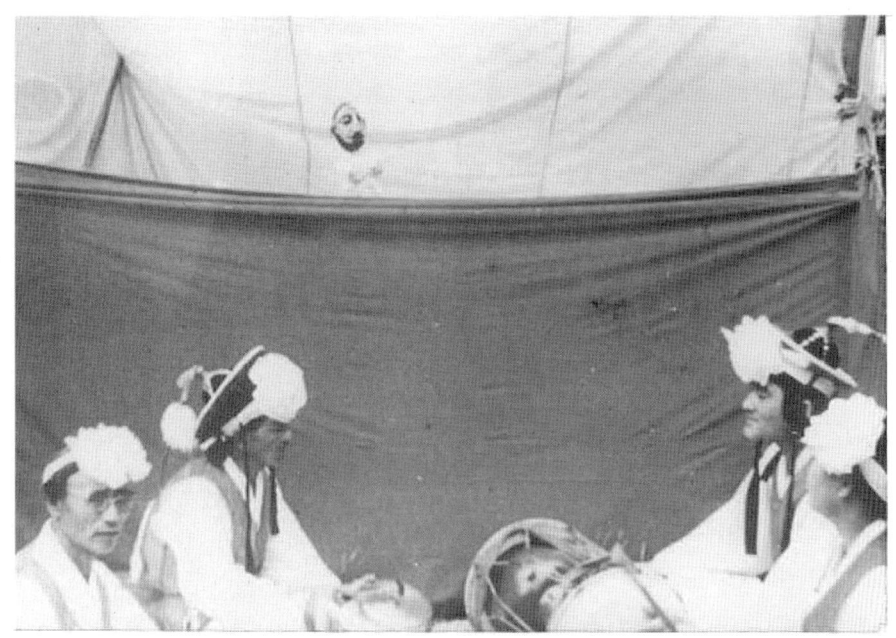

남사당패 산받이들: 송순갑, 이광수, 박계순 등

이수영의 반멕이 하는 모습

7장
경기도 성황제농악의 전형적 사례
—시흥 군자봉과 안산 잿머리의 성황제 사례를 중심으로

우리 농악사와 민속연희, 그리고 상대의 종교적 의례에 대한 근본적 의문이 적지 않다. 경기도 남부의 서쪽에 인접하고 있는 지역인 경기도의 안산시와 시흥시 전통적인 의례는 이에 대한 의문을 해결해주는 유일한 연결고리가 된다. 경기도의 시흥시와 안산시에는 특정한 신격을 모시는 의례를 가을에 진행한다. 이 의례를 흔히 성황제라고 하는데 이 의례는 고대의 의례적 전통과 맞물려 있다.

이 의례를 흔히 성황제라고 하면서 특별하게 이 의례를 음력으로 10월 상달에 행하는데 의례의 시기와 특징에 있어서 상대의 의례와 맞물리는 점이 확인된다. 구체적으로 몇 가지 사례를 들어보면 다음과 같다.

〈사례1〉

以殷正月祭天, 范書, 作臘月. 何焯曰, 用殷正月, 衣尙白, 猶箕子遺敎也. 國中大會, 連日飮食歌舞, 名曰迎鼓, 沈欽韓曰, 天中記, 謝承書云, 東夷·三韓俗, 以臘日家家祭祀, 俗云臘皷, 鳴春草生也. 荊楚歲時記, 十二月八日, 爲臘日. 於是時斷刑獄, 解囚徒. 在國衣尙白, 白布大袂, 袍·袴, 官本,袴作褲. 履革鞜. 出國則尙繒繡錦罽, 宋本, 罽作罽. 大人加狐狸·狖白·黑貂之裘, 官本, 狖, 作狖. 解見後. 以金銀飾帽. 宋本, 冒, 作帽, 譯人傳辭, 皆跪, 手據地竊語. 用刑嚴急, 殺人者死, 沒其家人爲奴婢. 竊盜一責十二.

男女淫 『三國志魏志東夷傳』 夫餘

〈사례2〉

以十月祭天, 國中大會, 名曰東盟. 其公會, 衣服皆錦繡金銀以自飾. 趙一淸曰, 酉陽雜俎, 魏時, 有高句麗客, 善用針. 取寸髮, 斬爲十餘段, 以針貫取之, 言髮中空也. 其妙如此.

『三國志魏志東夷傳』 高句麗

〈사례3〉

有麻布, 蠶桑作緜. 曉候星宿, 毛本, 候作侯. 誤. 豫知年歲豐約. 不以珠玉爲寶. 常用十月節祭天, 晝夜飮酒歌舞, 名之爲舞天, 又祭虎以爲神.

『三國志魏志東夷傳』濊

〈사례4〉

常以五月下種訖, 祭鬼神, 羣聚歌舞, 飮酒晝夜無休. 其舞, 數十人俱起相隨, 踏地低昂, 手足相應, 節奏有似鐸舞. 十月農功畢, 亦復之. 信鬼神, 國邑各立一人主祭天神, 名之天君. 又諸國各有別邑. 名之爲蘇塗. 立大木, 毛之, 木, 作本, 誤. 縣鈴鼓, 事鬼神. 諸亡逃至其中, 皆不還之, 好作賊. 其立蘇塗之義, 有似浮屠, 而所行善惡有異.

『三國志魏志東夷傳』馬韓

우리의 중국측 사서에 전하는 내용에 준거를 삼아 일정한 세시의례력과 함께 나라의 제전에 대한 일련의 추론을 할 수 있는 단서를 추출할 수 있다. 그런데 행례의 여러 가지 놀이는 서로 일치하지만 그 절기와 시기가 일치하지 않는 점이 확인된다. 나라의 큰 모임인 축제라고 하는 국중대회라는 놀이를 갖추고 있으나, 그 절차와 시기가 일정하게 연결되지 않는다.

부여에서는 은정월달에 국중대회를 개최하고 이것을 영고라고 하였다고 한다. 이와 달리 고구려에서는 10월 달에 국중대회를 열고 이를 동맹이라고 하였다고 전한다. 이와 달리 예나 동예 등에서는 10월 달에 국중대회를 열고 이를 무천이라고 하였다고 하는 점에서 고구려와 다르지 않다. 그렇지만 명칭이 다르고 의례의 내용에도 일정한 차이가 있음을 전후의 맥락에서 살필 수 있다.

위의 기록 가운데 마지막에 인용한 것은 더욱 특별하다. 마한에 있는 조목에서 발췌한 것인데, 절기가 다른 때인 5월 달과 10월 달을 골라서 이러한 의례를 거행하고 있는 점이 두드러진다. 절기 때에 특정하게 신성한 의례를 거행하지 않고, 여러 사람이 모여서 춤을 추고 논다고 하는 점에서 주목을 요한다. 다른 고장에서 하는 것과 달리 5월 달에 씨뿌리기를 마치고 이러한 의례를 행했다고 하니 각별한 면모를 보이고 있다.

우선 공통적으로 존재하는 10월 달의 행사를 중심으로 하여 이를 살펴볼 필요가 있다. 이때는 농사를 모두 마치고 상달을 기념하면서 한 의례일 가능성이 있다. 그 점에서 현재 전승되는 10월 달의 행례와 일정하게 관련을 지니고 있다. 그 의례는 국중대회를 하고, 건국신화와 건국서사시를 노래로 하면서 일정하게 신화와 굿, 굿놀이 등을 함께 하는 특징을 지니고 있었을 개연성이 있다.

부여에서는 해모수의 서사시를 나라의 무당인 국무가 노래로 하면서 나라굿을 했을 것이다. 그것을 통해서 마을의 모든 사람들이 모여서 일정한 놀이를 행하게 되는데, 그 놀이를 통해서 우리의 전통적인 마을굿이나 대동굿의 원래 형태가 어떠한 것인지 알 수가 있는 단서를 여기에서 찾을 수가 있었다. 부여의 나라굿과 국무가 국중대회를 하는 것을 짐작하는 것은 어렵지 않다. 그렇지만 은나라 정월에 했으므로 다른 고장의 10월 달 행례와 차이가 난다.

고구려에서는 주몽의 서사시를 부르면서 나라의 무당인 국무가 일정하게 노래를 하고 이를 나라굿에서 했을 개연성이 적지 않다. 국중대회를 하면서 나라의 창조주인 주몽의 내력을 함께 듣고 일정하게 주몽맞이 의례를 했을 개연성을 배제할 수 없다. 나라의 무당이 나라의 굿을 하면서 주몽의 서사시를 노래로 하는 것은 매우 주목할 만한 것이라고 할 수가 있으며, 이러한 전통이 고구려에서 반복되었다. 마찬가지로 예의 무천이나 국중대회 예의 창조주인 서사시를 노래로 했을 것으로 보인다.

그렇지만 마한의 경우는 이러한 의례의 면모가 확인되지 않는다. 다만 여러 사람들이 모여서 술 마시고, 춤을 추면서 노래를 하고 함께 단체적인 굿놀이를 했던 것으로 확인된다. 5월 달이든 10월 달이든 거의 같은 양상을 보이기 때문에 이들 놀이의 전통은 그러한 측면에서 주목할 만한 가치와 의의를 지니고 있다. 그렇지만 10월 달에도 거의 같은 행례를 했다고 하므로 이들의 놀이와 가치는 같은 방식으로 하는 것이라고 할 수가 있다.

마한의 경우에 한 가지 의문이 생긴다. 이들의 전통은 국중대회, 국무, 건국서사시의 전통을 어떻게 구성했다고 하는 것인지 그 실체가 분명하지 않다. 그러한 전통에서도 거의 같은 양상이 반복되었을 가능성이 있으나, 문제의 핵심은 5월 달과 10월 달은 서로 구분된다고 하지 않을 수 없다. 5월 달에도 이러한 행사를 10월 달과 함께 했는지 그 실체가 명료하지 않다.

본래의 문제로 이것을 다시 가지고 와서 살피면서 재론할 필요가 있다. 10월 달의 전통을 발현하는 것과 5월 달의 전통을 발현하는 것은 분명하게 같으면서 달랐을 개연성이 있으며 이는 구체적으로 세시절기의 순서가 다른 점에서 구체적으로 확인된다. 그 전통에 입각하여 굿의 전통과 의미를 다르게 하는 것은 자못 중요한 가치와 의의가 있기 때문이다.

경기도 남서부에 전승되는 성황제는 10월 달의 의례적 친연성을 가지고 있으면서 이어지는데 있어서 주목할 만한 유사성을 지니고 있다. 이 의례는 고대의 국가시대 산물이었을 개연성이 있다. 아울러서 그 규모가 축소되면서 특정한 형태로 변형되었을 개연성이 있을 것으로 짐작된다. 그렇기 때문에 이 전통적인 의례는 여러 모로 음미할 만한 특징을 지니고 있으므로 이에 대해서 상세한 서술을 할 필요가 있을 것이다. 성황제에서 주목되는 의례적 특성을 정리하면 몇 가지로 분절된다.

① 서낭대/ 신대

하늘과 지상을 연결하는 특정한 기능을 하는 것은 신목이나 당목이다. 시흥이나 안산의 낭대 또는 신대는 이러한 구실을 한다. 이것은 예전에 당목과 같은 구실을 한 것의 변형으로 하늘에서 지상으로 신이 내려오는 길목이고 신인이 합일을 할 수 있는 일종의 안테나와 같은 구실을 했다고 해도 과언이 아니다. 서낭대를 쓰러뜨리지 않고 신을 받는 이유가 여기에 있는 셈이다. 나무는 신단수와 같은 기능을 상기한다면 쉽사리 이해할 수 있다.

동일한 계통의 것으로 솟대와 같은 것도 일정하게 같은 구실을 하는 것으로 추정된다. 서낭대이든 신대이든 천상과 지상이 연결되면서 신이 강림하고 머무는 곳으로서의 기능을 하는 점은 중요한 기능을 한다고 할 수 있다. 안산 잿머리 성황제와 군자봉 성황제에서 신목이나 당목이 기능하는 것은 이러한 각도에서 긴요한 가치를 가진다. 신목의 변형이 신대이고 서낭대가 되는 셈이다.

신대는 나무의 변형이다. 나무가 지니고 있는 특성에 의해서 우주의 생명력을 전달하고 이를 수용하는 구실을 하는 것이 바로 신대의 구실을 한다.[1] 농악의 관점에서는 이 대는 농기와 같은 것이고 농기의 영을 수행하는 것이 영기이므로 농기와 영기가 서낭대 구실을 하는 것과 비교될 수가 있다.

서낭대는 성황대와 비교될 수 있다. 성황에서 모시는 신격을 함께 보이면서 이를 신대로 활용하므로 이것을 서낭대가 아닌 성황대로 보는 것은 일정한 의의가 있겠다고 할 수 있다. 서낭대와 성황대의 근접 가능성을 통해서 이 전통적인 것이 생명의 나무인 우주목에서 신목으로,[2] 신목에서 다시 서낭대나 성황대로, 서낭대에서 성

---

[1] 유사한 사례로 세계를 구성하고 있는 여러 가지 상징물로 신목이나 신성한 강, 솟대와 같은 필라 등이 있는 것을 볼 수 있으며, 시베리아 일대의 신목으로 그러한 구성을 하는 것을 찾아볼 수가 있다.
Uno Holmberg Harva, *The mythology of all races-Vol. IV, Finno-Ugric, Siberian Mythology of All Races volume,* Boston: Archaeological Institute of America, 1927, pp.307-308.
To obtain some idea of how primitive peoples form their idea of the world, we will examine the strange, but to them quite natural, conception of the world of the Yenisei Ostiaks. According to their ideas, the world is divided into three parts: Above, the sky; in the middle, the earth peopled by men; below, the kingdom of the dead; but all these parts are united by the "Holy Water," which, beginning in Heaven, flows across the earth to Hades. This water is the great Yenisei River. The Samoyeds also, who have learned to speak of different storeys in the sky, declare the Yenisei River to flow from the lake in the sixth storey of Heaven. In their tales, the Yenisei Ostiaks describe how the shaman rows his boat in Heaven and how he returns along the river at such terrific speed that the wind whistles through him. It may be difficult for us to understand these pictures, but to the Yenisei Ostiak nothing can be more natural. Do they not know from experience that the earth is slanting, that the rushing river which is the dwelling-place of this fisher tribe comes from "above" and flows "down" into the depths of Hades? The south, like many other North Siberian peoples, they call "that above", the north "that below". The Yenisei is to them the centre of the world, as on its banks or tributaries they place all the peoples known to them, and thus would they draw a map of the world, had they a Ptolemy, amongst them.

[2] Uno Holmberg Harva, pp.349-350.
AT THE navel of the earth, in the centre of the universe, according to Altaic tales, the highest tree on earth, a giant silver-fir, raises its crown to the dwelling of Bai-Ylgon. Here we find the world-tree, situated in the earlier tales on the Sumeru mountain, removed to the navel or centre of the earth. Generally this tree is also imagined to grow on a high hill or mountain, especially on the central mountain of the earth, as appears from the words of a folk-poem already cited: "In the centre of the earth there is an iron

황대로 변화하는 것을 보이는 것임을 우리는 재인식할 수가 있다. 그 점에서 이 서낭대는 신대와 같은 구실을 하는 것을 볼 수가 있겠다.

　서낭대는 생명의 나무라고 하는 상징적 존재이고, 이를 임시적인 도구의 수단으로 삼는 것이다. 무당의 만수대탁굿과 같은 것과 일월성신거리와 같은 것에서 거울을 달고 소나무를 통해서 옷을 입히고 신대로 삼아서 신과 소통하는 것도 이러한 사고 방식의 현현이다. 소나무는 생명의 나무를 구현하고 신대의 노릇을 하는 것을 볼 수 있다.

② 화분(신의 얼굴)

　이 서낭대 또는 농기에 이를 올바르게 드러내게 하는 것이 바로 신대에다 안산의 잿머리 성황당에 있는 화분을 걸고서 이를 들고 일정하게 걸립을 다니는 전통이 있었다고 한다. 현재는 이러한 전통이 거의 소멸하고 주변부에만 대동의 추렴을 하는 것으로 축소되었지만 안산의 잿머리 성황에서는 이 전통을 특별하게 드러내면서 이른 바 화분을 새로이 그리고, 이를 깃대에 매달고 신체로 삼으면서 걸립한 전통이 마을사람들에 의해서 증언되고 있다.

　이 과정에서 중요한 것은 화분 곧 신의 형상을 고쳐서 그린다고 하는 점이다. 화분에 여러 존재가 있다. 가령 주신이라고 할 수 있는 금부대왕, 안씨부인, 홍씨부인,

mountain and on this iron mountain a white, seven-branched birch." But as this central mountain of the earth-disc is generally believed to hide its summit among the storeys of the sky, the tree itself, for very obvious reasons, has been raised into the sky, where, according to different beliefs and tales it continues to exist. In the beliefs of the peoplt3 related to the Turks this tree, which with the growth of the universe has grown from a small sapling to its present height, is intimately connected, like the world-mountain, with the construction of the universe. And independently of whether it rises from the earth, a high mountain, or some storey in the sky, its position always resembles that of the world-pillar j like the former, the gods use this also to tether their horses to. In the fact, also, that it is often pictured as many-storeyed, it resembles the world-pillar. Thus, for example, in the shaman songs of the Vasyugan Ostiaks, which contain images obviously borrowed from the Tatars, this tree, like the heavens themselves, is said to be seven-storeyed. More often, however, it is regarded as piercing the different floors of the sky, thrusting at the same time, like the central mountain which is its foundation, its roots deep into the underground depths.

서희장군 등을 화분으로 모셔 그리다가 이를 개분하는 전통이 존재한다. 신의 얼굴을 그린 전통은 여러 곳에서 확인되지만 이를 다시 고쳐 그리면서 그 화분을 서낭대와 같은 구실을 하는 농기에 모신 것은 이례적인 현상이라고 하겠다.

화분을 그리는 사람은 특별한 존재들은 아니다. 마을 사람 가운데 전통적으로 이를 전담하는 존재들이 있었다고 한다. 이들은 신이 내린 사람들은 아니지만 일정한 능력을 지니고 있으며, 이들에 의해서 그림이 고쳐지고 이 그림을 그리는 사람은 마을 사람이기는 하지만 특별하게 관리되는 사람이라고 하는 것은 주목할 만한 사실들이라고 할 수 있다. 화분을 모시고 가면 신으로 간주하고 대접하면서 특별한 관리를 하는 것이 확인된다.

신이 머물 거주 공간을 확인하기도 하고, 동시에 특정한 곳에서 신을 영접하는 단골들의 맞이 행사가 장렬하게 이루어지고 특히 마을 사람들이 신맞이를 하면서 농악 가락에 맞추어서 특별한 행사를 하는 전통이 남아 있었다고 하는 것은 특기할 만한 일이었다고 할 수가 있다.

③ 낭걸립

경기도의 안산시와 시흥시는 성황제의 전통을 지니고 있다. 성황제는 마을의 커다란 축제 가운데 하나인데, 이들 존재는 각별한 의미를 지니고 있는 것이다. 성황제는 10월 상달에 하는 것으로 전통적인 의례인 나라굿의 저변을 변화시키고 이를 활용한 점에서 남다른 특징을 지니고 있다. 국중대회를 재현하는 것이 핵심이라고 할 수 있다. 이 전통에 입각한 특정한 전통이 축소되고 현재화된 것이 바로 성황제이다.

성황제는 낭걸립의 전통을 지닌 것이라고 하는 점에서 주목된다. 낭걸립은 서낭걸립의 준말이라고 하겠다. 서낭걸립의 전통을 활용하면서 마을 사람들이 추렴을 한 것은 주목할 만하다. 낭걸립의 전통 속에서 시흥시와 안산시 일대의 추렴을 이른 3월부터 시작하여 이를 활용하고 여러 곳을 돌아다니면서 걸립을 하고, 10월 상달에 이르러서 성황제를 지낸 것은 특기할 만하다.

시흥 군자봉 성황제농악

낭걸립의 주체가 더욱 긴요하다. 낭걸립의 전통이 주체로 집약화되기 때문이다. 낭걸립을 한 인물은 다른 존재가 아니라 마을의 농악대와 무당들이 된다. 낭걸립을 할 때에 사용하는 장단은 매우 간단하다. 그리고 그러한 가락을 활용하면서 무녀와 협업하는 것은 더욱 긴요한 일이라고 할 수 있다. 그 전통을 통해서 이른 바 무악과 농악이 서로 합쳐지는 것은 경기도 남부 지역의 전통에 입각하여 보면 이채로운 현상이라고 할 수 있다.

마을의 전통적 의례는 유형적으로 본다면 제관에 의해서 진행하는 유교식의 의례유형, 무당에 의해서 진행하는 도당굿이나 대동굿 유형, 농악대가 하는 유형을 근거로 하여 이들을 복합적으로 진행하는 것이 바로 마을굿의 유형이라고 할 수가 있다. 이들 전통이 특별하게 발전하면서 복합하게 되는데 경기도의 성황제에서는 이러한 유형 가운데 농악대와 무당굿의 형태가 발현되는 점에서 각별한 의미를 지니고 있다.

성황제의 농악은 매우 단조롭다. 가락이 특별하게 발달하여 있지 않고, 동시에 가락이 소박한 점을 인정할 수가 있다. 단조로운 가락을 통해서 신을 모시는 길가락, 자진가락, 삼채가락 등을 연주하면서 신을 모시고 다니면서 낭걸립의 전통을 유지하고 있음이 드러난다. 농악을 치면서 성황제의 전통을 유지하고 있으며 농악이 이러한 기능으로 활용되는 것은 경기도에서 가장 특별한 현상이라고 하겠다.

④ 신의 맞이-본풀이-놀이

낭걸립의 전통이 결국 신맞이의 의례이고, 신의 본풀이는 구전신화로 전승된다. 이 신을 성황제의 현장에서 굿으로 재현하는 것은 이례적인 일이라고 할 수 있다. 신의 본풀이가 예사 구전신화로 전락한 것은 국중대회의 건국서사시가 이탈하면서 비롯된 현상이다. 신의 본풀이가 서사시의 형태로 되어 있지 않지만 줄거리와 의의가 분명하게 살아 있음이 확인된다. 신의 놀이는 무당굿과 농악대의 놀이를 통해서 구현되는 것이므로 주목할 만한 것이지만, 이 전통 속에서 신의 맞이-본풀이-놀이가 이어지는 것은 나라굿의 전통이 현장에서 살아 있는 듯한 착각을 불러일으킨다.

시흥 군자봉 성황제농악

결국 나라굿이 마을굿으로 지속되고 있으며, 나라무당이 마을무당이 된 것이고 국중대회가 성황제와 같은 굿으로 잔존하고 있는 점을 환기한다면 이것이 나라굿으로서의 가치가 왜 중요한지 다시 알 수가 있음을 환기하게 된다. 나라굿과 마을굿, 나라굿의 전통이 마을굿의 전통으로 이어지는 것은 이례적인 일은 아니지만 경기도의 성황제가 이를 대표하고 있으며 상징적으로 전통을 이어가고 있는 점은 매우 각별한 현상이라고 할 수가 있다. 경기도의 농악대 가운데 토박이 농악이 성황제의 농악으로 전환되면서 활용되는 것은 각별한 현상이라고 하지 않을 수 없다.

8장
한국농악의 세계인류무형문화유산 등재와
평택농악

1. 머리말
2. 『농악』의 인류무형유산등재 추진 경과와 의의
3. 『농악』의 인류무형유산등재에 의한 전망과 후속 조치
4. 『농악』의 인류무형유산등재 과제와 전망

1. 머리말

이제 농악인들에게 오랜 숙원이 이루어졌다. 농악인들이 그토록 바라고 여망하던 일인 유네스코 인류무형유산으로 농악이 비로소 등재되었기 때문이다. 필자 역시 농악을 연구하는 사람이기 이전에 한국민족 구성원으로서 농악을 좋아하고, 농악을 즐기는 사람이기 때문에 이보다 기쁜 일은 아마도 없을 것이다. 2014년 10월 16일에 있었던 농악 유네스코 등재 국제학술발표회장에서 내 뜨거운 심장이 누구를 위해서 뛰는가 자문하고 그것은 농악을 위해서라고 감히 자답했다.[1]

우리 민족을 즐겁게 신명의 도가니로 몰아가는 농악은 한국인이면 누구나 즐기고 공유하는 것이었지만 이제는 그것이 우리 민족의 범위를 넘어서서 세계의 신명의 장으로 등재시켜 발전시킬 가능성을 타진하도록 하였다. 이제 농악은 한국민족의 것이면서 동시에 세계인의 자산으로 등재되었다. 그 점에서 농악은 앞으로 세계인들에 의해 활용될 가치와 덕목을 지니게 되었다.

그러나 숙원이 이루어졌다고 하는 것으로 그쳐서는 안된다. 이제부터 진정한 문제의식을 가지고 농악을 다시금 바라보아야 한다. 소원을 이루었다고 그만이면 우리는 더 이상 존립할 근거가 없다. 비유적으로 말한다면 스님이 깨달음을 얻고 다음 단계의 삶을 어떻게 살아야 하는 것인가 하는 것과 동일하게 연계되는 문제이다. 깨달음을 이룬 뒤에 더욱 정진하지 않으면 마땅한 삶이 미래로 이어지지 않는다.

---

1 김헌선, 「한국농악의 가치와 예술성」, 『한·중·일 무형유산 국제심포지엄 – 농악의 보전과 문화적 의미』, 한국문화재재단, 2014년 10월 16일. 국제심포지엄에서 그러한 발언을 한 바 있다.

농악이 세계의 인류무형유산으로 등재되고 나서 바로 안심하여 타락하거나, 더 이상 분발하지 않고 가만히 앉아 있으면 오히려 가치가 퇴색할 따름이다. 농악의 등재는 농악인들의 철저한 분발과 실천을 요구하는 문제이다. 더욱 노력하고 힘을 합쳐서 바람직한 미래 건설로 약진해 나아가야 한다.

우리는 이 지점에서 농악의 인류무형유산 등재에 대한 근본적 성찰을 필요로 한다. 첫째는 유네스코 인류무형문화유산의 지점이 과연 온당한 것인가에 대한 성찰을 할 필요가 있다. 아마도 이에 대해서는 유네스코를 중심으로 하는 문화 정책과 제도에 대한 부정론을 펴는 작업을 전개할 수 있으며 그에 대한 정당한 인식을 촉구할 필요가 있다.

그러한 부정적 인식에도 불구하고 문화재 정책을 선도하고 인류무형유산을 주도적으로 활용하면서 세계에 알리는 작업은 그 의의와 가치를 원칙적으로 부정할 수 없을 것으로 이해된다. 오히려 민족문화의 틀과 연동시켜서 세계 인류무형유산을 인식하고 활용하는 작업은 매우 유용한 작업이 될 전망이다.

둘째는 농악이 인류무형유산으로 등재된 것을 평가하면서 무엇 때문에 농악이 등재된 것인가 근본적인 회의와 반문을 가질 필요가 있다고 생각한다. 농악의 중요무형문화재만이 세계의 인류무형유산으로 등재되었다고 한다면 이것은 민족공동체가 향유하는 인류무형유산으로서 별반 무의미한 작업이고 어떻게 보면 김치와 같은 성격을 지닌 농악의 향유 공동체에 이반하는 착각이고 오만이라고 생각한다.

농악이 인류무형유산으로 활용되어야 하는 입각점을 상실하고 공동체의 산물임을 부정하는 잘못된 견해임을 분명하게 해둘 필요가 있다. 농악은 한민족의 산물이고 세계인의 공유물이어야 함을 분명하게 인식해야 마땅하다. 농악의 유산은 민족과 민족 이상의 자산임이 분명하다.

이 글에서는 두 가지 근거를 통해서 우리 농악의 인류무형유산 등재 의의와 그 가치를 어떻게 활용할 것인가에 대한 앞으로의 전망을 위해서 작성된다. 그 입각점을 선명하게 정리하면서 장차 우리 농악의 나아갈 길에 대한 방향을 찾아 정리하고 동시에 그 문제점을 인식하고 정리하는 점이 화급하게 요청되므로 이에 대한 생각의 일단을 글로 적고자 한다.

2. 『농악』의 인류무형유산등재 추진 경과와 의의

다소 기계적이고 사무적인 일이기는 하지만 농악이 인류무형유산으로 등재되는 과정의 추진 경과를 살펴보지 않을 수 없다. 이것이 농악의 역사 일부가 되기 때문이다. 문화재청에서 제시한 일정을 정리하여 보면 이 과정이 이로정연理路整然하게 정리된다. 그 과정에 일부 동참하기도 하였으며 일부 구성 회의에 참여하면서 긴요한 작업임을 분명하게 인식할 수 있었다.

- 2011년 유네스코 인류무형유산 대표목록 제출: 2011년 3월
- 2014년도 심사우선순위 종목으로 선정: 2013년 3월
- 2014년도 인류무형유산 심사우선 순위 유네스코 제출: 2013년 6월
- '농악' 수정등재신청서 유네스코에 제출: 2014년 2월
- 심사보조기구 최종 평과 결과(등재권고) 온라인 공개: 2014년 10월
- 제9차 무형유산위원회 등재 여부 최종 결정: 2014년 11월 27일

이 과정에서 우리는 몇 가지 국내의 쟁점이 있었음을 분명하게 인식해야 하고 동시에 이를 장차 해결해야 할 향후 문제로 확대하고 심화할 필요가 있다. 그 가운데 가장 중요한 쟁점은 논란이 극대화된 정점에 바로 '농악農樂'이라고 하는 용어 문제가 있었다. 이 과정에 참여하면서 필자는 농악을 대표 목록의 용어로 사용해야 한다는 점을 분명하게 주장하였다.

그간의 추진 경과를 보게 되면 농악이 아니라 '풍물굿'으로 해야 한다는 문화재위원회의 회의 결정 경과가 있었으므로 이 점은 매우 조심스러운 부분이 있었다. 이미 신청을 해놓았을 당시에 농악과 풍물굿의 대표적 용어의 대립을 어떻게 극복해

야 하는지 심각한 고민이 있었으며 이 논쟁을 낳은 것은 저간의 문화운동 결과이므로 이 점은 쉽사리 극복되지 않은 전망이었다.

이 회의에 참여하면서 풍물굿도 긴요하지만 농악 역시 중요한 용어이며 일제강점기의 산물이라고 하는 것은 잘못되었다고 하면서 이에 대한 반론을 제기하였다. 풍물굿이라는 용어도 필요하지만 일정하게 재고할 필요가 있다고 하면서 농악으로 등재해야 한다고 주장을 하게 되었다. 농악에 대한 불필요한 부정적인 인식을 극복해야 한다고 하면서 필자는 농악이라는 용어의 많은 사례를 들면서 이에 대한 논란을 정리할 것을 제안하였다.

농악은 17세기부터 사용된 것임을 분명하게 할 필요가 있었다. 인식이 잘못되어 있으며 일제 강점기에 나온 용어라고 하는 것은 무지의 소치이다. 풍물굿은 다양한 기능에 중심을 두고서 삼은 용어이며 그 견해에 마땅히 귀 기울여야 한다. 그러나 농악이란 용어가 보다 포괄적인 성격을 가지므로 이를 활용하는 것이 바람직하다고 하는 사실을 분명하게 지적하였다.

게다가 이 농악이라고 하는 용어는 한국・중국・일본의 사례와 견주어도 긴요한 가치를 지닌다고 하였다. 한국의 농악農樂, 중국의 농악무農樂舞, 일본의 전악田樂 등과 견줄 수 있으며 서로 성격이 상통하면서도 거리가 있으므로 이를 대표 용어로 삼아야 하고 중국의 농악무와 견줄 수 있는 점에서 우리가 무엇 때문에 다른 용어를 써야 하는가 반론을 전개하였다. 농악이 공동체의 산물이고 중국의 농악무는 집단적인 매스 게임식으로 변모된 것이므로 이를 굳이 회피하지 말아야 한다고 했다. 그리고 비교의 정당성을 위해서 농악이라고 하는 용어를 사용하여야 한다고 말했다.

중국의 조선족 농악무가 긴요하지만 오히려 우리 농악이 긴요하다고 하는 점을 강조하고 이를 회피하지 말고 정면에서 도전하여야만 하는 점을 강조하면서 농악으로 등재하여야 바람직한 정합성과 위계성을 가지는 것이라고 하는 점을 분명하게 할 필요가 있었다. 그렇게 하면서 조선족 농악무가 어떠한 맥락에서 활용되었는지 하는 점을 고민하고 이를 극복하기 위해서 우리 한민족 전체의 공동체 산물임을 강조하는 일을 분명하게 해야 한다고 제안하였다.

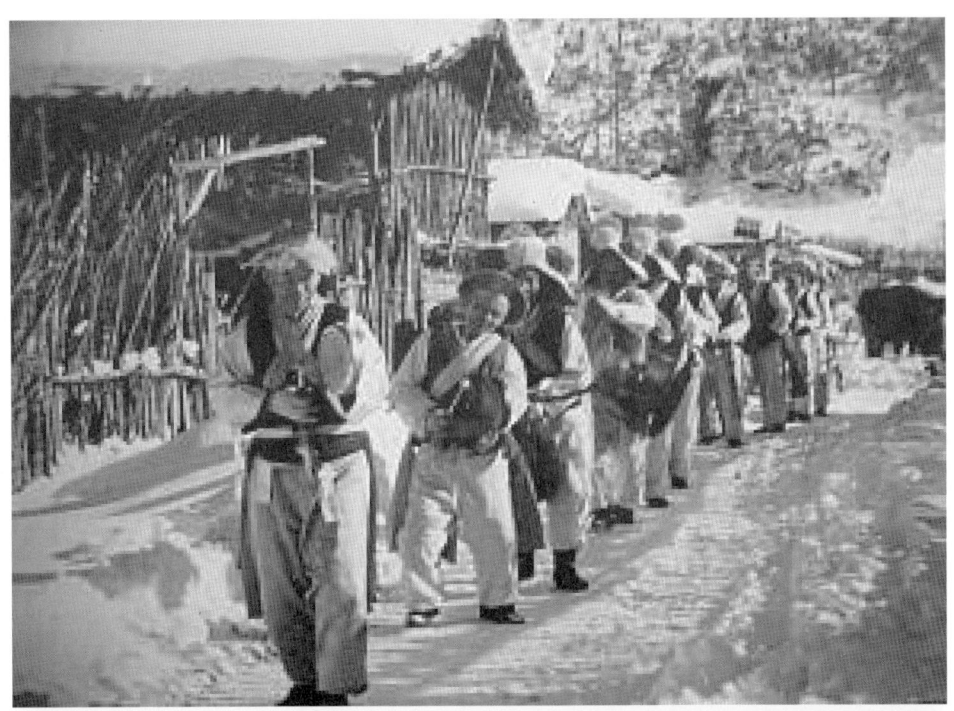

조선족 농악무 사진

중국 조선족 농악무의 지정 결과를 제시하고 이를 찾아서 대안을 찾아야 한다고 하였다. 그것이 바로 이 글이라고 하겠다. 영어명은 다음과 같다.

> The Committee (…) decides that [this element] satisfies the criteria for inscription on the Representative List of the Intangible Cultural Heritage of Humanity, as follows:
> R.1: The Farmers' dance of China's Korean ethnic group has been transmitted from generation to generation, reflecting its community's interactions with nature and history and symbolizing its cultural identity;
> R.2: Inscription of the element on the Representative List would contribute to ensuring visibility of intangible cultural heritage and encouraging cooperation and dialogue between regions and nations;
> R.3: The current, recent and intended efforts to ensure the viability of the element are described, and the will and commitment of the concerned parties to safeguard the element are demonstrated;
> R.4: The nomination was prepared with the free, prior and informed consent of the main bearers of the element;
> R.5: The element is inscribed on the National List of Intangible Cultural Heritage administered by the Department of Intangible Cultural Heritage of the Ministry of Culture.[2]

선명하게 요약되는 이 글을 통해서 우리는 중국의 조선족 농악무가 등재된 경과를 알 수 있다. 또한 이를 통해 우리는 그들과는 분명한 차별점을 선명히 드러낼 수 있었다. 그것은 우리는 공동체의 산물이라는 점이며, 그 지점에 대한 일련의 작업을

---

[2] http://www.unesco.org/culture/ich/index.php?RL=00213 2011년 12월 15일 오후 2시 28분에 접속하여 얻은 자료이다. [Farmers' dance of China's Korean ethnic group, Inscribed in 2009 on the Representative List of the Intangible Cultural Heritage of Humanity, Country(ies): China]

조선족 농악무 사진

할 필요가 있음을 분명하게 지적하면서 왜 농악이라고 하는 용어를 지정해야 하는지를 재차 강조하였다. 그러자 중국의 지뢰밭을 쉽사리 통과할 수 없을 것 같다고 하는 발언이 나왔다. 필자가 농악을 버리고 풍물굿으로 한다면 자존심을 버리는 것이라고 하면서 회의석상에서 나오게 되었다. 마침내 표결을 하고 농악이라고 하는 용어로 결정되었음을 뒤에 들었다.

조선족 농악무와 한국의 농악은 서로 모자 관계의 산물이기는 하지만 중국 조선족의 농악무와 한국의 농악은 근본적 차별성이 있다. 이에 대한 일련의 연구가 있었으며, 근본적 성찰이 이루어진 바 있다.[3] 학문적으로 완벽하게 결론을 내린 것은 아니지만 농악의 원형과 변이형이라고 하는 견해, 연행맥락의 차이에 입각한 차별성이 있음을 주목하면서 이 둘 사이의 근본적 관계를 재조명함으로써 농악의 근거를 확실하게 다질 필요가 있었고, 전망이 있었음을 우리는 새삼스럽게 인식할 수 있었다.

이 회의를 기반으로 하여 농악이라고 하는 용어로 우리 민족의 전통적이고 보편적인 무형문화유산을 세계에 등재하게 되었으며, 그 작업을 중심으로 하여 일정한 결과를 만들어냈다. 이에 대한 원문을 정리하고 이를 바탕으로 하여 정리된 결과를 통해서 우리는 유네스코의 회의에 이 농악의 중요성을 제고하기에 이르렀다.

유네스코 홈페이지에 기록된 우리나라 농악에 대한 일정한 평가와 기준을 보면 다음과 같이 서술되어 있다.

>   Nongak, community band music, dance and rituals in the Republic of Korea Inscribed in 2014 (9.COM) on the Representative List of the Intangible Cultural Heritage of Humanity[4]

---

[3] 권봉관, 「내향적 정교와의 두 얼굴-현 시대 한국의 농악과 중국의 농악무」, 『비교민속학』 54, 비교민속학회, 2014.
조정현, 「한국농악과 중국 농악무의 관계」, 『세계무형유산으로서의 농악, 그 예술적 가치』, 국립무형유산원 세미나실, 2014년 10월 9일.

Country(ies): Republic of Korea

Identification

-Nongak, community band music, dance and rituals in the Republic of Korea-

Nongak is a popular performing art derived from communal rites and rustic entertainments. It has evolved into a representative performing art of the Republic of Korea, combining a percussion ensemble and sometimes wind instruments, parading, dancing, drama and acrobatic feats. Local Nongak performers clad in colourful costumes perform their music and dance during community events with various purposes, such as appeasing gods, chasing evil spirits, praying for a rich harvest in spring then celebrating it during autumn festivals and fund-raising for community projects. There are distinctive regional styles of Nongak, generally divided among five cultural centres. Within each area, differences exist from one village to another in band composition, performing style, rhythm and costumes. Dancing includes choreographic formations and streamer dances while actors wearing masks and peculiar outfits also perform funny skits. Acrobatics include dish spinning and miming antics by child dancers carried on the shoulders of adult performers. The public becomes familiar with Nongak through observation and participation in its performances, while community groups and educational institutions play an important role in teaching and transmitting the different components. Nongak helps to enhance solidarity and cooperation in the community and establishes a sense of shared identity among community members.

4   http://www.unesco.org/culture/ich/index.php?lg=en&pg=00011&RL=00717

Decision 9.COM 10.36

The Committee (…) decides that [this element] satisfies the criteria for inscription on the Representative List of the Intangible Cultural Heritage of Humanity, as follows:

R.1: Nongak is a multifunctional and multiform element performed on various festive occasions throughout the year; characterized by vitality and creativity, it has been integrated into contemporary culture and people's everyday life in line with the evolution and modernization of society, providing its performers and participants with a sense of identity;

R.2: Its inscription on the Representative List could promote greater visibility of the intangible cultural heritage as a testimony to human creativity and a contribution to cultural diversity; it could also facilitate dialogue between different communities of practitioners at the national and international level;

R.3: Proposed safeguarding measures are characterized by cooperation between the State and the communities concerned and are oriented towards raising awareness, support in the organization of Nongak performances, documentation, but also the prevention of possible negative consequences of commercialization and touristic exploitation that might be created by its inscription on the Representative List;

R.4: The nomination was prepared following wide and active involvement

선명하고 분명한 유네스코 협약에 입각한 글이지만 이 글의 핵심적 내용을 간추려서 정리하여 긴요한 의의를 집약하고, 그 의미와 가치를 따져서 보기로 한다.

- 농악은 한국인이라면 누구나 알고 향유하는 대표적인 공동체의 산물
- 활력적이고 창의적인 농악은 일년 내내 다양한 형태와 목적으로 많은 행사장에서 공연이 이루어지고 있으며, 공연자와 참여자들에게 정체성을 제공하는 유산임

• 농악의 등재는 인류의 창의성과 문화 다양성에 이바지함으로써 무형문화유산의 가시성을 높이고, 국내외 다양한 공동체들 간의 대화를 촉진

위에서 간추린 문장의 요점이 가장 긴요한 전제이다. 이 글에 대한 지정 경과와 검토 및 내력을 정리한 것을 보게 되면 이 전제는 매우 유용하고도 적절하다고 하지 않을 수 없다. 공동체와 농악의 깊은 관계는 우리 민족의 근간을 해명하는 단서가 된다. 이 단서를 통해서 우리는 일종의 공동체와 농악이 지니는 가치를 명확하게 정의할 수 있게 되었다. 한국인이라고 하는 공동체의 기반을 분명하게 하면서 이 점을 기본적 전제로 다루었다.

2003년에 제정된 유네스코 무형유산 보호협약은 그 서문에서부터 이러한 점이 명료하게 드러난다.[5] '무형문화유산'이라 함은 공동체, 집단 및 개인들이 그들의 문화유산의 일부분으로 인식하는 관습, 표출, 표현, 지식 및 기술뿐 아니라 이와 관련된 전달 도구, 사물, 공예품 및 문화 공간 모두를 의미한다. 세대로부터 세대로 통해서 전해오는 이 무형문화유산은 공동체와 집단이 그들의 환경, 자연, 역사화의 상호작용에 맞추어 끊임없이 재창조되었으며 이들에게 정체성 및 지속성을 제공하여 문화적 다양성과 인류의 창조성에 대한 존중을 증진시킨다. 동 협약의 목적상 무형문화유산과 관련되는 것은 공동체, 집단, 개인의 상호 존중에 대한 요구 및 지속 가능한 개발뿐 아니라 현존하는 국제 인권과 양립하여야 한다.

달리 이렇게 길게 표현된 부분을 간추려서 재정립하게 되면 유네스코 협약의 서문에, "…토착 공동체, 집단 또는 개인이 무형문화유산의 생산, 보전, 유지, 재창조에 중요한 역할을 하여 문화적 다양성 및 인류의 창조성을 더욱 풍부하게 함을 인정하면서…"라고 명기되어 있다.[6] 이 협약에 의해서 무엇이 핵심인지 명료하게 드

---

5   임돈희, 「기조 발제: 무형유산으로서 농악의 가치와 의의」, 『한·중·일 무형유산 국제심포지엄 – 농악의 보전과 문화적 의미』, 한국문화재재단, 2014년 10월 16일. 이하 이 서술에 입각하여 일정하게 정리한다.
6   박상미, 「한국 농악의 사회문화적 의미: 유네스코 인류무형유산제도의 "공동체" 개념을 중심으로」, 『한·중·일 무형유산 국제심포지엄 – 농악의 보전과 문화적 의미』, 한국문화재재단, 2014년 10월 16일. 이하의 서술은

러난다. 공동체의 특성과 농악이 서로 깊은 관련이 있다고 하는 사실이 우리의 이 협약과 깊은 관련이 있음이 드러난다.

그러한 결과 농악에 적용된 사실을 음미하여 이를 적용시키게 되면 이러한 지점에 우리는 깊은 연관성을 제시하지 않을 수 없다. 농악은 기능적인 측면에서 다양한 형태로 한국 전역에 걸쳐 널리 분포하고 있으며, 독자적인 지역유형 형태로 전승되고 있음을 확인하게 된다.

그뿐만 아니라 이러한 전통에 바탕하여 우리는 일련의 가치로운 특성을 지닌 것들을 중심으로 현재적으로도 원활하게 활용되면서 이어져 내려오고 있으며, 오늘날의 현대 한국 사회 내에서도 풍부한 의미를 가지고, 현대적인 관점에서 여전하게 중요한 기능을 하는, 살아 있는 무형유산이라고 하지 않을 수 없다.

농악 자체가 살아 있는 무형유산이기 때문에 농악은 현대의 우리 삶이 변화하는 궤적을 따라 끊임없이 변화하고 재창조되어 왔을 뿐만 아니라 지속적인 의미와 함께 여러 가지 의미 있는 중요한 가치를 창조하고 향유자인 공동체의 속성을 선명하게 보여주고 있다고 해도 지나친 말이 아니다.

한국인들에게 농악은 기능과 정서적 공감을 통해서 공동체로의 소속감을 느끼게 해 주며 문화적 일체감과 함께 긴요한 정체성의 중요한 부분을 이루고 있음이 분명하게 드러난다. 이러한 농악의 특성은, 무형유산이 유네스코의 대표 목록에 등재되기 위한 가장 중요한 조건을 충족시키는 근거가 된다.

즉 무형유산의 가치는 그 유산이 속한 공동체의 성원들이 그것의 의미를 소중하게 생각하고, 자신들의 정체성의 중요한 일부분이라고 인식하는 것에서 출발한다. 정체성의 준거가 출발점이면서 동시에 귀일되는 도달점이 되므로 농악의 무형유산적 가치는 매우 높은 것이라고 하지 않을 수 없다.

무형유산으로서의 농악은 대체로 농촌이라고 하는 본래의 토착적 기반을 가지고 있으면서도, 도시화와 산업화 등의 변화 속에서 그 의미와 기능이 축소될 위험이

박상미 교수의 글에 입각하되 이러한 문맥에서 긴요한 의의와 가치를 증진시켜 재서술한다.

크지만 한 사회의 문화적 정체성을 구현하고, 정신적 구심점의 역할을 하며 인류의 문화 다양성과 창의성을 함양하는 중요한 기반으로 작용해 왔음을 인정하게 된다. 유네스코를 중심으로 한 국제사회의 관심도 이러한 소중한 유산이 보호되고 함양되어야 한다는 믿음에서 출발하였으며 농악이 이에 아주 적절한 사례가 아닐 수 없다.

등재 과정을 통해서 우리의 농악이 지니는 가치를 제고하기 위해서 부단의 노력을 하고 그 결과 인류무형문화유산의 대표목록이 된 것은 경하할 일이 아닐 수 없다. 등재 과정에서 명료한 문장이 결과적으로 가장 모범적인 글쓰기라고 하는 평가까지 얻어내게 되었다. 위의 등재 문장을 통해서 우리는 그 의의를 세 가지 각도에서 조명할 수 있을 것으로 예견된다.

첫째, 한국 민족의 공동체를 기반으로 하는 농악이 등재된 점을 잊어서는 안된다. 우리나라 중요무형문화재가 등재된 것은 아니다. 오히려 우리 민족 전체가 공유하고 있는 농악이 등재되었으므로 이를 대표목록으로 삼았다. 농악의 중요무형문화재, 지방문화재, 향토문화유산이 차별없이 대등한 대우를 받아야 하는 점이 긴요하다. 그러므로 등급, 서열, 갑을병정의 관계가 생성되어서는 안된다. 우리가 보유한 모든 총량이 문화유산으로서 가치가 있으며, 인류무형유산의 근간이 되며 이를 흔들려는 의도는 재고되거나 제거되어야 마땅하다.

둘째, 생산자와 소비자, 창조자와 향유자 등의 모든 공동체가 공유하는 시스템을 구축해야 한다. 우리의 변화된 환경 속에서도 기능하는 농악이 되도록 여러 가지 처우와 맥락을 새롭게 도모하여야 한다. 농악이 지니는 가치를 제고하는 작업을 새삼스럽게 하고 우리 모두가 공유할 수 있는 활발한 장을 마련하는 것을 궁극적인 목표로 삼아야 한다. 따라서 농악의 전승과 생명력을 저해하는 작업은 있어서는 안 될 것이다. 농악을 훼손하거나 위축하는 문화 창조는 물론하고 인류 문화의 다양성과 통일성을 저해하는 압박이 될 수 없음을 분명하게 할 필요가 있다.

셋째, 농악은 미래로 이어져야 하는 바람직한 가치 창조의 과정이고 변화의 궤적에 의해서 이룩되는 것이므로 미래로 이어질 수 있는 모든 수단을 강구해야 하는 민족문화 창달의 핵심이라고 하는 점을 잊어서는 안된다. 농악이 지니고 있는 지역적 다양성은 모두 지역의 문화적 기반이나 근간과 서로 연계되어야 하고, 동시에 민족의 인류무형문화유산의 근간이 될 수 있도록 지속적이고 장기적인 계획 아래 고무되고 고양되어야 한다. 그것이 농악의 이른 바 지속 가능한 미래를 보장할 수 있다고 판단된다.

농악은 우리 민족의 공동체에서 조성되었다고 하는 것이 첫 번째 의의이고, 농악이 우리의 공동체 문맥 속에서 활발하게 작동할 수 있는 기능을 하게 하는 것이 두 번째 의의이고, 농악이 미래로의 존속 가능성을 지니게 되었다고 하는 사실이 세 번째 의의이다. 농악의 전반적 가치가 인류무형문화유산으로 이어지게 되는 것으로 유네스코 인류의 문화적 대표 유산으로 조성된 것은 가장 긴요한 가치와 의의를 지니는 것이라고 하지 않을 수 없다. 그 점에서 농악의 유네스코 등재는 훨씬 소중한 가치를 구현하게 되었다고 할 수 있다.

3. 『농악』의 인류무형유산등재에 의한 전망과 후속 조치

이제 『농악』의 인류무형유산등재에 의한 전망과 후속 조치에 대하여 조망하고 서술하고자 한다. 농악은 이제 비지정의 차원에서 벗어나 지정 차원으로 가볍게 옮겨오게 되었다. 인류무형유산등재는 농악의 향후 전망을 밝게 하고 농악의 존속 가능성을 한껏 고양하게 하는 계기를 부여했으므로 시의적절하게 이를 활용하고 가치와 의미를 부여할 수 있는 조치가 여러 차원에서 이루어져야 한다.

우리는 평범한 사실에서 출발하여야 한다. 농악 전체가 인류무형유산으로 등재되었다고 하는 사실이다. 그것은 마치 김치와 김장문화가 등재된 것과 같은 현상이며 그 점을 잊어서는 농악의 본령을 왜곡할 우려가 크다고 하는 사실이다. 한국농악의 전체가 공동체의 산물이므로 공동체에 기반한 농악임을 인정함으로써 우리는 농악에 대한 본질적 이해를 촉구하고 이를 구체화할 수 있는 방안을 연구하는 것이 필요하다. 농악의 전망 역시 이 점에서 근거하고 출발하여 마땅하고 바람직한 사실을 드러낼 수 있다고 생각한다.

  현재 중요무형문화재로 지정된 농악은 모두 6가지이다. 이 전제에 대한 근본적 성찰을 필요로 한다. 이렇게 지정된 농악이 과연 온당한가? 두 가지 관점에서 이렇게 지정된 농악의 현상 자체에 문제가 있다. 첫 번째는 이들 농악이 과연 우리나라의 농악 전체를 대표하는 표본적이고 합당한 전형적 유형인가 하는 점에 근본적 문제가 있다. 그것은 그렇지도 않고 또한 타당하지도 않다고 하는 사실이다. 지역적으로 안배된 결과도 아니고, 우리나라 농악 전체를 대표하는 것도 더구나 아니다.

  강릉농악, 평택농악, 이리농악, 필봉농악, 진주·삼천포농악, 구례잔수농악 등이 과연 온당한 지정이었던가 하는 점에 대해 누구나 의문을 제기하고 회의적으로 반응하는 것 가운데 하나이다. 가령 당산굿유형, 판굿유형, 농사풀이유형 등으로 균형을 잡았던 것이라고 한다면, 이에 당연하게 첨가해야 할 사항은 두레풍장유형, 진굿유형 등을 적절하게 지정했어야 한다는 사실이다. 그래야 균형을 잡을 수 있었고 온당하게 평형감각을 유지할 수 있었다고 하는 점에 반론을 적절하게 지적할 수 없었다고 한다는 점을 상기할 필요가 있다.

  물론 지정 과정에서 특별한 문화적 환경과 조건 속에서 이루어졌던 점을 우리는 다시금 환기할 수 있다. 전국민속경연대회라고 하는 틀을 통해서 지정된 결과이기 때문에 농악의 쇠퇴에 임박한 것들이나 특수한 조건 속에서 놓여 있는 것들은 지정 과정에서 소외되거나 도외시되었을 것은 당연하기 때문이다. 그런데도 불구하고 현재 생긴 불균형은 그 자체로 심각한 문제가 아닐 수 없다.

  두 번째로 문제가 되는 것은 이들 농악의 지역유형적 근거와 의미가 희박하다고 하는 사실이다. 지역적 정체성의 대표적 목록으로 된 것은 현재의 상황이지만 당시의 지정 상황을 환기해 두면 이 문제가 결코 가볍게 통과될 수 없다고 생각한다. 일정하게 팔려 다니던 사람들의 작태가 빚어낸 결과가 있었으므로 지역적 정체성과 동떨어진 결과가 나왔다고 하는 점을 잊어서는 안될 것이다.

  엄격하게 지역적 정체성에 입각하고 있지 않다는 사실은 가장 심각한 문제이다.

1955년 제6회 영남예술제에 참여한 진주농악단

 어차피 형해만 남은 농악을 간신히 복구하거나 이를 전업으로 하는 사람들의 특별한 참여에 의해서 이루어낸 결과이므로 이 점이 여전히 문제로 남는다. 집단의 산물이고 공동체의 참여에 의한 것이라고 하는 자연스러운 유도가 이 문화재 지정에 올곧게 남아 있는 것은 아니므로 그 점에서 여전하게 의문과 회의가 있다고 하는 점은 가장 시급한 문제가 아닐 수 없다. 그러한 결과를 겸허하게 수용하고 이제 더 나은 타개책과 전망을 세우는 일은 성찰적 인간으로서 마땅히 해야 할 일이 아닐 수 없다.

 농악의 인류무형유산 등재를 필두로 하여 우리는 몇 가지 문제에 화급하게 다가서야만 한다. 공동체의 산물이므로 이 점을 여러 각도에서 전망해야 하지만 더 늦기 전에 현시점에서 보존에 최선의 노력을 다해야 한다고 하는 점을 잊어서는 안 된다. 보존이 우선되어야 하고 다음에 이를 근거로 하는 활용을 하는 것은 그렇게 나쁜 것은 아니다. 그랬을 때에 이러한 차원을 오랫동안 경험하고 현지조사에서 풍부한 예증을 남겨놓은 위대한 학자의 말에 주목할 필요가 있다.

농악이라고 하는 문화유산은 다음과 같은 사항을 고려하면서 보존에 대한 전망을 수립해야 한다. 그것은 농악 보존의 문제는 4중의 문제이다.[7] 무엇을 보존할 것인가? 누가 보존할 것인가? 보존하고자 하는 노력은 누구를 이롭게 할 것인가? 그리고 그 부작용은 무엇인가? 실질적인 과정에 대해 고민할 때마다 이 네 가지 질문을 항상 명심해야 한다. 마이클 오피츠의 견해는 매우 적절하고 유용한 말이다.

농악은 농악의 모든 것을 완전하고도 적절하게 보존해야 한다고 하는 점이 긴요한 과제이다. 농악의 개인과 집단, 문헌과 구전, 악기와 음악, 진풀이와 춤사위 등의 모든 것을 총괄적으로 정리하는 것이 바람직하다. 동영상과 음원, 농악인의 삶과 원형적 기록 등을 일관되게 정리하고 이를 중요한 기록으로 남기는 작업을 하는 것이 바람직하다. 그리고 훼손되지 않고 모든 것을 기록한 총체를 시대의 상황에 거스르면서 상업적 이윤으로부터 자유로운 것을 내놓아야 한다. 아울러서 이를 일반적으로 이해할 수 있는 결정판을 근간으로 정리해내는 일이 필요하다. 그렇게 해서 한국인이라면 누구나 알 수 있는 서적으로 만날 수 있도록 조달하여야 한다.

농악은 농악을 하는 사람들이 보존하는 것이 가장 긴요하다. 그렇지만 농악인들이 자신들의 총체를 보존하는 일에 앞장서야 하지만 그렇게 원활하게 이루어질 수 없다는 점은 누구나 알 수 있다는 생각을 할 수 있다. 농악은 농악인과 더불어서 농악을 연구하는 사람들이 서로 협조하거나 협업하는 일이 필요하다. 농악인과 농악연구자는 서로 우호적이면서 적대적인 관계를 유지해야 한다. 우호적이므로 자주 만나서 대화하고 작업을 해야 하지만 적대적이므로 서로 다투면서 일의 공과는 물

---

[7] Michael Oppitz, "Oral Traditions in Himalayan Shamanic Practice", *Discovery of Shamanic Heritage*, UNESCO, 1998, pp.35-53.
The question of preservation us forefold: What to preserve? Who is going to do it? Whom are these efforts to benefit? And what might be their side-effects? This fourheaded question needs to be kept in mind whenever one thinks about practical steps.

론이거니와 서로 의의와 한계를 비판적으로 점검하는 일이 필요하다고 하지 않을 수 없다.

 농악을 보존하고자 하는 노력은 누구에게 유용하고 이롭게 하는가 하는 문제는 거듭 제기될 수 있는 문제이다. 이윤 추구는 가급적 배제하는 것이 바람직하다. 농악이 돈이 될 수 있다고 한다면 이러한 형태로 남아 있지 않다. 오히려 사물놀이와 같은 것이 성공하고 실패한 것은 우리에게 많은 교훈을 주게 된다. 그렇게 해서 남은 것이 별로 없고 많은 부분에 독소만을 끼쳐서 많은 것들을 음울하게 만들어 놓았음을 잊지 말아야 한다. 농악은 농악이어야 하고 사물놀이처럼 영업적 이윤이나 특별한 목적을 갖게 되면 결과적으로 농악의 공동체적 목적에 이반하는 행위로 남게 될 것이다. 그러므로 농악은 농악인들에게 공동체적 기반을 지탱하는데 유용해야 한다고 하는 점을 잊어서는 안될 것이다.

 농악 보존 작업의 부작용은 없는 것인가? 분명하게 있다고 하지 않을 수 없다. 있기 때문에 이에 대한 끊임없는 회의와 반추가 필요하다고 하겠다. 농악의 부작용은 원형론과 변화론으로 요약된다. 농악의 공동체적 기반이 변화하는 궤적에 의해서 현대화되어 달라지는 점을 인정하면서 필요한 목적에 부응하도록 고안하는 일이 시급하게 요청된다. 원형을 주장하면서 이것을 고집하도록 보존 전략을 구성하는 것은 무리한 일이다. 원래의 형태를 고안하고 이를 부각시키면서 최소한의 변화라고 하는 궤적을 그릴 수 있도록 하는 것이 필요하다. 원형과 변형, 지속과 변화는 가장 시급한 과제이고 부작용을 최소화하면서 변화에 적응하도록 하는 것이 굉장히 필요한 작업이라고 하겠다.

 농악의 활용은 농악의 전망을 세우는데 가장 시급한 일일지도 모르겠다. 시대의 화두처럼 필요한 작업을 하고 이것을 구체화하는 작업이 필요하다. 일단 숨결을 틔워주는 일이 필요하다. 농악인들이 자신의 지역적 기반에 맞게끔 농악을 활용하는 전략과 전술을 모두 강구하는 일이 필요하다. 우리는 농악의 지역적 기반을 고려할 때에 전략과 전술, 전쟁과 전투, 기후와 날씨, 거시와 미시, 대국면과 소국면 등에 대한 고려를 하면서 농악의 활용을 기획하는 일이 필요하다.

농악의 축제일을 고려하는 것이 바람직하다. 일 년 가운데 가장 적절한 날을 골라서 대한민국 공동체가 끌어오를 만한 신명난 난장판을 만드는 일이 필요하다. 그날은 하루 동안이라고 해도 모두 우리나라 농악 전체를 모두 한꺼번에 볼 수 있는 축제를 구현해야 한다. 일본의 마츠리 가운데 미에현三重縣의 이시도리 마츠리와 같이 가장 떠들썩하고, 와자지껄하고, 터져 오르는 신명이 함께 하는 축제를 만들어야 한다. 그곳에 그날 가면 우리가 맛볼 수 있는 모든 농악의 면모가 있을 수 있는 일을 기획하는 것은 바람직한 일이라고 할 수 있다.

그러나 더욱 중요한 것은 특정한 고장의 농악을 중심으로 하는 바람직한 축제를 개설하여야 한다. 농악인들을 도모하고 이들을 독려하면서 이들의 깊은 고민과 우울함을 털어줄 바람직한 축제를 개발하고 이들의 경제적 지원을 통해서 함께 살아날 수 있는 신명을 자아내는 일이 가장 긴요하다. 교육적 기반을 제공하고 하나의 농악을 지역적인 전승과 보존, 활용으로 가져갈 수 있도록 하는 작업은 매우 주목할 만한 가치를 지닌다고 하겠다.

농악의 교육적 기반으로 가장 화급한 일은 초등학교, 중등학교 등과 연계한 작업을 하는 것이 바람직하다. 아마도 이 점을 거부하는 일은 농악의 인류무형유산등재를 무색하게 하는 작업이다. 자신의 소망대로 일을 하지만 여럿이 함께 모여 정서적 일체감과 함께 여러 행사에서 소속감이나 정체성을 유지하게 하는 것이 바로 농악이라고 할 수 있다. 이러한 기반 위에서 하는 농악의 정체성이나 일체감을 통해서 우리는 바람직한 미래를 설계하고 공동체적 장을 유지하는 근간을 이룰 수 있다.

한 지역의 특정한 사례를 중심으로 하여 본다면 강릉농악경연대회, 김천빗내농악경연대회, 고창농악축제 등이 가장 적절한 사례라고 할 수 있다. 이들 농악대회에서는 특정한 시군단체의 모든 사람들이 참여하여 일정하게 경연을 하는 미풍양속을 구축하였다. 강릉농악은 동대항의 대회를 주도하고 일제강점기부터 있어온 행사를 지속하고 있다. 김천의 빗내농악은 경연대회 형식이지만 상금은 없고 모든 21개 면·동이 참여하여 치열한 경쟁을 하루 한 날에 벌인다. 이와 달리 고창축제는 군에서 모든 동네가 참여하여 함께 축제를 즐기는 일을 도모하고 있다.

한 지역의 농악을 빛나게 하는 것은 바로 다른 지역과의 연대이다. 다른 지역의 농악대의 가장 색다르고 이상한 것을 중심으로 하여 자극을 받고, 가장 유사한 것을 통해서 차별화되는 전략 속에 다양한 인적 교류를 하는 것이 바람직할 것이라고 생각한다. 농악의 대동소이를 가장 철저하게 지켜나가면서 스스로의 정체성과 독창성을 유지하는 비결을 키워나가는 것이 바람직할 것이다. 대동소이의 관점을 통해서 우리는 농악 자체에 대한 기대와 여망을 저버리지 않고 바람직한 전략과 전술을 구현해나갈 수 있다고 생각한다.

이들을 가능하게 하는 것은 결국 정부와 자치기관의 전폭적이고 슬기로운 지원이 없이는 불가능하며, 농악인들의 노력만으로 되는 일은 아니다. 분배의 정의를 실현하고 공유의 미덕을 되살리면서 편견 없는 사회적 인식을 구현하는 작업이 이루어져야만 한다. 이러한 작업을 도외시하고 안중에 두게 되면 결국 모처럼만의 개가와 승리가 쓰라린 패배로 되돌아올 따름이다. 농악인들 역시 부당한 처사를 일삼으면서 정치적인 숫자놀이에 가담하는 것은 진실로 바람직하지 않다. 지자체 단체장과 일정한 거리를 두고 시민들의 전폭적 지원을 이끌어내는 희생과 봉사가 더욱 중요하다고 할 수 있다. 그것이 우리 농악이 공동체적 기반을 훼손하지 않는 일이라고 감히 주장한다.

문화재청 무형문화재과, 특정 도문화재과, 특정 시문화재 문화재 담당자들이 스스럼이 없이 찾아오게 하는 농악보존회의 집중력과 지도력을 발휘해야 한다. 그것이 유일하게 상생할 수 있는 터전이고 공동체적 정신을 잃지 않는 바람직한 노력이라고 생각한다. 이들에게 목을 매게 되면 결국 타성에 젖어서 그대로 주저앉아 남이 주는 것에 의존하게 되는 불행함이 싹트게 된다. 그러므로 농악후원회를 결성하고 협찬회를 조직하여 농악인들의 지역이나 지방 축제를 가능하도록 조성하는 것이 가장 시급한 문제이다. 행정기관에서 예산을 따게 되면 그것은 지방 재정을 좀먹는 악덕의 순환 고리를 가질 뿐이다.

시민 스스로 참여해서 기쁜 신명을 공유하면서 한 해를 살아가는 즐거운 마음을 주어야만 하는 사명감이 농악인들과 공동체의 일을 조성하게 되는 작업 근간임을 잊어서는 안된다. 돈을 쓰는 것 가운데 가장 좋은 것은 교육에 투자하고 신명나는 일에 투자하는 것이다. 버려서 아깝지 않은 돈이 되도록 하는 작업이 가장 절실하게 필요하다. 농악인들이 그러한 마음으로 출발하였지만 외인구단이 많은 고장에서는 언제나 토박이 농악인들이 전전긍긍하는 일이 절실하게 빚어지게 된다. 그러므로 함께 하는 공유와 분배, 두레와 나누메기의 정신이 가장 필요한 일이 될 수 있다.

4. 『농악』의 인류무형유산등재 과제와 전망

인류무형유산 등재의 과제와 전망에 대한 논의를 이제 본격적으로 할 필요가 있다. 등재는 시작에 불과하고 동시에 이것이 끝은 아니기 때문이다. 거간꾼들을 멀리하고 실제로 농악에 종사하는 사람들이 무엇을 해야 할지에 대한 깊은 반성과 고민을 이제부터 시작해야 한다. 그렇게 하기 위해서 몇 가지 요목으로 이를 나누어서 서술하면서 문제의 핵심이 드러날 수 있도록 하는 전망을 새삼스럽게 해야 한다.

① 우리나라 농악 자산의 효율적 관리와 실태 파악의 필요성

국립무형유산원이 생겨서 많은 일을 할 것 같아도 이미 해오던 과업과 예산이 한정되어 있어서 일을 못할 수 있다. 민관이 합쳐서 가장 시급하게 해결해야 할 일이 무엇인가? 그것은 우리나라 농악의 자산관리를 하여야 한다. 자신들이 이룩한 유산을 알지 못하고 방치하는 것은 어리석은 일이다. 그 작업이 한정되어 있다고 하더라도 작업을 체계적으로 진행하면서 가장 먼저 해야 할 일이 유산의 양과 형태를 파악하는 것이다. 현재 유산의 양과 질을 온전하게 알지 못한다고 하는 것이 이 작업을 해야 할 적극적인 이유 가운데 하나이다.

그 작업은 흔히 국내와 국외로 구분할 수 있는데 과연 이러한 작업의 정당성을 말하는 것은 어리석은 일이다. 하루가 달리 시급하게 하면서 자산의 규모와 형태를

정리하면서 이를 체계적으로 하는 일이 급선무이다. 그 작업의 적임자를 선발하면서 이들의 일을 도모하는 것이 가장 중요한데 그러한 작업의 시급한 성과를 올리고 이 작업의 유용한 방식으로 농악의 등기registration 수립을 하는 것이 가장 중요하다. 국외의 자료를 중국, 일본, 미국 등지를 모두 포괄하여 하는 작업은 장차 한시가 급하다고 할 수 있다. 국외의 농악은 저마다 성격이 다르고 의미도 다르다고 할 수 있다.

② 농악의 중요무형문화재 · 지방문화재 · 향토문화재 상호관계 재정립

농악에 차별성이 있다고 하는 견해와 농악에 차별성이 없다고 하는 것이 가장 중요한 논쟁거리이다. 명백하게 말한다고 한다면, 농악의 유산에는 차별성이 없고, 농악의 예술성에는 차별성이 있다고 하는 견해가 타당하다. 그런데 동일한 예술성을 지니고 있는 것들과 함께 둘 사이의 차별성을 지니고 있는 것은 온당하지 못하다. 농악에는 차별성이 존재하지 않는다.

그런데 작금의 사태를 본다면, 농악에 차별성이 있으므로 이를 우리는 교정하고 완전한 관점에서 재론해야 마땅하다. 문화재 정책과 제도의 측면에서 이를 달리 보고 문화재의 자산적 가치로 본다면 이는 마땅하게 서로 함께 대등한 관점에서 다루어야 한다. 그러한 문화재적 관점의 자산과 의미를 분명하게 공유시키는 것이 필요하다. 그러한 작업이 아니라고 한다면 앞으로 문화재적 정책의 난맥상만이 존재할 우려가 크다. 상호관계를 재정립해야 한다. 그렇기 때문에 해야 할 일이 너무나 많다고 하겠다.

③ 농악연구소의 설치, 농악학 학문의 기여와 정립

농악연구소를 설치하고 본격적인 농악학의 터전으로 삼고자 하는 노력이 필요하다. 그러한 농악 연구의 본산을 국립대학교에서 먼저 시도한 것은 다행스럽다. 2015년에 선제적으로 전북대학교의 "농악/풍물굿연구소"를 수립하였는데 농악학의 본보기적 예증이며, 농악연구소의 적절한 사례이다. 창조적인 일이 될지 아니면 시

류에 영합한 단발성의 연구에 그칠지 아무도 장담할 수 없다. 예산과 집행, 실제 연구의 활성화가 관건이라고 할 수 있다.

그런데 농악의 연구를 한 곳에 맡겨둘 수 없으며, 국가기관과 국립대학을 넘어서는 여러 가지의 농악연구소가 수립되어야 한다. 연구 인력이 불필요한 것 같아도 사실은 그렇지 않다. 국립문화재연구소나 국립무형유산원이 그러한 연구 기능을 대행할 수 없다. 장차 큰 연구를 위한 일정한 기여와 정립을 필요로 하기 때문에 이러한 작업의 전반적 논의를 필요로 한다.

④ 우리나라 농악 연구의 확대와 심화, 그리고 비교 연구

농악연구소뿐만 아니라 농악 연구자들이 주목하고 연구해야 할 핵심적인 것들이 바로 농악 연구의 확대와 심화, 그리고 비교 연구 과제에 대한 전망이라고 할 수 있다. 일정한 테제로서 작업을 상정하고 이를 구체적으로 제시하면 다음과 같다.

④ 1. 농악의 전국적 전수 조사 및 귀납적 연구
④ 2. 농악과 굿의 통합적 연구
④ 3. 포괄적이고 총괄적인 연구의 시야 확보
④ 4. 농악의 미학적 형식, 신명풀이의 미학적 과제
④ 5. 서아프리카/동아프리카, 유럽, 인도아대륙, 인도네시아, 미크로네시아, 폴리네시아, 멜라네시아, 오세아니아, 북아메리카, 남아메리카의 타악기와 타악 비교

⑤ 농악의 교육적 체계화 작업

이론 수립은 단순한 도달점이 아니다. 새로운 형식을 통해서 이를 교육적 체계화의 작업으로 확대하는 것이 이상적인 안이라고 할 수 있다. 그 작업을 위해서 할 수 있는 것은 초등학교 이전부터 평생 교육으로 하는 것이 바로 이 작업의 핵심이라고 할 수 있다. 과연 이러한 농악 교육이 현장에서 가능할 수 있겠는가 하는 작업을 중요하게 재인식하고 확장할 필요가 있겠다.

⑥ 농악축제의 새로운 형식 창출

지자체의 축제와 연동되지만 그것을 넘어서는 새로운 형식의 창안이 긴요하게 요구된다. 농악만을 볼 수 있는 축제를 하는 것이 이상적인 방안이다. 농악을 온전하게 관람하고 완판 공연을 시도하고 이를 통해서 보람을 찾고 신명의 이상을 공유하는 것이 바람직한 결과이다. 그렇게 하는데 있어서 작업의 실효와 축제의 만끽을 할 수 있는 작업이 무엇인가 두고두고 고민해야 할 판국이다. 하루 생활권과 일상의 삶으로 이를 형식적으로 갈무리할지 진지한 모색이 시작되었다. 축제를 농악축제로 하는 방안이 무엇인가?

⑦ 예증: 평택농악의 실제 사례 분석과 모색

이제 농악이 인류무형유산으로 되는 것을 계기로 하여 모처럼 발언의 기회를 가졌으니 적극적으로 나서서 굳센 말을 해야만 한다고 결정했다. 평택농악의 문제를 인지하면서 이를 통한 공유의 장에서 지혜가 합쳐지기를 기대하며 몇 가지 말을 덧보태서 마무리 말을 삼고자 한다.

농악 역시 사람이 하는 일이다. 사람들이 일을 하다 보면 실수도 하고 예상치 않은 잘못을 만나게 된다. 평택농악이 직면하는 고민이 있다면 그것이 곧 사람이 만든 것이고, 이를 수습할 수 있는 방안 역시 사람만이 해결하는 것이라고 하는 점을 잊어서는 안 된다. 나라가 경제적으로 어렵고 고민이 많아도 삶을 지속해야만 한다는데 이견을 달 사람은 없을 것이다. 평택농악을 사랑하는 사람들이 모두 나서서 이를 수습하고 바람직한 방향을 수립하면서 인류무형유산의 지정된 기쁨을 공유할 수 있도록 분위기를 조성해야 한다.

필자가 아는 한에 있어서 평택농악의 경우처럼 외부의 인재를 키워서 경제적으로 후원하는 제도를 조성하고 이를 북돋아주는 곳은 오로지 평택시뿐이 없다고 알고 있다. 이례적이고 특별한 제도이다. 그렇지만 이 제도는 준열한 채찍질과 엄격하고 직절하게 관리하고 감독하는 일을 해야만 한다. 그러한 작업은 사람들의 지혜를 모으면 가능하고, 이들 단원들에게 연주와 연구의 기회를 균등하게 주는 것이 평택농

최은창 보유자

이돌천

악의 바람직한 미래를 건설할 수 있도록 하는 것임을 새삼 알 수 있다. 평택농악의 명운이 여기에 달려 있다.

그러나 평택농악은 평택농악 종사자들만이 하는 작업은 아니다. 그것이 종종 마찰을 일으킬 수 있다. 하루 종일 온 거리를 통제해 놓고 모여든 사람들이 신명나게 한판 놀 수 있도록 평택농악의 진수와 맛을 볼 수 있는 곳으로 만들어 놓지 못하고 있다. 다시 말해서 평택농악 사람들이 참여하고 외지 사람들이 동참하는 기간 장치가 없으며, 제도적 기획이 전무하다고 생각한다. 그저 하루 소비되고 임시적인 땜빵으로만 이어지는 공연 위주의 구성, 한번 쓴 것을 재활용하지 못하는 평택농악의 존립 근거는 취약하다고 하겠다. 시민들이 참여하지 않은 불행을 청산해야 한다.

더 큰 문제가 있다. 그것은 평택농악이 판굿 위주로 짜여져 있으며, 공연 시간을 런닝 타임 한 시간을 채 넘기지 못한다고 하는 사실이다. 그것은 아마도 전국의 중요무형문화재로 지정된 6대농악 모두에 해당하는 것이기도 하다. 원래의 길고 오랜 형태의 연행과 연행 맥락을 모두 상실하고 기능 위주의 노력으로만 치달아서 생기는 문제가 평택농악에서 극심하게 드러나고 있다는 것이다. 오로지 필봉농악 정도만이 이 위험에서 벗어나 있다고 판단된다. 그 이외의 농악에서 과연 그러한 극복 가능성이 있고 오로지 자신들만의 독자적 구성에 의해서 농악의 연행 시간을 확장할 수 있는지 반문하고 싶다.

우리가 그것을 완판 평택농악이라고 지칭하는 것이 허락된다면 현재 완판의 평택농악을 상실하게 된 것은 커다란 불행이다. 30분 내지 40분으로 최적화되어 있는 공연시간은 일종의 마의 문턱이라고 할 수 있다. 단원을 늘리고 이를 안정적인 경제적 지원을 한다고 하더라도 현재의 변화된 궤적에도 불구하고 새로운 차원의 원형을 갖추지 못하고 임의적인 방식의 이상한 공연만을 하는 것은 납득하기 어려운 처사이다. 무엇을 어떻게 늘릴 것인지 그 고민을 진지하게 하면서 옛 선현의 길에서 의미를 찾아나서는 작업이 긴요한 과제이고, 평택농악이 살아날 길이다.

삼무동　　　　　　　　　　삼무동

새미던질사위

228 경기도 토박이 농악

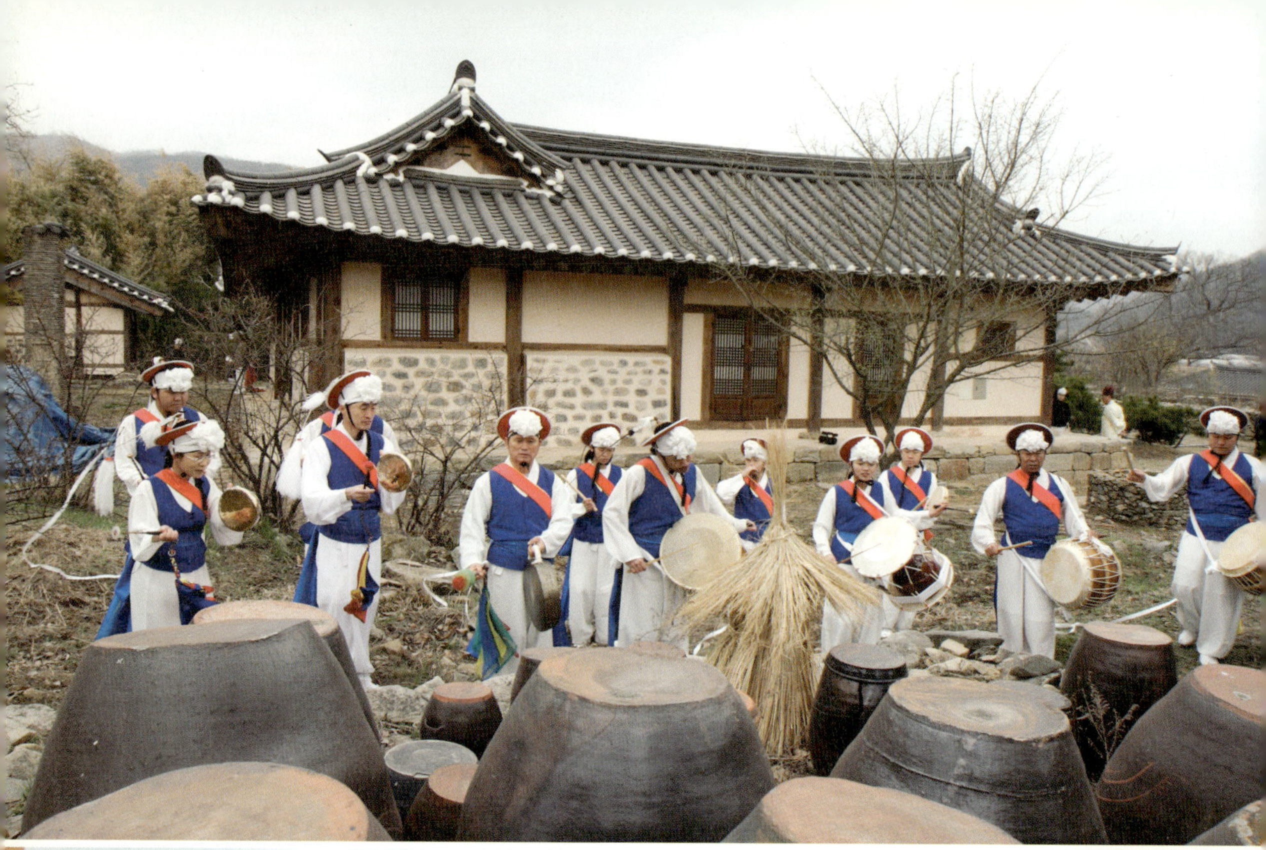

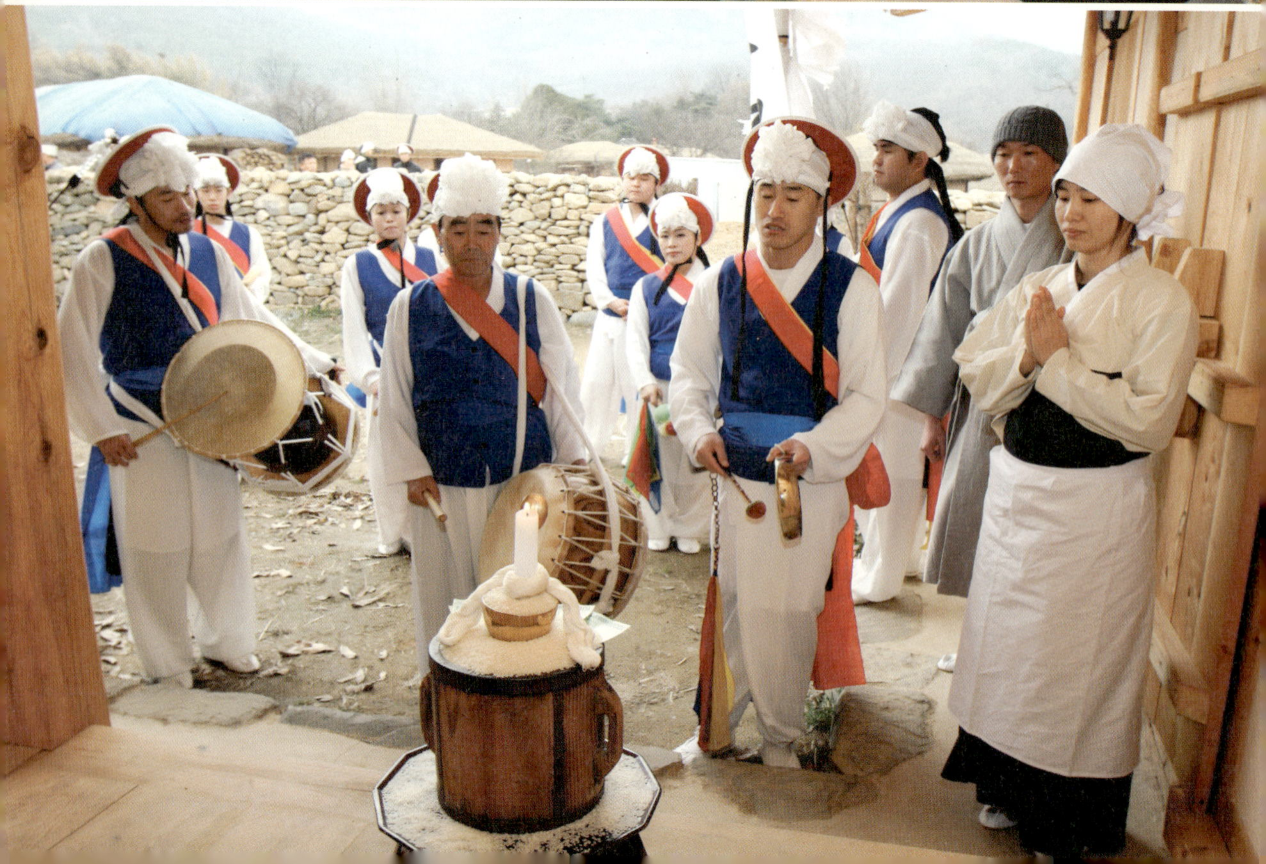

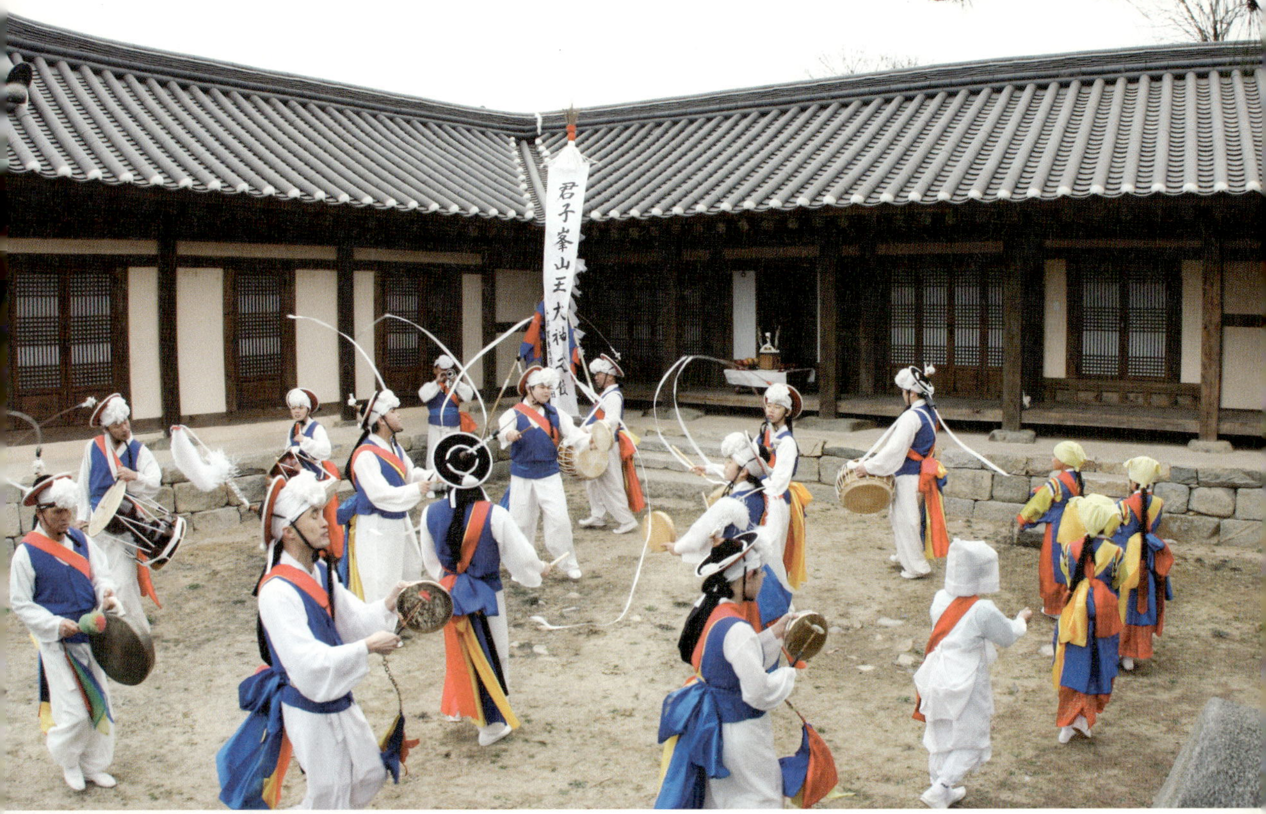
君子峯山王大神

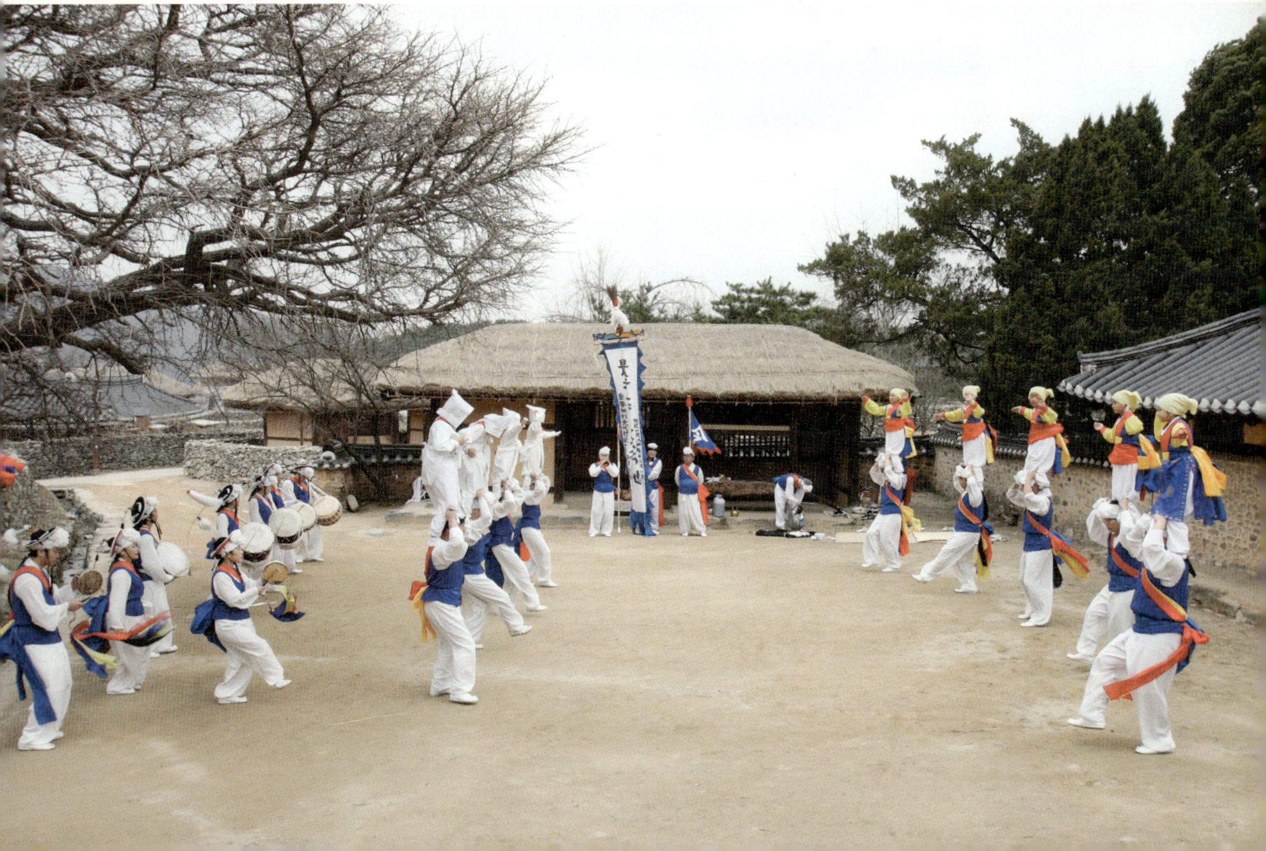

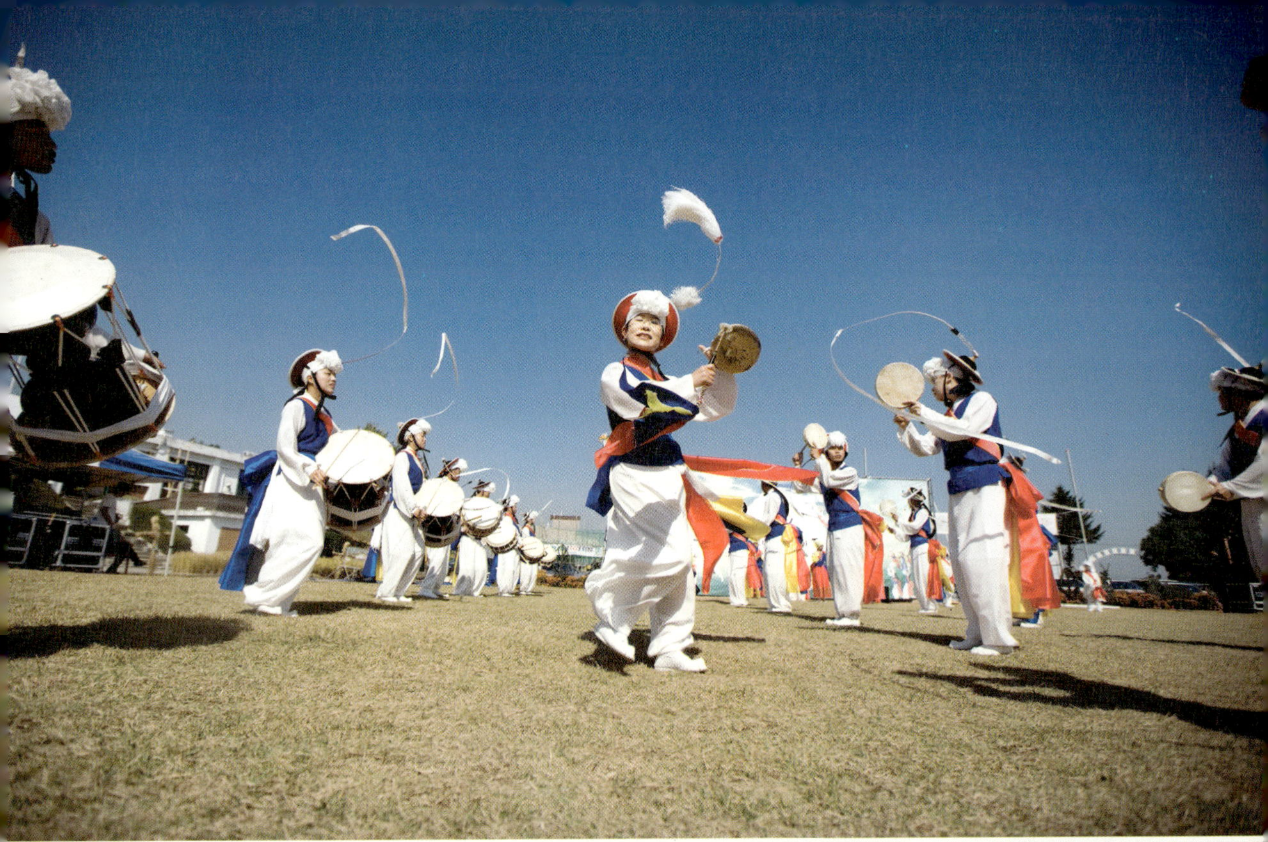

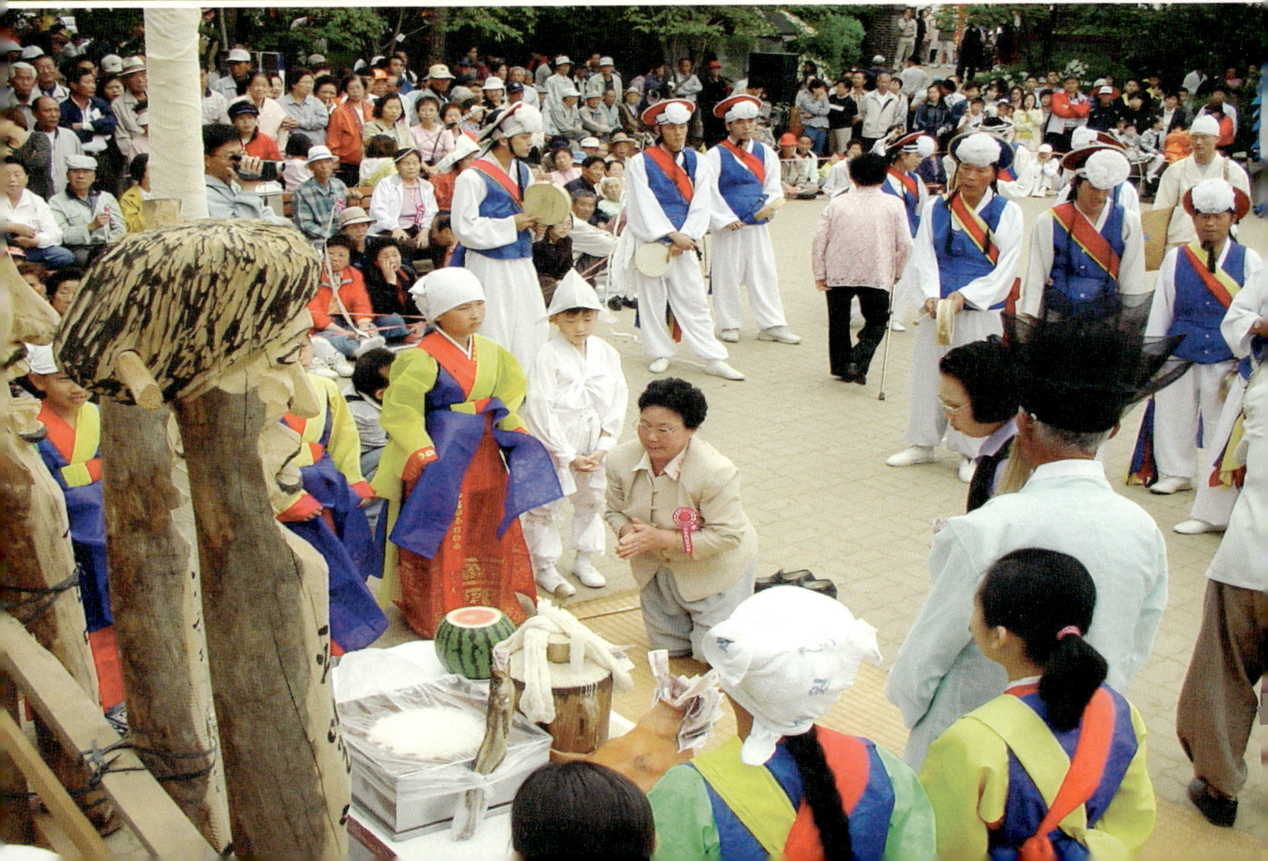

8장 한국농악의 세계인류무형문화유산 등재와 평택농악

8장 한국농악의 세계인류무형문화유산 등재와 평택농악

8장 한국농악의 세계인류무형문화유산 등재와 평택농악 241

뒷풀이:
경기도 토박이 농악의
가치와 의의

경기도 토박이 농악은 세계무형유산에서 매우 독자적인 위치를 차지한다. 가락의 역동성과 가락에 맞추어서 놀이를 하는 그 자체의 폭발적이고 충동적인 놀음새는 다른 지역의 타악에서 찾아볼 수 없는 고유성을 지니고 있기 때문이다. 그러나 더욱 중요한 사실은 농악은 본래 주술적인 기능을 하면서 농악이라고 하는 기반 위에서 출발하였다고 하는 사실이다. 농악의 체계적인 가치를 규명하고, 한국농악의 세계무형유산 속에서 차지하는 비중을 규명하는 작업이 필요한 것은 이러한 양면적 가치 때문이다.

경기 토박이 농악은 고유한 가치를 지니고 있다. 역사적으로 오래되었을 뿐만 아니라, 한국인의 정서와 미학적 전통 속에서 파생된 것이므로 우리 고유의 가치를 인정할 수 있다. 한국농악은 고대시대의 창조가 현재까지 지속된 결과일 뿐만 아니라, 오늘날까지의 역사적 변천을 온전하게 반영하고 있어 더욱 소중한 가치를 지닌다. 이러한 한국농악의 진정한 가치를 발현하고 그 소종래를 증명하는 일에 우리가 그간 소홀했음을 인정하게 된다.

경기 토박이 농악은 동아시아 문명권의 중요한 기반과 근거를 가지고 있으면서 한국의 민중문화와 민족문화를 창출한 중요한 원천이자 공급원 역할을 해오고 있다. 과거의 문헌에서도 그 점이 긴밀하게 관찰되고 기록된 바 있다. 한국농악의 민중적 창조와 민족적 창조는 여러 각도에서 점검해야 할 사안이겠으나, 여러 차원과 층위에 의해 한국농악은 그 가치를 발현해오고 있다.

경기 토박이 농악은 경기지역에 국한되지 않고 한국 고유한 예술성과 미학을 온축한 대상이면서 세계적으로도 고유한 가치를 구현하고 있는 대상이라고 하지 않을 수 없다. 한국농악은 세계 농악의 중심지 노릇을 하면서도 동시에 타악의 모범적인 사례로써, 세계에서 타악기가 지니고 있는 공통적 기반 위에서 진정한 한국농악의 가치와 의의를 체현하고 발현한 바가 있다. 우리는 그 지점 위에서 한국농악의 예술적 가치를 새삼스럽게 증명하는 작업이 필요하다.

그렇게 하기 위해서 필요한 것은 내적 성찰과 함께 외적 비교 연구도 동시에 진행하여야 한다. 특히 농악의 성격에 대한 기본적 고찰을 여러 차원에서 다시 해야 하고, 아울러서 농악이 지니고 있는 진정성을 통한 연구의 의의를 제고해야 한다고 생각한다. 비교 연구와 미학적 탐구를 동시에 진행할 때에 한국농악의 가치와 예술성을 입증할 수 있을 것이라고 판단된다.

한국농악의 가치와 예술성을 논하기 위해서 번다한 논쟁을 하는 것은 옳지 않다. 농악의 핵심이 무엇이고, 그것이 지니는 가치와 의의가 무엇인지 논의하면서 연구를 장려하는 것이야말로 필요한 작업이라 하겠다.[1] 우리는 사실 위주의 고증을 중심으로 실증주의적 연구를 진행함으로써 농악의 본질이 무엇인지 알지 못했던 것은 아닌가 하는 의문을 갖게 된다. 자료를 막연하게 고증하고 사실을 늘어놓는 것에 치중하다 농악의 진정한 가치에 대한 탐구를 소홀하게 했음이 드러난다.

경기도 토박이 농악은 떠돌이 농악과 만나는 첨단의 경계면 지역이었다. 적어도 이러한 상황은 금세기 이전인 20세기까지 자명하게 드러나는 공통적인 현상이었다. 안성 남사당패의 심각한 도전이 경기도 토박이 농악에 절대적인 자극을 주었으며 이를 수용하고 변화한 쪽도 있고, 이와 달리 이를 거부하고 지켜낸 쪽이 있다. 남사당패와 같은 집단이 전국적으로 돌아다니면서 매우 이례적인 영향을 끼쳤지만 경기도 토박이 농악과 떠돌이 농악을 양립하고 있는 것은 이례적인 현상이다.

---

[1] 현재까지 나온 2010년대 전후에 연구된 박사학위 논문을 보면 이러한 편향성과 정향성을 쉽사리 알 수 있다.
이영배, 「호남 지역 풍물굿의 '잡색놀음' 연구」, 전북대학교 대학원 박사학위논문, 2006.
권은영, 「20세기 풍물굿의 변화 양상에 관한 연구」, 전북대학교 대학원 박사학위논문, 2008.
김정헌, 「호남좌도농악연구」, 전북대학교 대학원 박사학위논문, 2008.
송기태, 「전남 남해안 마을풍물굿 연구」, 목포대학교 대학원 박사학위논문, 2011.
박흥주, 「전라남도 해안·섬 지방의 풍물굿 군고(軍鼓) 연구」, 경희대학교 대학원 박사학위논문, 2012.
시지은, 「호남 우도농악 판굿의 구성 원리」, 경기대학교 대학원 박사학위논문, 2012.
박혜영, 「잡색의 연행과 전승이 지닌 풍물사적 의미」, 안동대학교 대학원 박사학위논문, 2013.
양옥경, 「호남 우도농악 판굿의 음악구조와 구성 원리」, 한국학중앙연구원 한국학대학원 박사학위논문, 2014.

경기도의 북부와 경기도의 남부가 서로 대결하면서 토박이 문화에서 특정한 국면을 돌출하고 이 현상이 경기도 북부에서 강원도 영서 지역과 영동 지역까지 올라가면서 서로 대립하고 충돌하는 것은 이례적이라고 할 수가 있다. 그 지점에서 경기도의 토박이 농악은 우리나라 중부와 남부, 영동과 영서 지역의 전체를 아로새기는 문화적 충돌지점이고 역동적인 요소였다고 판단된다.

경기도 토박이 농악의 존재 양상은 서낭굿과 떠돌이굿으로 갈라진다. 둘은 매우 유사한 성격이 존재한다. 왜냐하면 서낭걸립의 전통이 떠돌이 농악패의 전통으로 전환되었기 때문이다. 그렇기 때문에 붙박이와 뜨내기라고 하는 대립이 있다. 이와 달리 세시절기로 하는 호미씻이와 거북놀이굿으로 갈라진다. 농번기와 농한기라고 하는 요소가 대립한다. 그렇기 때문에 경기도 토박이 농악의 전반적 면모는 이와 같은 요소로 모두 수렴된다. 경기도의 토박이 농악은 다음과 같이 정리된다.

서낭굿과 두레굿은 아주 오랜 전통 속에서 그 기원이나 실상이 오래된 것이다. 거북놀이굿 역시 기원은 오랜 것이고, 농사굿에 기초한 것이기도 하다. 특히 음력의 농사세시력에 근간을 두고 있다고 하는 점에서 두레굿과 거북놀이굿의 기원은 오랜 것임을 확인하게 된다. 서낭굿은 낭걸립의 전통 속에서 형성된 것으로 이 걸립굿의 전통이 떠돌이패의 판제굿을 형성한 것이다. 사회적 변화와 함께 걸립굿을 전문적으로 감당하는 패거리가 등장하면서 세련된 예능을 통해서 토박이 농악을 새롭게 연주하였다. 경기도 토박이 농악은 다면적 관계를 보여주고 우리나라 농악 이해의 단초를 제공하고 있는 점에서 주목되는 농악의 사례를 보여준다고 할 수 있으며, 고유성과 지역성을 가장 두드러지게 가지고 있는 농악이 되는 점을 재발견할 수 있다.

[부록] 1. 경기도 토박이 농악의 현지 조사 자료

광명시 광명 농악

일시: 2015년 9월 3일 13시~14시
장소: 광명문화원 내 광명농악보존회 사무실
제보자: 임웅수(53세, 1962년 임인생)

임웅수

임웅수는 1962년 10월 충남 연기군(현 세종시)에서 태어났다. 어린 시절부터 농악을 시작한 그는 16세에 공주농고(43회 졸업)에서 정인삼 선생을 만나면서 본격적으로 농악에 입문하게 된다. 민속촌농악단에서 활동하다 군대를 전역한 후에 박병천, 김복섭 선생에게 사사한다. 1986년 마당풍물놀이를 창단하여 8년간 활동을 한다.

1991년부터 광명농악 발굴에 참여하여 2002년에 전수교육조교에 선정되었고 2012년 예능보유자에 지정된다.

광명농악

광명시는 서울을 중심으로 서남지역에 위치하고 있으며, 시흥현에서 시흥군으로,

다시 광명시로 행정구역이 재편된 역사를 지니고 있다. 이 지역에서 농악은 임진왜란 후인 450년 전부터 시작되었다고 전한다. 구름산 도당굿(또는 도당놀이)을 할 때 농악이 같이 이루어졌다. 본격적인 굿에 앞서 길놀이를 하여 정갈하게 하고 도당할머니와 도당할아버지를 모시고 내려와서 농악을 한 판 놀았다고 한다.

전형적인 농촌마을인 노하리, 철산리, 학원동은 원래 두레농악이었다. 1960년대에 이르러 재능을 가진 분들에 의하여 경기농악과 흡사한 묘기에 가까운 판굿인 연예형태가 유입되었다.

계보

유인필, 구형서, 김석남이 있다. 대표적인 인물인 유인필(?~2006)은 천안에서 태어나 남사당농악에서 쇠를 맡았었다. 1970년대 영등포로 이사를 온 후부터 광명농악과 교류를 가졌다. 1981년 철산동으로 이주하여 광복아파트에 거주하며 광산노인정에서 농악을 하였다. 그 당시 쇠잡이로 광명농악에 합류하게 되었다. 그는 칠채, 쩍쩍이, 두마치 등을 연주하였다. 그는 쇠채의 꽁이를 고무로 사용하였다. 이로 인해 살살 달게서 부드럽게 굴리는 가락이 많았다.

보존회 내력

1991년부터 임웅수가 주축이 되어 발굴이 시작되었다. 광명농악에 관해 당시 구영서(생존 시 100세)와 유인필이 고증을 해주었다.

1994년 경기도 민속예술제에서 대상 수상

1995년 공주에서 열린 제36회 한국민속예술축제에서 국무총리상 수상

1997년 9월에 경기도 무형문화재 지정. 유인필 초대회장

1998년 광명농악보존회 창단

1997년 충현고 전수학교로 시와 결연

1998년 광명시 내 18개동(광명1~7동, 철산1~4동, 하안1~4동, 소하1~2동, 학원동)에 농악단 동시 창단

2010년 광명시립농악단 창립하여 전승의 기틀 마련
2014년 한국민속예술축제에서 학생부 대통령상 수상

창립 이후 초대회장은 유홍무, 2대 송중호, 3대 조상욱, 현 4대 장병환으로 이어진다. 장병환은 덕수 장씨로 임진왜란 후에 정착하여 9대째 광명에 거주하였던 인물이다. 현재 사당이 철망산에 있으며, 10월에 시제를 모신다고 한다.

공연
정월대보름축제 6회
광명농악대축제 8회 예정. 학생농악경연대회와 18개동 농악경연대회 개최

발굴
1) 아방리 줄다리기와 아방리 농요를 발굴하여 민속예술축제에서 입상
2) 구름산도당굿 및 도당놀이 발굴: 김선화 할머니가 50년 전 신내림을 받고 도당굿을 유지하다가 전승단절. 1993년에 발굴하여 현재 원이쁜 무녀와 김갑윤 무녀가 담당
3) 철산리 쇠머리 디딜방아 액막이 놀이: 3년 전부터 발굴 시작. 모세리 3거리에서 남쪽으로 보면 소머리 형상이며, 장티푸스 등의 역병이 돌면 이웃 마을의 디딜방아를 모셔다(훔쳐다) 놓으면 병이 사라진다는 데서 유래. 낫, 소시랑, 여자 피 묻은 속옷 등이 쓰이며, 붉은 팥을 뿌리며 역병을 물리침. 디딜방아가 여자의 신체를 거꾸로 세운 형상이라는 점에 착안해서 제액의 상징성을 가지게 된 것으로 추정.

치배구성
용기 2
영기 2

농기 1
오방기 5
쇠 3~4
징 2~4
장구 4~6
북 4~6
소고 8~12
피조리 6~8
세미 1
잡색: 중, 할멈, 아낙, 대감, 대포수
태평소 1

가락
덩덕궁이: 삼채
자진가락: 두마치 또는 이채
칠채
육채: 마당일채
굿거리
올림채: 끌어올리고 좁히고 땡겨올린다는 의미를 지니는 가락으로 덩덕궁이로 넘기는 역할을 함.
쩍쩍이
좌우치기

놀이
굿머리(청음굿)
인사굿

돌림법구
앞당산
칠채(오방진)
뒷당산
가세치기, 십자놀이
사통맥이
원좌우치기
네줄백이 좌우치기
쩍쩍이
굿거리
허공치기
개인놀이 상공놀이
채상소고놀이
장구놀이
북놀이
열두발놀이
무동놀이
맺음굿
인사굿

개인놀이는 쇠-북-채상-무동-12발 순으로 진행

무동놀이
단무동 2층
3무동은 3층으로 회초리무동이라 호칭
5무동은 옆구리에 위치하며 곡마동이라 호칭

7무동은 앞뒤로 위치하며 꼰도무동으로 호칭. 꼰도는 최은창의 증언에 따른 것이며 앞꼰도 뒷꼰도라 함.

복색

원래는 고깔을 썼으나, 관리가 어려워 상모를 사용하게 되었다. 상모는 나비상인데, 어깨 안으로 들어오는 짧은 것이다. 하지만 현재는 멋을 위하여 소고치배는 긴 상모를 사용한다.

기수와 태평소는 고깔을 사용한다. 근래에 들어 패랭이를 쓰기도 하는데, 이는 관리의 편의성을 위한 관리를 위한 변칙적인 방법으로 보인다.

특징

상쇠를 상공이라고 부름. 이는 무녀들이 높여 부르는 호칭이며, 띠 수여식을 통해 오색띠를 둘렀다고 함. 당산놀이가 길어서 1부와 2부로 나누어진 구성.

* 취득 자료
1) 영상자료: 경기문화재단 제작
2) 자료집: 광명농악의 이해와 경기농악
3) 회원명단

군포시 둔대농악

일시: 2015년 9월 15일 15시 30분 ~ 17시
장소: 둔대농악보존회 사무실(군포시 둔대동 216 둔대노인정 2층)
제보자: 심상곤(1931년생, 상쇠) 011-9955-1877

심상곤

심상곤은 둔대지역의 토박이로 11대조의 묘소가 있으며, 약 300년 이상 정착하고 있는 집안의 자손이다. 17세에 부쇠를 하였다. 그는 쇠가락은 외에 소리에도 능하다. 방아타령, 고사반을 보유하고 있다.

둔대농악

둔대지역에는 두레와 호미걸이에서 농악이 수반되었으며, 지신밟기도 이루어졌다.

1) 두레

두레는 일종의 품앗이 방식이었다. 논김매기를 할 때 두레가 이루어졌다. 김매기는 세 번을 매는데, 처음 애벌과 두 번째 두벌을 호미로 세 번째 훔치기는 손으로 하였다.

두레에서는 농기, 잽이꾼들이 농악을 하였다. 농기는 농자천하지대본이 쓰인 깃발이며, 잽이는 꽹과리 2명, 제금, 징, 장구, 북, 호적 각 1명씩으로 구성되었다. 잽이, 즉 악기를 두는 곳에 모여서 일터로 출발을 하였다. 농악은 점심식사 후나 쉬는 시간, 일하러 갈 때와 일을 마치고 동네로 들어올 때 주로 연행되었다. 일을 마치고 일한 집에서 놀기도 했다.

두레싸움이 있다. 마을의 기가 있는 곳을 통과할 때 통과하고자 하는 마을의 두레가 점고를 울린다. 이때 상대편이 받지 않으면 두레 싸움으로 이어지기도 한다. 승패가 가려지면 진 편의 기를 같이 묶어둔다.

2) 호미걸이

호미걸이는 일종의 대동놀이로 김매기가 끝나는 음력 7월에 행해진다. 동네 돈으로 장만한 술과 음식을 나누며 이웃 간의 우애를 다지는 행사로 호미걸이는 70년대까지 계속되었다. 호미걸이에서 농악놀이가 벌어졌다.

3) 지신밟기

보통 정월 대보름 때인 14~15일에 운수대통을 기원하며 집을 다니며 고사반을 하였다. 마을에 따라서는 초하루부터 보름까지 혹은 2월 초에 지신밟기를 하는 경우도 있었다. 방문한 집에서는 떡국을 대접한다. 얻어진 쌀은 마을의 공동기금으로 사용한다.

4) 명절

추석 등의 명절에도 농악을 하였다. 그 때는 흥에 겨워 가락을 자유롭게 연주하였다.

계보

〈자료집〉

상쇠: 김계득 - 김금동 - 방태순 - 심상곤

〈증언〉

이상춘: 심상건의 스승님으로서 둔대농악대의 상쇠를 맡았으며, 생존 시 116세 정도 된다.

심영수: 북을 맡았으며, 생존 시 110세 정도 된다. 농요에도 능하였다.

보존회 내력

둔대농악보존회는 2002년 12월 26일 둔대경로당 2층 14시 30분에 창립되었다.

창립 당시의 회원은 16명이며, 창립에 있어 군포문화공보부의 도움이 많았다. 당시 회원 명단은 다음과 같다.

심돈섭(보존회장), 심완섭(문화담당이사), 심상곤(상쇠), 김효동(부쇠), 한경남(징), 심봉섭(징), 송기복(징), 정형수(장고), 이성의(장고), 심성섭(북), 심건보(북), 심홍섭(상벅구), 강신안(태평소), 심명섭(북), 심운섭(제금), 김용학(장구)

현재는 초창기 인원 10여 명이 회원으로 활동 중이다.

공연

농악행사: 2008년까지 경기문화재단과 국악협회의 지원으로 농악 행사를 하였으나, 2009년부터 중단된 실정이다.

정기공연: 2013년부터 둔대농악을 위주로 한 연희한마당 '판'을 열고 있다. 판에는 어르신부터 아이들까지 모두 참여한다. 군포시의 지원을 받아 국악협회에서 주관한다.

교육

전통예술단 '누리' 연습: 금요일 오전에 전문인과 일반인을 대상으로 농악가락과 사물놀이를 교육한다.

가락

1) 두레

길군악: 칠채와 육채장단으로 일터로 갈 때와 같이 이동할 때 사용한다.

도드래

자진가락

짠지패가락: 굿거리장단으로 춤을 출 때 연주한다.

2) 판굿

자진가락(이채)

길군악(칠채)

더드래기(마당삼채)

마당일채(육채)

도드래가락(삼채)

맺는가락

판굿

종고(접고)

인사굿

돌림벅구

길군악

판굿: 벅구놀음

당산벌림

벅구놀음: 쌍줄

사통백이

돌림벅구

뒷놀음: 짠지패가락에 춤을 춤

치배

기 - 쇠 - 징 - 북 - 장구 - 벅구 - 새납 - (제금)

복색

예전에는 특정한 복색이나 고깔, 상모도 없었다. 근래에 들어서 흰 바지 저고리에 파란조끼를 입고 노란띠를 왼 어깨, 붉은띠를 오른 어깨에 메고 파란띠를 허리에 두른다. 상쇠는 검은 더거리를 입는다.

쇠는 종이부포, 벅구는 상모, 나머지 치배는 고깔을 쓴다.

특징

* 취득 자료

〈둔대농악〉, 군포시 군포문화원, 2004.

남양주시 삼봉농악

일시: 2015년 9월 7일 19시 30~21시
장소: 남양주시 조암면 삼봉 2리 마을회관
제보자: 김완기金完基(1936년생, 보존회장), 최상정崔相晶(1946년생)

김완기

김완기는 이 마을의 토박이로 삼봉농악보존회의 회장과 상쇠를 맡고 있다. 그는 악기뿐만 아니라 고사소리 등 소리에도 능하다. 어릴 적 마을의 농악대가 강 건너 금남면, 서정면에 초청이 되어 가면 무동으로 따라다니기도 하였다.

최상정

최상정은 이 지역의 토박이로 삼봉농악에서 장구를 담당한다. 그의 동생 최상문은 부쇠를 맡고 있다.

삼봉농악

삼봉농악은 남사당패와 비슷한 면모를 지닌다. 삼봉마을에서는 두레에서 농악을 연행하였으며, 지신밟기는 현재까지도 성행하는 것으로 보아 활발하게 농악이 전승되는 지역이다. 예전에는 강 건너 금남면, 서정면에 초청이 되어 가기도 했다. 당시에 지금의 상쇠인 김완기가 무동으로 다녔다고 한다.

1) 두레

두레는 논매기를 할 때 구성되었는데, 논매기는 보통 2번으로 호미로 애벌을 매고, 손으로 두벌을 매었다. 논매기를 할 때 농악이 행해졌다. 이동을 할 때나 일을 할 때 연주를 하였다. 잽이는 농악악기로 구성되는데, 꽹과리, 징, 장구, 북이다. 일을 할 때는 북만을 연주하며 방아타령을 하였다. '에 이어라 방아여'의 사설로 한다.

2) 고사반

집집마다 다니며 축원 덕담을 하며 복을 빌어준다. 안마당에서 한 석을 놀고 난 후, 대청마루의 상기둥에 상을 차리고 고사반을 하는 방식이다. 축원덕담의 내용은 일년도액과 살풀이이다. 방문한 집에서는 말통에 쌀을 담고 실타래를 감은 북어를 꽂아서 준비하고 농악대에게 막걸리와 떡국을 대접한다. 고사반에서 얻어진 쌀은 마을의 기금으로 사용한다.

예전 이 마을 집의 구조는 ㄱ과 ㄴ이 합쳐져서 사각을 이루는 형상이다. 앞은 바깥채 또는 행랑채로 곳간, 광, 우사 등이 있었다. 뒤는 안채로 부엌, 마루, 안방, 건넌방과 웃방, 다락방, 벽장 등이 있었다.

계보

1대: 김명찬(북), 최학출, 최학동(태평소), 심차성(징), 최승완(쇠)
2대: 최영수(부쇠), 이채용
3대: 김완기(상쇠, 고사반)

보존회 내력

삼봉은 이 마을을 강 건너에서 볼 때 봉우리가 3개라는 데서 유래한다. 또한 가무산歌舞山이라는 설도 있다. 강 건너에 산이 있는데, 마치 스님이 고깔을 쓰고 춤을 추는 형상이기 때문에 가무산이라 하였다. 그로 인해 이 마을에서는 쇠소리를 내야 동네가 편안하고 풍년이 든다는 속신이 있고, 이에 근거하여 농악대가 비롯되었다고 한다. 마을의 삼봉은 작은 스님, 강 건너 가무산은 큰 스님으로 일컬어진다.

농악이 이 마을에서 시작된 지는 확실치 않으나, 오랜 옛날부터일 것으로 추정된다. 6·25전쟁을 치르는 3년 동안의 단절기간을 제외하고는 계속 이어지고 있다. 1986년 아시안 게임과 1988년 올림픽 때에는 성화 봉송에도 참여하였다. 당시 퇴계원 4거리에서 농악을 연주하였다.

현재의 회장은 김완기이며, 총무는 이기천(북)이다. 회원은 70세 이상이 7~8명 젊은이가 20여명이다.

공연
축제 참여: 다산, 천마산, 유기농축제
대동제: 농업기술센터 주관
고사반: 보름 전에 몇 집에서 연행되며, 시에서 여러 명이 동참

교육
주 2회(화, 목) 교육을 진행하는데, 부녀회 4명이 참여하고 있다. 보존회원을 대상으로 한 교육은 행사 때에 즈음하여 이루어진다.

가락
모든 가락은 느리게 시작하여 점점 빨라지는 방식이다.

길가락: 춤가락이라고도 하며, 이동시에 연주한다. '덩 덩덩 따궁'
칼상모장단: 상모를 S자로 돌릴 때 연주하는데, 마당놀이 때 많이 사용한다.
　　　　　'덩　덩　덩 따궁따' '땅 도땅 도내 땅이요'
양상모장단: '아랫마당 웃마당 경상도 물가죽', '청군 이겨라 백군 이겨라'
무동애장단: 마당놀이 시, 잽이꾼 뒤에 오는 무동들이 앞-뒤-좌-중앙-우-중으로 향하며 춤을 추는 장단이다. '갠, 작 작, 갠 주개, 작 작'
명칭 없는 장단: '캔두캔두캔두캔두'
맺음장단: '갠 지라갠, 갠 지라갠, 갠 지라갠 지라갠 지라갠, 갠 지라갠 지라갠 지라갠, 객'

예전에는 장구의 북편을 손으로 연주하였다. 북가락은 장구의 북편과 동일하다.

태평소의 선율은 장단과 맞았다.

판굿

예전에는 정형화된 판제가 없이 상쇠의 지휘에 따라 진풀이 등을 하였다고 한다. 현재 연행된 판제는 남사당패와 유사한 면모를 지닌다.

예전의 판제

달팽이진: 길가락을 치며 달팽이진을 감았다가 풀고 나와 원진을 형성한다.

원진: 안과 밖에 두 원을 형성하는데, 안에는 소고, 밖은 악기이다. 상모꾼들은 치배들의 칼상모장단에 맞추어 연행하는데 상쇠가 주도적으로 놀린다.

놀이

예전에는 5무동놀이를 하였다. 위로 3명이 오르고 양옆에 2명이 붙은 방식이다. 또한 위의 무동은 상모를 돌렸다.

치배

상쇠

부쇠

징, 장구, 북: 각각 2~3명

소고: 상모

12발상모

호적

무동: 현재는 무동 없음

탈: 박으로 만든 탈을 쓴 각시, 영감, 색시 등

스님, 포수, 양반(곰방대)

* 예전에는 제금도 있었다.
* 호적의 서는 '깔따리'라고 하는데 갈대를 물에 불려 칼로 깎아서 만들었다.

복색

쇠치배는 종이로 만든 부포를 착용하였으며, 나머지 악기치배는 한지로 모양을 만들고 물감으로 색을 낸 고깔을 사용하였다.

* 취득 자료

동두천시 이담농악

일시: 2015년 9월 5일 13시~14시 30분
장소: 동두천시 지행역 부근 행사장
제보자: 김흥래金興來(1959년생, 부회장)

김흥래

김흥래는 어린 시절 아버지를 따라 동두천에 정착하였다. 일찍부터 동두천의 전통문화에 관심을 가졌던 그는 동두천여자상업고등학교 교사를 맡으며 본격적으로 농악을 발굴하기 시작한다. 처음에는 동아리로 시작을 하고 마침내는 보존회를 결성하기에 이른다.

이담농악

동두천은 원래 이담읍이 바뀐 명칭이다. 동두천은 미군부대가 들어오면서 시로 독립을 하게 된다. 동두천은 칠봉산, 왕방산, 해룡산, 마차산, 소요산에 걸친 농촌지역으로 골짜기마다 농사를 짓는 곳은 농악이 성행하였다. 조선 후기에 농악이 정착된 것으로 추정되며 행단, 안흥, 송내, 하봉암, 광암 등지에서 연행되었다고 전한다. 자연마을 명칭으로는 행단(은행나무 큰 것), 아차놀이, 안골, 사당골, 지행골(닥나무를 많이 심은 데서 유래)이 있으며, 그 중 행단농악이 가장 활발하였다고 한다.

마을마다 개별적으로 전승되던 동두천의 농악은 1989년 재현 당시 여러 사람들의 고증으로 가능하였다. 고증자들은 행단의 어윤회, 송내의 장병우, 어윤선, 어윤수 등이다.

계보

동두천 일대를 포함한 양주지역은 많은 뜬쇠들이 배출된 농악의 고장으로서 마을마다 농악대가 구성되어 있었다. 특히 남사당놀이에 뛰어난 기능을 보유하고 있었으며 상쇠로 송내농악을 이끌었던 송내동의 조임득씨, 삼무동 위에서 상쇠북상기량을 보유했던 행단농악의 이창인씨 등이 있었다.

최근에는 행단농악의 어윤회(동두천시 지행동), 송내농악 벅구로 활동하였던 장병우(동두천시 송내동), 어윤선(동두천시 송내동), 어윤수(동두천시 송내동) 등이 활동의 주축을 이룬다. 행단농악단 상쇠로 활동했던 어윤회는 3무동 위에서 상쇠북상을 돌리는 출중한 기량을 자랑하였다.

또한 장병우와 조인국이 있다. 장병우는 80세가 넘었으며 상벅구를 맡았다. 조인국은 쇠잡이이다.

보존회 내력

1989년 학교 동아리로 시작

1990년 1991년 경기도 민속경연대회 참가하여 1991년 우수상 수상

1995년부터 지역 어른신과 젊은이들을 중심으로 보존회 결성

회장: 천재원(공무원, 농악인은 아니고 강습을 통하여 합류)이 초대~현재까지 역임

처음에는 행단농악이 중심

안성농악 전수. 안성농악보다 강성

농협창설기념일에 서울에서 초청 공연

동두천시립풍물단 운영. 이담농악보존회에서 2년 이상 활동을 하여야 시립풍물단 응시 가능

현재 회원은 30명

공연

1) 정기공연: 10월 6일(시민의 날이며, 소요문화제 기간) 전후
2) 소요산 해돋이 행사
3) 대보름 지신밟기: 큰시장, 중앙시장, 재래시장을 대상을 몇 일간 진행. 수익금은 보존회운영과 참가자 수당으로 사용

4) 백중놀이: 동두천문화원 창설 이래 개최
5) 초청공연

교육
1) 외부강사 파견: 동별 주민자치센터에 개별적으로 파견
2) 여름, 겨울 캠프: 시민회관 내 전수관

가락
광복가락: 길놀이 때 사용 '갱무게갱 갱무게갱 갱 갱 갱무게갱'
길가락(7채)
덩덕궁이
이채(휘모리)
굿거리(쩍쩍이)

판굿
길놀이
인사굿
원진
벅구마당놀이
당산벌림
멍석말이
원진
벅구놀이
한줄벅구
두줄벅구
벅구 농사풀이

개인놀이(벅구놀이, 버나놀이, 살판놀이, 12발벅구놀이)

놀이

1) 무동놀이

예전에는 삼무동 위에서 상모를 돌리는 형태였으나. 현재는 단무동 위에서 상모를 돌린다.

2) 농사풀이

무동이나 벅구잽이들이 담당을 한다. 1년 동안의 농사짓는 과정을 표현하는 것으로 구성되며 장단은 덩덕궁이이다.

가래질
논가는 동작
모판대기
씨앗 뿌리기
써래질
모 짜고 심는 동작
애눈파기
두벌논(풀베기)
퇴비주기
벼베기
타작

치배

쇠 - 징·제금 - 장구 - 북 - 벅구 - 무동 - 잡색(양반, 별산대의 각시)

복색

흰 바지 저고리

띠를 × 형태로 착용

행전이 없음

상모: 남사당의 영향으로 원래 상모를 착용하였다고 하나, 복원 당시에는 고깔을 착용

* 취득 자료
1) 영상자료: 2013년 제19회 경기도 민속예술제 영상
2) 자료집: 이담농악연구(이근호)

수원시 고색동 농악

일시: 2015년 9월 3일 19시~20시 30분
장소: 고색동 마을회관 3층 농악단 연습실
제보자: 박용기朴用基(60세, 원숭이띠, 단장), 김채용金菜容(67세, 소띠, 상쇠)

박용기

박용기는 고색동 토박이로 20년 전부터 농악을 시작하였다. 작년부터 전 농악단 단장이었던 김재명을 이어 단장을 맡고 있다. 북-징-장구-쇠를 두루 담당하였고, 지금은 주로 태평소를 분다. 태평소는 수원문화원의 이한영 선생에게 사사하였다. 이한영은 최경만의 제자라고 한다.

김채용

김채용은 충청남도 홍성에서 태어나서 13세부터 농악을 시작하였다. 홍성을 떠나 송파에 거주하다가 35년 전 고색동에 정착하였다. 고색동농악에서 징잽이인 엄창기의 집에 세 들어 살며 공장을 운영하였다. 동시에 농악을 같이 하게 된 그는 처음에 징으로 시작하여 북과 장구를 거쳐 상쇠를 맡았다. 처음 고색동농악단에 들어갈 때는 6명의 신청자 중에 선발되었다. 그는 고색동농악단에서 역대 상쇠를 맡았던 전영태, 정종길과 같이 농악을 하였으며, 현재까지 20년 동안 상쇠를 맡고 있다.

고색동농악

200여 년 전인 조선 후기부터 시작되었다고 전해진다. 일제강점기에는 밤에 횃불을 켜고 농악을 하였다고 한다. 고색동의 농악은 줄다리기, 지신밟기, 당제, 판굿의 형태로 전승된다.

1) 줄다리기

고색동의 농악은 주로 줄다리기를 근거로 계승된 형태이다. 줄다리기는 정월 대보름에 행해진다. 조선 후기부터 시작되었다고 하며, 일제의 탄압으로 단절의 위기에 처했지만 밤에 횃불을 켜고 진행하였다고 한다. 30년 전에는 줄다리기 때에 근처 10개 농악팀이 합세하여 잔치식으로 농악을 하였다. 이 때 부잣집에서는 1팀씩 담당하여 숙식을 제공하였다. 외지의 농악팀은 줄다리기 전날 마을로 들어왔다.

줄다리기가 있기 한 달 전부터 농악단은 연습을 시작한다. 줄다리기에 앞서 줄이 보관되어 있는 창고와 줄다리기 행사장에서의 줄고사를 모신다. 줄다리기 할 때에는 별도의 가락이 있다. 줄은 수줄과 암줄로 구성되는데, 수줄은 청장년층이, 암줄은 부녀들과 아이들이 붙잡는다. 암줄이 이겨야 마을에 풍년이 들고 건강과 안녕이 온다고 믿으며, 보통 암줄이 이긴다고 한다.

2) 지신밟기

줄다리기가 있기 6일 전쯤에는 지신밟기를 한다. 마을의 각 가정, 관공서, 자치회 사무실, 상가 등을 대상으로 하되, 원하는 집에서 요청이 오면 방문을 하는 방식으로 진행한다. 이때 치배는 상쇠 등의 치배와 부녀회와 노인회가 동참하며, 마당밟기, 우물굿, 장독굿, 부엌굿, 고사반 등을 행한다. 집을 방문하면 마당에서 한바탕 놀고, 집주인이 마련한 술상을 대접받고 고사반을 하고는 우물 등 집안 곳곳을 다니는 방식으로 한다.

3) 당제

가을에 당에서 이루어지는 당제, 즉 도당굿에 농악대가 참여를 한다. 고색동의 도당굿은 유교식제를 먼저 지내고 무속식의 굿을 이어서 한다. 외지에서 초청해 온 굿패와 같이 마을의 주요한 곳에 돌돌이를 돌고 당에서는 주로 굿을 시작 전과 종료 후에 농악을 한다. 먼저 당을 3바퀴 돌고 당 앞에서 고사가락을 치는데, 제를 마칠 때까지 연주한다. 제가 끝나면 음복을 하고, 굿이 모두 끝나면 당을 다시 3바

쥐 돌고 마무리 한다.

4) 판굿

판굿은 마당놀이라고 하며, 5마당으로 구성되어 있고 12가락을 갖추고 있다. 판굿은 별도로 행하는 것이 아니라 줄다리기나 당제 등에서 한 판 벌이는 방식으로 한다.

계보

박상섭-전영태-정종길-김채용으로 상쇠의 계보가 이어진다. 박상섭은 생존 시 120세 정도이며 현재까지 알려진 가장 오래된 상쇠이며, 다음 상쇠가 전영태이다. 이어서 작년에 85세로 작고한 정종길이 상쇠를 맡았다. 정종길은 박상섭의 처남이 된다. 뒤를 이어서 현재까지 상쇠를 맡고 있는 인물이 김채용이다.

보존회 내력

21년 전인 1994년에 12명의 회원으로 창단하여 현재는 40여 명에 이른다. 매주 연습을 실시하고 있다. 연습은 후진양성을 위한 내용이 주를 이룬다. 현재는 젊은 층에게 모든 권한을 물려주었으나, 김채용이 상쇠를 맡으면서 조언을 하고 있는 상황이다.

강습은 일요일을 제외한 모든 날 저녁 7시부터 각각 대상과 내용을 달리하며 진행된다. 또한 2015년 고색중학교의 농악단을 창단하여 후진을 양성하고 있다. 현재 농악단원은 13명으로 부단장인 김현주 부쇠가 교육하고 있다.

행사는 평동에서 주관하는 가을의 허수아비축제와 마을 자치회가 주관하는 모내기와 타작행사, 시에서 주관하는 행사, 줄다리기, 도당굿 등이다. 특히 봄의 모내기와 가을의 타작행사는 농촌문화 체험에 중점을 두고 있다. 타작행사에서는 홀테, 벼베기, 떡메치기, 새끼고기, 볏짚쌓기, 짚신삼기, 고무신 그리기 등의 프로그램을 진행한다.

가락
고사가락: 뚫어라 뚫어라
길가락
더드래기
쩍쩍이
상모가락
위 4가락은 각각 3가락씩이 존재하므로 모두 12가락이 된다.

판굿
첫째마당: 길가락~인사
둘째마당: 다드래기, 달팽이진, 나비진, 물방울진
셋째마당: 쩍쩍이(상모-북장구), 품가락
넷째마당: 상모가락(상모놀이에 맞춰)
다섯째마당: 인사, 들어가는 가락, 놀기와 마무리

치배
쇠 - 징 - 장구 - 북 - 고깔소고 - 채상소고 - 새미(피조리) - 잡색(어우동, 포수, 각설이, 양반, 나그네, 엿장수, 아낙)

복색
흰 바지 저고리
청색조끼
파랑띠를 아래에 두고 노랑띠를 위로 겹쳐서 오른쪽 어깨에 걸치고 빨강띠를 허리에 두름
쇠와 징은 부포, 잽이는 고깔, 소고는 고깔과 상모, 나그네는 삿갓, 아낙은 광주리

* 취득 자료
1. 영상자료: 2011년, 2014년 행사 영상
2. 자료집: 가락보, 판굿도안(사진촬영)
3. 회원명단

시흥시 월미두레풍물놀이

일시: 2015년 9월 17일 16시~17시
장소: 시흥시청 황토자료실
제보자: 김원민(1968년생)

김원민

김원민은 시흥시 신천동 토박이이다. 고등학교를 졸업한 1987년부터 농악을 시작했다. 처음에는 보금자리 재개발 관련 지역에서 청년활동을 하였다. 당시 그곳에서는 빈민운동가 국회의원을 중심으로 서울대 탈반 등이 지역운동을 하던 상황이었다. 이후에 남사당에서 활동을 시작하게 되고, 한국예술종합학교 1기생으로 입학을 하여 전공을 하였다. 입학 당시 30세였다.

농악을 시작한 이후 줄곧 월미두레풍물놀이의 복원과 전승발전에 노력하고 있다.

월미두레풍물놀이

현재의 물왕동인 월미마을이 이 일대에서 농악을 가장 잘 치는 곳이었다. 남사당의 일원인 김맹식이라는 인물이 정착하면서 농악의구색이 갖추어졌다. 놀이부분이 강화되고 연예적인 면모를 갖추게 된다.

이 지역에서는 두레 때 농악이 수반되었으며, 기싸움이 빈번히 벌어졌다. 김매기가 끝나면 두레파작을 하였다.

1) 두레

두레에서 농악이 수반되는데, 특히 기싸움이 주요하다. 기싸움은 앞풀이 - 합굿 - 뒷풀이로 진행된다. 앞풀이는 기싸움으로 마을 간의 자존심이 걸린 대결이다.

2) 두레파작

두레파작은 호미씻이나 호미걸이라고도 한다. 김매기가 끝나면 노동의 수고를 달래려고 솥을 걸고 잔치를 하는 것이 바로 두레파작이다. 그 날은 소머리국밥, 돼지고기, 국수 등을 나누어 먹으며 즐겼다. 다른 마을과 합동으로 하기도 했다.

계보

강업동

김맹석(쇠), 후남, 강복남(장구), 박원봉(징)

안장국: 상쇠

보존회 내력

1994년 경기도 민속예술경연대회에 참가하여 발굴상을 수상하였다. 당시 이한기 향토사료연구원의 고증으로 대회 참가가 이루어졌다. 2003년에 고증조사가 행해지고 보고서가 나왔다. 이후에 바우덕이 대회에서 대상을 수상하였다. 2005년 창립되었는데, 안장국이 초대회장을 맡았다. 당시 마을민, 지역유지, 전문인 등 총 100여 명의 회원을 갖추었다.

현재는 전승사업을 위주로 하고 있으며, 주로 전문인으로 구성된 30여명의 회원을 갖추고 있다.

사무실: 시흥시 뱀내장터로 10-3 전통연희단 꼭두쇠

공연

교육

가락

점고

인사가락

자즌가락: 휘모리

무등패: 덩덕궁이장단으로 전문 뜬패도 사용하였다.

도드래: 육채 또는 마당일채라고 한다. 일채는 징의 점수와 관련된 명칭으로 보인다.

도드래 넘기는 가락

길가락: 칠채장단으로 걸어 다닐 때 연주한다.

자즌길가락: 길가락을 쪼갠 형태이고 멍석을 말 때 사용한다.

짠지패가락: 굿거리장단이다.

쩍쩍이

좌우치기가락

판굿

예전에는 무동이나 상모는 몇몇 가능한 인원이 행하는 형태였다. 현재 월미두레 풍물놀이의 판굿은 이수영에 의하여 완성되었다고 할 수 있다.

길놀이

점고

두레기싸움

인사굿

돌립버꾸

마당일채

오방진쌓기

당산벌림 1

당산벌림 2(외줄백이, 쌍줄백이, 좌우치기, 반좌우치기)

사통백이

원형좌우치기

네줄배기 좌우치기

무동놀이(적쩍이, 타령, 쾌자춤)

마당놀이(밀버꾸)

개인놀이(쇠, 버꾸, 북, 장구)

무동놀이

열두발놀음

인사굿

치배

예전의 치배는 꽹과리 - 징 - 제금 - 장구 - 북 - 소고 - 열두발로 구성되었다. 현재는 제금은 편성되지 않고, 농기 - 영기 - 호적 - 쇠 - 징 - 장구 - 북 - 소고 - 무동 - 양반, 각시, 포수, 조리중의 편성이다.

복색

남색조끼, 한쪽으로 띠 매기

행전은 착용하기도 하고 하지 않기도 한다.

상모를 착용했으며, 고깔을 착용했다는 증언도 있다. 현재는 짧은 상모를 착용한다.

특징

장구의 연주가 특이하다. 궁채를 쓰지 않고 손장구로 쳤다고 한다.

＊ 취득 자료

1. 『시흥시 월미두레풍물놀이 고증조사보고서』, 시흥문화원, 2003.

안산시 와리풍물

일시: 2015년 9월 10일 15시 ~ 16시 30분
장소: 안산문화원 3층 회의실
제보자: 천병희千炳喜(1926년 병인생), 차도열車度涅(1964년생)

천병희

천병희는 열댓 살 때 어른들이 노는 데서 춤을 추었다. 일제 강점기 시기에는 기명, 즉 악기인 꽹과리, 징을 빼앗기기도 했다. 6·25전쟁 때에 농악이 끊겼다가 휴전 후에 농악을 다시 하게 되었다.

그는 상모와 열두발을 주로 하며, 이승만 정권 시절 서울시민회관에서 12발잽이로 활약하였다. 농악 외에 소리에 매우 능하다. 비나리, 지경다지기, 회다지, 상여소리, 염불, 고사덕담 등 다양한 소리를 보유하고 있다.

차도열

차도열은 전라북도 군산에서 태어나 1987년도에 안산반월공단에서 직장생활을 시작하며 정착하게 되었다. 1990년도에는 서울에서 사물놀이, 탈춤, 대금 등을 배우다가 1991년 안산문화원에서 천병희 선생을 만나 와리풍물을 시작하게 되었다.

그는 소고잽이, 상쇠를 거쳐 현재는 태평소를 연주한다. 특히 안산문화원과 와동 동사무소, 학교 등에서 교육을 전담하고 있다.

와리풍물

와리풍물은 와상농악, 동작리두레놀이라고도 한다. 와리풍물은 일찍이 경복궁 역사에 동원된 내력이 있다. 당시에 연못공사에 참여하였는데, 일 잘하고 소리 잘한다고 농기를 하사받고 전원에게 무명 1필, 악기를 선물로 받았다고 전한다.

1) 두레

두레는 농사단체로서 동네 사람들이 모두 참여한다. 사람들은 모여서 동네일을 같이 했다. 이렇게 공동작업을 할 때 논이 많은 사람은 밥도 많이 해먹여야 했고, 반면 논이 적은 사람은 돈을 찾아갔다.

두레에서는 농악이 수반되었다. 농악에서의 농기는 두레에서 중요한 역할을 하였다. 일할 때는 농기를 반드시 꽂아두었으며, 다른 동네기가 지나갈 때는 점고를 대고 이쪽의 허락을 받아야 했다. 점고는 북을 세 번 울리는 방식으로 했다. 이것은 농기를 꽂아둔 곳이 진지라는 관념에서 비롯되었다고 한다. 서로 맞지 않으면 싸움이 벌어지기도 하는데, 꿩장목을 잘라가는 방식으로 승패를 가렸다. 싸움은 마을 대동의 싸움이 되기도 하는데, 격렬하여 때로는 호미로 상대방을 가격하기도 하였다고 한다.

와리는 선생두레로 대우가 대단했다고 한다. 이쪽은 점고를 두 번 반을 하고 상대방은 세 번 반을 했다고도 한다. 마을끼리 만나면 인사를 하게 되는데, 이를 '기를 쓴다'라고 한다. ∞자 형태로 기를 젓고 절을 한다. 인사는 올 때 갈 때 혹은 만나고 헤어질 때 하는데, 와리는 1번하고 다른 동네는 여러 번을 했다고 한다.

두레의 구성은 농기, 잽이꾼, 일하는 사람이다. 잽이꾼은 꽹과리 2, 제금 1, 징 1, 장구 1, 북 1의 편성이다. 꽹과리는 2~3명이 적당하다. 악기는 수원에서 주로 구입을 하고 인천이나 서울에서도 구입한다.

두레에서 악기를 치는 때는 들어올 때, 나갈 때, 점심 먹고 난 후였다. 또한 다른 마을과 같이 악기를 치며 놀기도 하였다. 2개의 마을 혹은 3~4개의 마을이 모일 때도 있었다. 일이 끝나갈 무렵 다른 동네로 연락을 하여 타협이 되면 날을 잡아서 밤새도록 놀았다. 타협을 할 때는 보통 2명이 가서 그 마을의 영좌, 즉 나이가 많은 어른과 하였다. 음식은 놀이를 제안한 쪽에서 준비한다.

2) 호미걸이

김을 다 매고 나면 호미걸이를 한다. 음식을 장만하여 하루를 노는 방식이다. 김매기는 보통 세 번을 했다. 애벌과 두벌은 호미로 하고 세벌은 손으로 홈친다. 세벌에서는 흙덩어리를 골라 평평하게 하는데, 이렇게 함으로써 벼베기가 수월해지는 효과가 있다.

계보

1대 상쇠: 이영수(안산 성머리 출생, 인천무형문화재 1호), 전태용(경기도도당굿 명인)
2대 상쇠: 장석준(토박이, 천병희보다 5세 위)
3대 상쇠: 천병희
4대 상쇠: 차도열

보존회 내력

이승만 대통령 생일 때 각 군에서 서울로 갔는데 와리는 세 번을 갔다. 경기도청이 있는 수원에서의 대회에도 참가하였다. 시로 승격된 후에 농악을 해달라는 요청이 있어서 그동안 헤어졌던 사람들을 모아 시청 앞 공터에서 농악을 하였다. 현재 그 자리는 병원이다.

와리는 세습무들이 많이 거주하였고, 남사당도 걸립을 왔기 때문에 이들의 영향을 받았다고 할 수 있다. 특히 남사당은 음력 7월 보름과 가을에 절걸립을 위한 쌀을 벌기위하여 마을에 왔다.

안산에 예술인아파트가 시청아래에 건립되었는데, 거기에는 국악협회회장이었던 김천홍도 왔다. 이러한 환경에서 당시 국악협회 부회장이었던 박해일(발탈 예능보유자)이 1986년 발굴을 하며 와리농악을 적극적으로 이끌었다.

1986년 제5회 경기도민속예술경연대에 참가하여 장려상을 수상하였다. 이후 1991년부터 안산문화원이 주관하여 학교를 대상으로 전수교육을 시작한다.

와리풍물보존회는 박해일 국악협회회장 당시 창립되어 현재 회원은 40여 명이다.

공연

행사에 참여하는 방식으로 이루어지며, 15~20여 명이 참가한다.

교육

학교와 일반인들을 대상으로 진행한다. 처음에 와동 동사무소에서 강습을 진행하였는데, 박해일이 농악을 주관하면서 교육을 문화원으로 이관하였다. 이로 인하여 현재까지 문화원과 와동동사무소 두 군데서 이루어지고 있다.

    초등학교 1, 와동동사무소, 안산문화원 (화요일 낮, 금요일 저녁)

가락

몰아잽이: 휘몰아치는 장단으로 휘모리의 일종이다. '덩따궁기덩따궁기'

섭치기: 이채라고도 한다. '덩 덩기덩따궁기

더드래기: 덩덕궁이, 삼채라고도 한다.

마당잽이: 마당일채라고도 하며 오방진에서 사용한다.

길군악: 칠채장단으로 오방진 후 마지막 풀 때 사용한다.

넙치기: 육채장단으로 칠채에 이어서 연주한다.

마당놀이 쇠: 마당삼채장단으로 이어서 휘모리를 연주한다.

샘굿: 우물가락이라고 하며 우물고사를 지낼 때 치는 가락이다. '뚫어라 뚫어라 샘구녕 뚫어라'

쩍쩍이: 걷고, 안쪽 보고, 바깥쪽 보며 연주한다.

자진쩍쩍이: 연풍대를 하며 연주한다.

허튼가락: 탈춤가락과 동일하다.

굿거리: 무동을 태우고 춤을 추며 놀 때 사용한다.

행진가락: 입장과 퇴장에 사용하는 장단이다. 원래는 더드래기로 하였으나, 근래에 차용한 장단으로 '오방진'장단과 유사하다.

판굿

와리풍물의 판굿은 웃다리농악과 크게 다르지 않다.

잽이들 모임과 정렬
입장, 인사굿
마당밟기(오방진)
돌립벅구
쩍쩍이굿
당산벌림
쌍줄백이
개인놀이
멍석말이
사통백이
종대치기
가새치기
마당씻기
인사굿, 퇴장

치배

와리풍물의 치배는 다음과 같다. 무동은 원래 없었는데 남사당의 영향으로 편성되었다고 증언한다.

　　쇠 - 징 - 장구 - 북 - 소고 - 무동 - 양반

복색

복색은 남사당과 동일하다. 흰 민복에 파란조끼를 입고 파란색과 노란색 띠를 오른쪽 어깨에 걸치고 붉은색 띠를 허리에 둘렀다.

쇠와 징은 종이 북상, 장구와 북은 고깔이나 패랭이, 양반은 흰두건을 썼다. 하지만, 천병희 상쇠 때부터 고깔 대신에 상모를 쓰기 시작하였다. 상모는 모두 직접 만들어 사용하였다.

특징

판굿에서 입장을 한 후에 바로 마당밟기로 들어간다는 점이 인근 웃다리 농악과 다른 점이다.

* 취득 자료

안양시 날미농악

일시: 2015년 9월 12일 11시 ~ 12시 30분
장소: 안양문화원 전시실(안양시 만안구 안양동 472-9)
제보자: 윤영자尹英子(1947년생), 안희진(1954년생, 국악협회 안양지부장)

윤영자

윤영자는 청계리(현 안양시 석수동)에서 태어났다. 그녀는 날뫼농악의 복원이 시작될 때부터 참여하며 현재까지 활동 중이다.

안희진

안희진은 이 지역의 토박이로 어린 시절 두레, 지신밟기 등 농악을 많이 접하며 자랐다. 현재는 경기민요를 하고 있으며, 국악협회 안양지부장을 맡고 있다.

날뫼농악

날뫼농악은 고종 2년 경복궁 중건에 동원되었을 때 기량이 가장 우수하여 장원농악대라는 별명을 얻었다고 한다.

날뫼농악은 안양시 비산동, 즉 날뫼와 능뫼골 일대의 농악을 가리킨다. 일제 강점기 때 중단된 것을 1990년도에 농악을 전승하던 노인들의 증언을 통해 복원을 시작하였다.

날뫼농악은 농사에서의 두레, 그리고 답교놀이와도 깊은 관련을 지닌다. 지신밟기에 대한 기억은 있지만, 세부적인 사항은 전해지지 않는다.

1) 두레

예전에 두레가 이루어질 때 농악이 수반되었다. 농기를 세우고 농악을 연주하였으며, 모심는 소리도 행했다고 한다. 석수동, 박달동에는 뚱뚱이패라는 두레패가 있

어서 농악을 잘 하였다고 한다.

2) 안양답교놀이

안양에는 답교놀이가 성행했는데, 크게 만안과 호계 두 마을이 20세기 초반까지 이루어졌다. 만안답교놀이는 1920년대, 호계답교놀이는 1930년대까지 지속되었다고 전한다. 답교놀이는 임금님의 발자취에서 생겼다는 주장도 있다. 그 자취를 따라 행렬이 재현되고, 그 모습을 구경하기 위한 것이 답교라는 것이다.

답교놀이에서 농악은 모든 연행의 반주를 담당한다. 마지막의 대동놀이판에서는 판굿을 벌인다.

계보

보존회 내력

1990년도 농악을 했던 노인들의 증언을 바탕으로 복원을 시작하였고, 2007년에는 제16회 경기도 민속예술제에 참가하였다. 2013년부터는 만안답교놀이 내에 날뫼농악이 소속되는 방식으로 운영하고 있다.

공연

교육

가락
도드래기: 삼채
이채
칠채
좌우치기

연타채가락
짠지패가락: 굿거리

판굿
도열
입장과 인사굿
내돌림벅구(멍석말이)
당산벌림 1
당산벌림 2
태극 乙자 대형
돌림벅구 1, 2
오방진
피조리놀이
절구대놀이: 외절구 - 양절구
사세치기
사통백이
원좌우치기 - 네줄좌우치기
쩍쩍이
영산다드래기
고사리꺾기
개인놀이
외돌림벅구(멍석말이)
인사굿
퇴장

치배

웃다리농악의 치배와 동일하다.

기수 - 쇠 - 징 - 장구 - 북 - 벅구 - 피조리

복색

충청지역의 웃다리 농악과 동일하다.

특징

* 취득 자료
1. 안양 만안답교놀이(안양 향토자료조사 모음집), 안양문화원, 2013.
2. 날뫼농악 판굿 정리 자료(사진형식)

양평군 양평농악

일시: 2015년 9월 7일 16시~17시
장소: 유진목 자택
제보자: 유진목俞辰睦(1955년생)

유진목

유진목은 양평군 강상면 고평리 들말에서 태어났다. 그의 집안은 넉넉하였으며, 아버지는 모가비, 즉 총무를 맡았다. 그의 자택 뒷마당에서는 농악 연습을 하기도 하였다. 농악을 어렸을 때부터 접하며 자란 그는 20대 시절 거북이를 만들어 4H 경진대회에 참가하였다. 1997년도부터 본격적으로 농악을 시작하였다.

양평농악

양평에는 현재 전통적인 농악의 전승이 거의 단절된 상태이다. 1960년대 초반에서 중반까지는 성행하였으나, 이후에 침체가 되기 시작하다 새마을 운동으로 차츰 사라졌다고 한다. 하지만, 1980년대 중반까지 어르신들이 명절이나 군민의 날 때 연행을 하였다고 한다.

각 면단위, 리 단위까지 농악이 있었다. 유진목이 태어난 들말의 경우 군에서 개최하는 장터 농악대회에서 1등을 하여 송아지를 받았다고 한다.

양평군에는 원래 토박이 농악이 존재하였는데, 남사당패가 마을로 들어와서 상당기간 머물게 됨에 따라 그 영향을 받은 농악이 공존하였다. 토박이들의 농악은 농사를 재현한 농사놀이, 지신밟기, 호미씻이, 두레 등이 있다.

1) 농사놀이

농사놀이는 1년의 농사 과정을 재현한 형태이다. 구성은 길놀이 - 모내기 - 논매기 - 벼베기 - 탈곡 - 풍년굿의 순서로 이루어져 있다. 탈곡에서는 장구를 탈곡리처럼 사용하였다. 풍년굿은 뒷풀이에 해당된다. 놀이에 사용된 모는 솔잎으로 만들었는데, 엽전이나 사기그릇 깨진 것을 가지고 제기 모양으로 꾸몄다.

2) 지신밟기

정월대보름을 전후하여 2~3일간 벌어진 지신밟기는 느티나무에 모여 집집마다 다니는 방식으로 이루어졌다. 특히 지신밟기에는 남사당이 참여를 하였는데, 당시 고사반은 남운룡이 담당하였다고 한다. 길놀이를 하며 이동하여 문굿을 하고 집의 우물, 부엌, 대청마루, 화장실 등을 다니고 마당굿도 행하였다. 사람들은 신들이 계신다고 믿었다. 마루고사의 경우 쌀에 칼을 꽂고 그 위에 물그릇을 세우기도 하였다고 전한다.

3) 호미씻이

호미씻이는 머슴들이 하루 고기를 먹고 노는 날로 백중놀이를 기점으로 날을 잡아서 하였다. 이때 농악놀이가 빠지지 않고 행하여졌다. 산하리, 교평리, 송학리 3개 마을이 교평리 망가리 고개마루에 모여서 호미씻이를 하였다.

4) 두레

두레는 모내기, 김매기, 벼베기 때 이루어진다. 일을 하거나 쉬면서 악기를 연주를 하는데, 농기는 꼭 챙겼으며 꽹과리, 징, 장구, 북을 담당한 대여섯 명 정도로 구성된다. 김매기는 2~3회 정도 하는데, 초벌과 두벌은 호미로 하고 마지막은 손으로 했다.

5) 남사당

남사당패가 1957년 마을에 들어와서 약 10년간 정착을 하였다. 남사당패는 유랑생활을 하였는데, 마을로 들어올 때는 마을 농악패의 허가를 받고 기를 숙였다고 한다. 남사당의 상쇠는 꼭두쇠인데, 이 마을에서는 영좌 밑에 꼭두쇠였다고 한다.

당시의 남사당패에는 남운용과 박계순, 김덕수의 부친 등 몇몇 단원이 같이 있었다. 그리고 남운용과 박계순 사이에 남기문(57년생, 별명 기돌이)이 있었다. 이들은 7월 백중이 되면 군의 지원을 받아 용문장, 용두리장, 양수리장 등 큰 장을 돌며 농악을 하였다고 한다. 추석에는 면사무소 앞 공터에서 꼭두각시 인형극을 펼치기도 하였다.

남사당은 마을의 농악대와 같이 활동하기도 했다. 남사당의 영향을 받아 줄타기, 버나돌리기 등이 마을에서도 연행되었다. 이 마을은 남사당이 들어오기 이전부터 농악이 유명하였지만, 이를 계기로 남사당의 영향을 많이 받은 것 또한 분명한 사실이다.

계보
영좌 - 이덕명
모가비 - 유범쾌
상쇠 - 남운용   부쇠 이병근
징 - 우종식
장구 - 황달성
북 - 홍홍식 황팔봉
소고 - 황점식 우종성 홍명식 홍달원 곽복열 우종순
피조리 - 유헌목 이재일 홍희원 권인수 이상호 이홍식 우종홍
무동 - 이덕성
태평소 - 황점식 양예석
꼽사 - 이태원
농기기수 - 김월봉   명기 유영목

보존회 내력
강상두레패는 언제인지 확실치 않지만 예전부터 마을의 농악대이다. 1959년에는

이승만대통령 생신에 초청되어 동대문운동장에서 공연을 하였다. 이후 전승이 약화되어 거의 단절되었다.

1997년 유진목을 중심으로 '강상두레패'가 창립되었다. 강상두레패는 옛날에 사용하던 것을 그대로 인수한 명칭이다. 1996년 최초의 모임을 결성하였으나 잘 되지 않았다. 1997년 창립당시 회원은 6명이었고, 5명이 연주가 가능하였다. 1년에 한 번씩 신입회원을 받는데 1~2년의 교육을 거쳐 가입자격을 취득할 수 있다. 현재 정단원은 12명이며, 성인반과 사물놀이 한뫼가 활발하게 활동 중이다. 한뫼는 강상초와 양평초 출신들로 이루어진 현재 30세 전후의 전문인들이다.

강상면사무소에서 연습을 하는데 13년 동안 주중 내내 계속 되었다. 이러한 연습을 통하여 현재는 삼도사물놀이, 판굿 등 주로 사물놀이를 위주로 하고 있으며, 아직 예전의 농악을 재현하지는 못하고 있는 실정이다. 현재 가장 큰 계획은 예전의 농악을 재현하는 것이다.

공연

교육
월요일: 두레패

화요일: 북

수요일: 교육생

목요일: 태평소

금요일: 교육생

토요일: 청소년

초등 중등 고등학교에서 교육 실시

가락
덩덕궁이: '땅 도땅 도내 땅이다 조선 땅 도내 땅이다'(꽹과리 구음)

휘모리
굿거리
칠채
육채

판굿

휘모리장단으로 놀기

굿거리장단으로 출발: '갠 지갠 갠 지갠 갠 지갠 갠갠' 장단의 속도가 차츰 빨라짐

진법: 열십자, 11자, 乙자, ㄷ자, 여러 줄로 앉았다 일어서기, 좌우 왔다갔다

개인놀이: 장구, 소고, 북, 꽹과리

또아리 틀기: 들어갈 때 칠채, 나올 때 육채

치배

상쇠 - 부쇠 - 징 - 장구 - 북 - 소고

복색

흰색 민복, 하늘색 조끼, 띠는 열십자로 착용

상쇠는 종이를 3단으로 풍성하게 제작

부쇠는 2단으로 제작

악기잽이는 고깔

소고는 상모

* 취득 자료

오산시 외미농악

일시: 2015년 9월 6일 11시~13시
장소: 세마대
제보자: 최형욱(1980년생, 36세, 보존회장)

최형욱

최형욱은 오산 가수동에서 태어났다. 외가는 금곡리이다. 할아버지는 가수동에 거주하셨으며, 태평소를 부시는 한량으로 돈을 아끼지 않는 분이셨다고 한다. 할머니는 산파노릇을 한 인물로 집 뒤의 절에 시주를 많이 하셨으며, '산부처'로 불렸다고 한다.

6세 때 병점으로 이주하여 병점초등학교와 안용중학교를 다녔다. 박수무당의 사주를 타고난 최형욱은 중학교 1학년 때에 전라도 선생님으로 인하여 농악을 좋아하는 모임에 참여하여 좌도를 익히면서 농악을 시작하게 된다. 수원경성고등학교(현 홍익디자인고) 때는 사물놀이의 시대로 사물놀이를 익힌다. 이후 서울예전에 입학하고 수원대로 편입하여 국악을 전공한다. 추계대학교에서 화성봉담역말농악으로 교육학석사학위를 취득한다.

젊은 나이이지만, 어린 시절의 기억이 많다. 마을잔치 때에 농악놀이하는 모습을 많이 보았으며, 집 사랑채에 악기가 있었던 기억도 있다. 초등학교 5~6학년 때에는 초파일에 용주사에 농악인들이 모여서 연주하는 모습도 보았다고 한다. 초파일이 마을잔치가 되는 상황이었다고 한다.

외미농악

오산의 외미지역에는 두레, 당산제, 지신밟기, 거북놀이, 줄다리기가 성행하였다. 이때 농악은 항상 동반되었다. 정월, 단오, 상달, 동지와 같은 절기에도 농악을 행하였다. 특히 정월대보름 때에는 걸립을 위한 지신밟기를 행하는데, 이때 거북놀이와 같이 농악을 하였다. 이외에도 줄다리기, 달집태우기와 깡통돌리기도 하였다.

농악은 잔치 때에도 빠지지 않았으며, 오산시장에서도 마을 농악대가 농악을 하였다고 한다. 오산시장은 100년이 훨씬 넘은 옛날부터 형성된 곳으로 3일과 8일에 장이 선다.

1) 거북놀이

거북놀이에서는 농기 또는 마을기 하나와 쇠 1, 징 1~2, 장구 3, 북 2, 소고 2~3, 태평소가 편성된다. 잡색과 새미는 없다. 쇠는 개꼬리 상모를 쓰고, 나머지 치배는 상모를 쓴다. 거북이 5마리, 남생이 4마리로 구성된다.

2) 줄다리기와 당산제

줄다리기 때에는 고사와 당산제가 행해진다. 줄을 꺼낼 때 고사를 지내고, 이어서 반드시 당산제를 지내게 된다. 그리고 본행사를 치른다. 당산은 마을 입구에 있었는데, 현재는 서랑동에 수호 나무를 당산으로 삼는다.

당산제는 당산을 돌며 동북서남 순서로 사방치기를 한다. 이는 악귀를 차단함과 아울러 인사를 드리는 의미를 지닌다.

계보

보존회 내력

외미농악보존회는 2003년 오산문화원과 같이 고증과 발굴작업을 시작하였다. 당시에 서랑동, 금암동, 가수동, 금곡리 등지에 생존해 계신 분들로 인해 발굴이 가능하였다. 처음의 명칭은 오산외미농악보존회였으나 2013년 오산외미걸립농악보존회로 변경하였다. 농악이외에 줄다리기, 거북놀이가 발굴됨으로 인하여 명칭이 변경된 것이다.

현재 회원은 100여명에 이른다. 옛 어르신들은 주로 고증을 맡고, 주로 50~60대

초반의 마을 이장, 청년회, 통장들이 주축으로 활동한다.

공연단 운영
청소년예술단을 2003년에 문화원과 같이 창단하여 후진양성과 전문인 육성을 담당하고 있다.

교육
매주 수요일 저녁에 지역민과 인근 지역들을 대상으로 무료로 진행하고 있다.

가락
외미농악에서 연주되는 가락은 아래와 같다.

> 덩덕궁이(삼채): 자진굿거리와 유사하며 쇠가락이 계속 연결된다는 특징이 있다. 전형적인 웃다리가락으로 겹가락이다.
> 쩍쩍이: 마당삼채 또는 빠른 삼채로도 불린다.
> 자즌가락: '덩 따 궁'으로 도입을 한다.
> 엎어배기: 거북이가 음식을 나눌 때나 일반적으로 놀 때 연주하는 가락이다. '덩 덩따궁따궁따, 궁따궁따궁따궁'이다.
> 짝드름: 짝쇠에서 하는 꽹과리 놀음으로 엎어배기 때 막아서 치는 부분으로 가리킨다.
> 길가락: 칠채라고도 하는데, 도입이 30박이라는 점이 특징이다. 길가락은 실제로 길을 가면서 연주한다.
> 도드래기: 영산가락이라고도 한다. 원래는 늦은 삼채 또는 느린삼채로 사미들이 깨끼춤을 출 때 연주한다. '덩 딱 딱 딱 딱'
> 인사굿: 길가락 도입에 10박을 더한 형태이다.

외미농악에서는 연주방법에 따라 세 가지의 가락으로 나뉜다. 첫째 단가락은 원음, 즉 홑박에 해당된다. 둘째 홑가락은 전라도와 유사한 가락으로 '지갠'이다. 셋째는 겹가락으로 '그랑'이다.

판굿

외미농악의 판굿 또는 판제는 전형적인 웃다리판이라고 할 수 있다. 크게 여섯 마당으로 나뉜다.

1마당: 원진
2마당: 돌림법구
3마당: 당산벌림 (팔자진 - 원 뒤집기)
4마당: 길가락 - 을자진
5마당: 당산벌림 (모심기 - 영산가락 - 외줄백이 - 쌍줄백이)
6마당: 사통백이 - 오방진 - 십자진 - 가세치기 - 태극진 - 팔괘진

치배

농기 또는 마을기 하나와 쇠 1, 징 1~2, 장구 3, 북 2, 소고 2~3, 태평소, 사미, 잡색, 동네주민으로 편성된다.

복색

전형적인 웃다리의 복색이다. 쇠는 개꼬리 상모를 쓰고, 나머지 치배는 상모를 쓴다.

* 취득 자료

의왕시 왕곡풍물

일시: 2015년 9월 15일 17시 30분 ~ 19시
장소: 왕곡동(왕림마을) 마을회관
제보자: 송수억(1932년생) 외 회원

송수억 외 회원

왕곡풍물단 회원들은 거의 대부분이 이 지역 토박이로 어린 시절 농악과 관련된 기억을 가지고 있다.

왕곡농악

왕곡동은 왕림마을이다. 왕림은 왕이 오셨다 가셨다는 데서 유래한다고 전해진다. 왕은 정조일 가능성이 높다. 이곳은 윗말인 별묘, 중간 마을인 샛말, 아랫말인 왕림이 있다. 윗말과 아랫말은 농악의 형태가 달랐다고 한다. 이 마을에는 두레와 호미걸이를 행했으며, 농악이 수반되었다. 지신밟기도 성행하였다.

해방 후(1946년) 광복기념으로 큰 행사를 할 때 참여하였으며, 이후 1970년대 고려합섬 기공식에서 공연을 한 것이 주된 활동 사항이다. 6·25전쟁 이후에는 주로 동네 행사 때만 행하였다.

이 마을은 양반동네이지만, 남사당패가 지나가면 불러서 놀았을 만큼 흥이 많은 곳이다. 농악 이외에도 산신제를 거행하는데, 현재까지 이어지고 있다. 또한 상조회가 결성이 되어있어 상여소리와 회방아소리도 불리어지고 있다.

1) 두레

두레는 주로 논김매기를 할 때 이루어지는데, 김매기는 애벌, 두벌, 세벌을 한다. 세벌은 훔치라고 하며 풀을 뽑는 과정이다. 이러한 두레에서 농악을 하였다. 농악은 주로 일하러 가는 등 이동할 때 행하였고, 일을 할 때는 노래를 하였다. 두레에

서 농악은 농기, 호적, 쇠, 제금, 징, 장구, 북으로 편성되었다. 일을 마치고 나면 일을 해 준 집에서 저녁을 먹고 농악을 하며 놀기도 하였다.

2) 호미걸이

호미걸이는 두레패가 노는 것을 이른다.

3) 고사

정월 보름 안에 동네의 모든 집을 다니며 고사를 지냈다. 농기를 앞세우고 농악대가 행하였다.

계보

왕곡풍물단 회원들이 기억하는 예전 농악의 잽이들이다. 대부분 현재 회원들의 가족이다. 나이는 생존 시로 추정한 수치이다.

윤필영(쇠, 96세), 이상묵(쇠, 126세), 김석영(장구, 110세), 표춘식(징, 99세),
정수산(호적, 110세), 주한준(상모)

보존회 내력

왕곡마을의 농악은 2003년 마을회관이 건립되면서 복원이 시작되었다. 당시 전남순 국악협회지부장과 국악협회의 이선형이 참여를 하였으며, 회원은 22명이었다. 국악협회의 도움을 받아 다수의 공연을 열었으며, 2007년 왕곡풍물단으로 창단을 하게 되었다. 단원은 다음과 같다.

김주태(1934년생, 부쇠, 초대 단장), 김영식(1949년생, 징, 2·3대 단장)
이관원(1937년생, 노인회장)
김현배(1956년생, 초대 상쇠), 신명숙(1954년생, 상쇠), 이상호(1935년생, 부쇠)

김진흥(1942년생, 징)
윤호숙(1955년생, 장구), 송춘봉(1955년생, 장구), 이순이(1946년생, 장구)
김순옥(1955년생, 장구), 김경순(장구), 김명자(1944년생, 장구)
송수억(1932년생, 북), 김쌍이(1949년생, 북), 박용애(1954년생, 북)
이관우(1949년생, 북), 윤은문(1961년생, 북), 서정순
표윤남(1954년생, 호적 및 모든 악기)

공연
의왕시에서 주최하는 축제나 행사에 주로 공연을 한다.

교육
단원모임: 화요일 오전 왕곡동 마을회관에서 실시

가락
1) 두레
길가락: 삼채장단을 이르며, 이동을 할 때 연주한다.
짠지패가락: 휘모리장단으로 신나게 놀 때 연주한다.

2) 풍물
자진가락: 휘모리
덩덕궁이: 삼채
길가락: 칠채와 육채
마당삼채

판굿
정형화된 판굿이 있었는지는 알 수 없지만, 과거에 큰 행사에서 연주한 것으로

보아 일정한 형식은 갖추고 있었으리라 생각된다.

치배

경기도지역의 농악과 유사했으리라 추측된다. 특히 오래 전에 제작된 제금이 전하는 것으로 보아 인근 지역 농악대와 같이 제금을 사용했으리라 생각된다.

복색

특징

* 취득 자료

이천시 이천농악

일시: 2015년 9월 7일 11시 ~ 14시
장소: 이천시 사음동 420번지 예술창작 공동체 아트엔트 사무실
제보자: 박제하(1947년생), 이종철(1935년 계유생), 진영옥(1937년생),
　　　　박연하(1971년생)

박제하
박제하는 이천시 단월동의 토박이이다.

이종철
이종철은 이천시 호법면 유산 3리 546번지에 거주하는 토박이이다.

진영옥
진영옥은 이천시 대월면 초지리의 토박이이다.

박연하
박연하는 돈의실에서 태어나 매곡초등학교, 호법중학교, 이천고등학교를 졸업하고 대학에서 물리학을 전공한 뒤에 한국예술종합학교 연희과에서 전문사를 취득한다.
　1997년 이종철, 진영옥에게 농악을 배우기 시작하였고, 대월초등학교 교감 김종린에게 이천농악과 거북놀이를 사사하였다. 이후 김병천에게도 농악을 사사한다.
　현재까지 이천농악과 거북놀이 등 이천의 전통문화를 발굴, 전승하고 있다.

이천농악
　이천지역에는 농악, 줄다리기, 거북놀이, 지신밟기, 걸립 등이 성행하였다. 걸립은 이장의 요청으로 행해지는 경우가 많았다고 한다. 새마을운동으로 인하여 농악

은 쇠퇴를 하게 되는데, 그 이유는 먹고 살아야 한다는 명분 때문에 농악을 하지 않았기 때문이라고 한다. 세 마을의 현황과 현재 연행되는 이천의 농악을 위주로 정리해서 소개하면 다음과 같다.

1) 단월동

단월동의 경우 줄다리기와 지신밟기가 성행하였으며, 이 때 농악이 항상 수반되었다. 줄다리기에서는 줄다리기가 위주이며, 농악은 보조적인 역할을 하는 형태이다. 줄다리기는 언제인지 정확하지 않지만, 몇 백 년 전부터 시작되어 1988년까지 지속되었다. 1989년 마을에 버스사고가 일어나 단절되고 말았다. 정월대보름에 행해지는 줄다리기는 집집마다 갹출 하여 음력 10일부터 14일 사이에 줄을 제작한다. 15일에는 동네를 한 바퀴 돌고 밤이 되면 암수 빗장을 걸게 된다. 이때 농악은 쇠 2~3명, 징, 장구, 북은 상황에 따라 인원이 정해지고 벅구는 7~8명, 열두발, 아가씨 무등 4명, 사냥꾼, 거지, 곱추, 탈, 대감으로 구성된다. 쇠는 부포, 벅구는 벙거지, 나머지 치배는 고깔을 쓴다. 상쇠는 다른 지역에서 모셔 오기도 했다. 보통 일주일을 연습하였다.

단월동의 지신밟기는 걸립의 성격을 가지고 있다. 보름부터 2~3일간 지신밟기를 행하는데, 농악대 전체가 집집마다 다녔다. 집에 문굿을 하고 들어가서 부엌, 우물, 마당에서 농악을 쳤으며, 쌀 한 말로 만들어진 불뱃기(불밝기)를 차려놓고 고사를 지냈다. 말통에 쌀 한 말을 담고 그 위에 쌀을 담은 주발에 초를 꽂고 실타래로 감으면 불뱃기가 완성된다.

문굿은 '들어가오 만인간'의 사설로 시작된다. 부엌은 조왕이라고 하는데 '조왕지신 놀러주시오 음식 맛있고 액운을 물리치고' 등의 사설을 한다. 우물고사는 비오라는 소리이기도 하다. 마루에서 고사반이 이루어진다. 짧게는 5분에서 길게는 30분까지도 했다. 터주는 '눌러주오 터주지신' 등의 사설로 이루어진다. 마당에서는 농악을 치며 한바탕 논다.

이 외에 명절 때나 여름 복놀이 때에도 농악을 하였다.

2) 초지리

초지리의 경우 거북놀이가 성행하였다. 이때 농악이 연주를 도맡아 했다. 걸립은 주로 정월에 하고, 거북놀이는 추석에 한다. 걸립을 할 때에는 고사반을 한다. 거북은 수수잎을 삶아서 엮고 대나무를 휘어서 제작하였다.

3) 유산 3리

대천, 쪽장골이 농악이 성했다. 해방 후에 장진동에 장티푸스가 돌고, 새마을운동으로 인하여 70년대는 농악이 거의 단절 되었다. 전두환 대통령 취임 때 마을을 다니면 농악을 하였다. 이천시 체육대회에서 호법면이 1등을 한 경력도 가지고 있다. 현재 65년 된 징, 62년 된 장구, 40여 년이 된 북이 보관되어 있다.

4) 돈의실

현재 연행되는 농악은 돈의실 농악을 중심으로 삼고 있다. 돈의실은 현재 매곡 1리로 안성-백암-이천으로 오는 길에 위치한다. 용인의 백암과는 10리 거리이다. 백암 오뱅이 마을 상쇠였던 김익수는 돈의실 마을에 왕래가 잦았다고 한다.

자유당 때까지는 면단위 농악대회가 열릴 만큼 농악이 성행하였으나 6·25전쟁 이후 차츰 사라졌다고 한다. 농악과 거북놀이가 주로 연행되었다.

계보
쇠: 임근옥 - 박범준 - 김병천 - 진영옥 - 박제하
장구: 최삼봉 - 유영주 - 권태수
북: 최대순 - 곽장근
태평소: 문필상 - 이종철

보존회 내력
농악보존회는 별도로 없고, 거북놀이보존회와 병행하는 방식이다.

공연

교육

가락

1) 이종철의 가락

자진가락(휘머리)

마당삼채

풍류삼채

쩍쩍이

길놀이

광고가락: 빨리 입장하는 경우 사용

12채

2) 진영옥의 가락

삼채 또는 마당놀이

다대기: 점점 빨라지다가 다시 처음의 속도로

굿거리 춤가락

3) 돈의실 농악

춤가락(굿거리): 춤을 출 때 사용

쩍쩍이(쩍쪽이)

엎어배기(더드래기)

덩덕궁이: 다양한 형태

자진가락

길가락: 칠채 - 육채

판굿

옛날에는 현재와 같은 판굿이라기보다는 정형화 되지 않은 형태하고 할 수 있다. 현재 연행되는 판굿은 웃다리판제와 유사하며, 맺음과 쩍쩍이가 특이하다. 또한 굿거리 춤가락과 광고가락이 있다.

1) 옛날 판제
점고: 동네 들어갈 때, 상쇠신호에 의하여 연주
다대기
길가락
장승굿: 다대기 - 인사 3번
우물굿: '뚫어라 뚫어라 샘구녁을 뚫어라' - 절 3번
마당굿: 삼채

2) 현재 판제
돌림벅구 - 육채 - 칠채 - 당산벌림 - 사통백이 - 사통따기 - 대대옆치기(원) - 네줄 옆치기 - 쩍쩍이 타령 - 마당놀이(밀벅구) - 당산벌림(개인놀이)

치배
농기 - 쇠 - 징 - 장구 - 북 - 소고 - 무동 - 여종, 양반

복색
쇠는 북상, 징 · 장구 · 북 · 소고는 나비상, 무동은 고깔을 착용

* 취득 자료

파주시 파주농악

일시: 2015년 9월 5일 17시~18시 30분
장소: 임진각 평화의 종
제보자: 조영현曺英鉉(52년생, 64세, 보존회장)

조영현

조영현은 교하의 토박이로 현재 보존회 회장을 맡고 있다. 그는 파주농악의 발굴을 주도한 인물로 현재까지도 전승과 발전에 힘을 쏟고 있다. 조영현은 운영뿐만 아니라 파주농악의 교육에도 직접 참여하였다. 지역 단체들을 조직하거나 요청이 있으면, 교육 강사로 활동하였다.

파주농악

파주농악은 기세울 마을에 기반을 둔다. 이 마을은 파평 윤씨가 세종대왕 이후 국구부원군 세 분과 공신부원군 세 분이 성장하고, 그 자손들이 벼슬길에 올라 그 세도가 하늘에 닿아 '기세가 쎄다'라는 의미에서 유래를 찾을 수 있다. 파평 윤씨의 집성촌으로 교하에 1,000여 세대가 거주하였다.

이 마을은 개성 상인들을 비롯한 다양한 지역의 상인들의 왕래가 많아 교하는 상업의 통로였으며, 그에 따라 사당패가 머물렀다고 한다. 이와 더불어 농악을 비롯한 악기 등에 재주가 많은 재주꾼들이 들어오고, 이들과의 교류를 통하여 파주농악이 화려하고 볼거리가 많아진 것으로 보인다.

기세울 지역의 농악대들은 매년 당하리 지역 뒷산의 산신당에서 무사고를 기원하는 대동굿을 무당과 더불어 행했다고 한다. 절골 지역은 성지암이란 곳에서 발원과 축원을 수허하여 이를 농악대가 담당하였다고 한다. 오도리 지역은 홍수 피해를 막기 위하여 제방을 쌓았는데, 그 때 농악을 하였다고 한다.

이상과 같이 파주 기세울 농악은 조선 세조 때부터 걸립과 더불어 굿적인 요소와 두레적인 요소를 두루 갖추었다고 할 수 있다.

1947년 개성 송악산 근처에서의 경기도 대회에 농악대가 출전하여 3등상을 탔다고 한다. 또한 대회에서 받은 상품이나 돈으로 마을소유의 땅을 구입하고, 품앗이를 통하여 공화당(지금의 마을회관)을 지었을 정도로 번성하였다고 한다.

하지만 1950년 6·25전쟁 이후부터 활동이 미약해졌으며, 농악대의 구성원들이 사망함에 다라 그 명맥이 끊어졌다. 또한 교하 신도시의 개발로 역사적 자료 또한 훼손되어 전하는 것이 거의 없는 실정이다. 이후 현재의 보존회 총무를 담당하였던 윤희덕의 증언으로 발굴과 복원이 시작된다.

계보

파주 기세울 지역 농악대의 마지막 예인은 최규성(1922년생, 만80세 사망), 김정섭(1908년 생, 만65세 사망), 조규철(1922년생, 만73세 사망), 박금남(1922년생, 만 70세 사망) 등이 있었다고 한다. 최규성과 박금남은 쇠잽이로 꽹과리에 능했다고 한다. 김정섭은 소리와 호적에 능하였고, 조규철도 소리에 능하였다고 한다.

보존회 내력

보존회는 1985년에 설립되었다. 윤시덕(1931년생, 파평 윤씨 정종공파 36대손), 김명기, 조영현, 박성걸의 고증과 발굴로 복원이 시작되어 보존회가 설립되기에 이른다. 이때 발굴의 토대가 된 것은 문산제일고등학교의 파주농악이었다. 문산고등학교는 전국청소년민속예술제 15회와 17회에 경기도 대표로 참가하였다.

보존회원

현재 46명으로 10대에서 60대까지 고르게 구성되어 있다.

* 회원명단은 사진 파일로 별첨

공연
1) 정기공연: 웃다리공연
2) 초청행사

교육
1) 강사풀 파견
2) 파주시민 대상 동아리

가락
늦굿거리(삼동지가락): 놀면서 나갈 때
길군악(칠채): 부지런히 갈 때
두레 12채: 홑박이며 김매다 잠깐 치는 가락
얼림굿
육채
자진삼채: 북은 원박, 징은 세 번
태평소: 메나리조 선율

판굿
인사굿 - 돌림벅구 - 앞당산 - 오방진(길군악) - 뒷당산(쩍쩍이, 쾌자춤) - 십자걸이 - 사통백이 - 좌우치기 - 늦거리 - 밀벅구 - 개인놀이

치배
농기 1(농자천하지대본, 신농유업), 용기 1, 영기 2, 단체기 1, 오방기 5 잡색 3
쇠 3
바라 1
징 2

장구 4

북 4

소고 10

무동 8

태평소 1

피조리 - 잡색(양반, 하인, 각시)

특징

중부권에 속하는 전형적인 농악으로 지역토착민들과 함께 전문예인집단의 영향을 받았으며, 황해도까지 아우르는 한강이북지역의 농악놀이이다. 소고잽이들의 상모놀이가 화려하며 가락도 활기차다.

* 취득 자료

1) 영상자료: 2015년 9월 5일 공연 영상
2) 기획서: 경기도 민속예술제 참가 신청서

화성시 역말농악

일시: 2015년 9월 6일 14시 ~ 16시
장소: 화성역말농악보존회 2층 사무실(봉담읍 동화리 620 역말문화회관 2층)
제보자: 김선인(1987년생, 29세, 소고)

김선인

김선인은 어린 시절부터 농악을 하였으며, 할아버지인 김용권도 농악을 하셨다고 한다. 봉담초등학교에 입학하여 신풍초등학교로 전학하였으며, 수원북중을 거쳐 국악예고와 중앙대에서 국악을 전공하였다. 12세 때 보존회에 가입하여 저녁 7시에 강은중 선생으로부터 농악 수업을 받고 있다.

역말농악

역말농악의 역말은 역관 또는 역참을 가리키며, 발상지는 화성시 봉담읍 동화리이다. 옛 명칭은 '역말'로 화성 봉담 동화리 역말은 조선조 때 양재 도찰 방에 딸린 동화역이 있던 역촌이다.

옛날 농기에 1909년이라고 쓰여진 것으로 보아 농악의 시점은 훨씬 이전일 것으로 추정된다. 이곳은 예로부터 농악, 두레, 지신밟기, 걸립, 용줄다리기가 크게 발달했다. 과거에는 두레 안에 농악의 형태로 존재했으나, 현재는 농악만이 전승된다.

계보

역말농악의 계보는 이선만 - 강은중 - 강호철 - 강일순, 김선인, 최혜성, 이민우로 이어진다. 이선만은 뜬쇠로 알려진 인물이다. 강은중은 상쇠를 오랫동안 맡은 인물로 소고로 시작하여 상쇠가 된 내력을 지닌다. 강호철은 강은중의 아들로 현재 보존회장이며 징을 담당한다. 강일순은 강호철의 아들이며 현재 사무국장이다. 강일순과 비슷한 연배인 김선인은 소고, 최혜성은 상쇠, 이민우는 부쇠를 맡고 있다. 이들은 모두 이 지역의 토박이들이다.

보존회 내력

역말농악보존회는 1909년이라고 깃발에 쓰여 있는 것을 토대로 그 이전일 것이라고 전해진다. 역말농악이 전국으로 처음 알리게 된 계기는 이승만 정부시절 열린 전국농악경연대회였다. 1955년 당시 화성군의 요청으로 역말농악이라는 이름으로 대회에 참가하게 된다. 강은중(현재 90세 이상)이 이끈 역말농악은 우승하여 대통령상을 받게 된다. 그 이후로 1970년 화홍문화제 우승, 1986년 경기도 민속예술제 우승 등 여러 각종 대회와 행사 참가로 화성시의 대표적인 농악단이 되었다.

1909년 이후 '역말 농악'이라는 명칭을 유지하다가 2001년 '화성봉담역말농악보존회'로 개명을 하였다. 2014년 11월 현재 회원수는 60여 명이다. 역말농악보존회 50여명과 역말농악 청소년연희단 12명으로 구성되어 있다.

- 1945년 전국농악경연대회 우승 대통령상
- 1970년 화홍문화제 우승
- 1986년 제6회 경기도 민속예술제 우승
- 1996년 경기도청소년민속예술경연대회 우수상 수상
- 2001년 제1회 평택 웃다리농악경연대회 3등 수상
- 2012년 제 1회 정기연주회 '역말 마을 이야기'
- 2014년 제 6회 청주 직지 전국 국악 대제전 대장원 (종합대상)
- 2014년 제 13회 평택 지영희 전국 국악 경연대회 장원
- 2014년 농어촌희망재단 주최 농어촌 마을공동체 문화강습 사업진행 7월~11월

* 회원명단은 별첨

공연

화성봉담역말농악보존회 발표회: 오랫동안 전승이 끊긴 화성시 역말농악의 본 모습을 발굴, 복원 하고 화성지역의 전통을 확고히 이어 나가는 역할을 한다. 그 외 각종 대회와 행사 참가하고 있다.

교육

매주 월요일 역말농악보존회 연습
매주 화요일 역말농악 청소년 연희단 수업

가락

칠채(길가락)
육채
도드래기(삼채)
자진가락(이채)
엎어배기(사채)
짠지패가락: 굿거리와 비슷한 가락으로 놀 때 사용한다.

판굿

역말농악의 판굿은 제식훈련 형태와 36방 등이 특징적이다. 36방은 36명이 다른 곳으로 가면서 흩어졌다 뭉치는 방식의 진풀이로 알려져 있으나, 구체적인 모습은 알 수 없다. 진풀이는 1줄에서 2줄로 만드는 경우 행진의 형태이며, 당산벌림에서는 까치걸음, 앉을상 등의 진풀이를 행한다.

1) 입장 - 인사
2) 을자진(칠채) - 달팽이진으로 말기(육채) - 풀고 나오기(더드래기)
3) 두 원(바깥은 악기, 안은 소고): 소고잽이의 양상과 엎어배기

4) 훈련식(1줄에서 2줄)

5) 까치걸음 - 앉을상 - 개인놀이(개인놀이는 상쇠의 임으로대로 순서 결정)

6) 1줄 - 2줄 - 사통 - 십자걸이

치배

치배는 기수 - 태평소 - 꽹과리 - 징 - 북 - 장구 - 소고로 구성된다. 북이 앞에 위치하는 점이 특이하다.

복색

상쇠를 제외하고 모두 파랑조끼이며, 상쇠는 흰조끼를 입는다. 왼어깨에 빨강과 파랑을 겹치고 허리에 노랑색 띠를 맨다. 상쇠는 종이부포를 쓰고, 북은 종이 꽃으로 치장을 하는데, 원래는 고깔을 착용하였다고 한다. 현재는 전형적인 웃다리의 복색을 갖추고 있다.

* 취득 자료

1. 영상자료: 1986년 공연영상
2. 문헌자료: 역말농악 악보

강화도 농악

1. 조사의견

(가) 문화재적 가치

강화도 계룡재 들노래는 두 가지 측면에서 문화재적 가치를 가지고 있다고 판단된다.

첫째, 황해도의 수심가 토리권과 경기도의 북부 경서 토리권 및 서울 인근의 경토리권에 영향 하에 있으면서도 독자적인 강화도 지역 유형의 소리를 지니고 있다고 판단되기 때문이다. 민요의 형식과 내용에 있어서도 독자적인 면모가 있으며 모찌기, 모심기, 새참놀이, 김매기, 두렁밟기, 물푸기, 파접놀이 등에 있어서 고유한 노래 종목을 발전시켰다.

둘째, 특정한 소리 가운데 김매기의 엥초 소리가 있어서 바닷 소리나 논바닥 소리가 합쳐져 있는 특징을 지니고 있다. 따라서 바다와 논바닥 소리가 적절하게 안배되어서 고유한 논매기 소리를 발전시키고 물푸기 소리 등을 구성하고 있으므로 보존할 가치가 있다고 생각한다.

강화도 전통 풍물은 강화도 계룡재 들노래에 못지않게 중요한 가치를 지니고 있다고 생각한다. 웃다리 풍물 가락과 같으면서도 다른 가락을 고유하게 지니고 있기 때문이다. 강화도 황청리 농악 가락을 대표하고 있는 가락이 몇 가지가 있다. 예컨대 찔러메기, 4채찔러메기, 12채가락, 배치기가락, 기절가락 등이 있는데, 찔러메기는 동리3채나 쩍쩍이가락의 변체가락이지만, 가락 자체에서 원시성을 지니고 있으며, 12채가락은 길군악 7채의 변체가락이다. 이와 같은 각도에서 강화도 황청리 농악가락은 보존되어야 마땅하다. 특히 '지군놀이'와 같은 소고놀이의 농사유감주술 의례를 탁월하게 형상화하는 것이라고 판단된다.

(나) 문화재 지정 가능여부

문화재 지정은 문화재적 가치 여부와 긴밀하게 맞물리는 문제이다. 강화도의 계룡재 들노래와 황청리 농악은 당연히 지정되어서 전승 주체나 전승의 체계 등을 갖추어 주는 것이 합당하다고 생각한다. 그것이 문화재 지정의 이유이다.

(다) 기타의견

강화도 들노래의 경우에는 여차리 고귀순 가창자의 김매는 소리가 토착적이고 고유한 요소를 많이 가지고 있다. 이처럼 강화도 고유의 소리를 간직하고 있는 소리를 가져다 보완해서 전승하게 하는 것이 바람직하다. 나머지 전승에 있어서 보유자나 조교는 원래 제출한 문건대로 지정하는 것이 바람직하리라 생각된다.

[부록] 2. 경기도 토박이 농악 단체 보고서

		(광명시 광명) 농 악
1	조사일시	2015년 9월 3일 13시~14시
2	조사자	김헌선
3	농악보존회 설립년도	주소 : 경기도 광명시 하안동 산 22 연락처 : 임웅수 010-5287-1156 설립 연도 : 광명농악보존회 1998년 창립
4	농악 전승 계보	유인필, 구형서, 김석남 유인필(?~2006) : 천안생. 남사당농악에서 쇠 담당 1970년대부터 광명농악과 교류 1981년 철산동으로 이주하며 광명농악에 합류
5	농악 가락과 판제	<가락> 덩덕궁이 : 삼채 자진가락 : 두마치 또는 이채 칠채 육채 : 마당일채 굿거리 올림채 : 끌어올리고 좁히고 땡겨올린다는 의미를 지니는 가락으로 덩덕궁이로 넘기는 역할을 함 쩍쩍이 좌우치기

		<판제> 굿머리(청음굿) 인사굿 돌림법구 앞당산 칠채(오방진) 뒷당산 가세치기, 십자놀이 사통맥이 원좌우치기 네줄백이 좌우치기 쩍쩍이 굿거리 허공치기 개인놀이 무등놀이 맺음굿
6	필요한 음원자료 (사진 자료 없음)	1. 영상 : 흥에 취하고 가락에 노니다, 광명농악, 경기문화재단 2. 자료집 : 광명농악의 이해와 경기농악, 2008
7	제보자 조서	임웅수 (1956년 임인생) 임웅수는 1962년 10월 충남 연기군(현 세종시)에서 태어났다. 어린 시절부터 농악을 시작한 그는 16세에 공주농고(43회 졸업)에서 정인삼선생을 만나면서 본격적으로 농악에 입문하게 된다. 민속촌농악단에서 활동하다 군대를 전역한 후에 박병천, 김복섭 선생에게 사사한다. 1986년 마당풍물놀이를 창단하여 8년간 활동을 한다. 1991년부터 광명농악 발굴에 참여하여 2002년에 전수교육조교에 선정되고 2012년 예능보유자에 지정된다.
8	가락 연주 녹음	녹음 참여자 악기 담당자 실제 연주 내용

		(군포시 둔대) 농 악	
1	조사일시	2015년 9월 15일 15시 30분 ~ 17시	
2	조사자	김헌선	
3	농악보존회 설립년도	주소 : 군포시 둔대동 216 둔대노인정 2층 둔대농악보존회 연락처 : 심상곤 011-9955-1877 설립 연도 : 2002년 둔대농악보존회 설립	
4	농악 전승 계보	상쇠 : 김계득 - 김금동 - 방태순 - 심상곤 이상춘(쇠), 심영수(북, 농요)	

5	농악 가락과 판제	<가락>
		1) 두레
		   길군악 : 칠채와 육채장단으로 일터로 갈 때 등 이동할 때 사용한다.
		   도드래
		   자진가락
		   짠지패가락 : 굿거리장단으로 춤을 출 때 연주한다.
		2) 판굿
		   자진가락(이채)
		   길군악(칠채)
		   더드래기(마당삼채)
		   마당일채(육채)
		   도드래가락(삼채)
		   맺는가락
		
		<판제>
		종고(점고)
		인사굿
		돌림벅구
		길군악
		판굿 : 벅구놀음
		당산벌림
		벅구놀음 : 쌍줄
		사통백이
		돌림벅구
		뒷놀음 : 짠지패가락에 춤을 춤	

6	필요한 음원자료 (사진 자료 얻음)	<둔대농악>, 군포시 군포문화원, 2004년.	
7	제보자 조서	심상곤(1931년생, 상쇠) 심상곤은 이 마을의 토박이로 11대조의 묘소가 있으며, 약 300년 이상 정착하고 있는 집안의 자손이다. 17세에 부쇠를 하였다. 그는 쇠가락은 외에 소리에도 능하다. 방아타령, 고사반을 보유하고 있다.	
8	가락 연주 녹음	녹음 참여자 악기 담당자 실제 연주 내용	

		(남양주시 삼봉) 농 악
1	조사일시	2015년 9월 7일 19시 30분 ~ 21시
2	조사자	김헌선
3	농악보존회 설립년도	주소 : 남양주시 조암면 삼봉 2리 마을회관 연락처 : 김완기 010-9968-8890 설립 연도 : 별도의 설립 없음
4	농악 전승 계보	1대 : 김명찬(북), 최학출, 최학동(태평소), 심차성(징), 최승완(쇠) 2대 : 최영수(부쇠), 이채용 3대 : 김완기(상쇠, 고사반)

5	농악 가락과 판제	<가락>
		모든 가락은 느리게 시작하여 점점 빨라지는 방식이다.
		
		    길가락 : 춤가락이라고도 하며, 이동시에 연주
		    칼상모장단 : 상모를 S자로 돌릴 때 연주
		    양상모장단 : '아랫마당 웃마당 경상도 물가죽'
		    무동애장단 : 무동들이 춤을 추는 장단
		    맺음장단
		
		예전에는 장구의 북편을 손으로 연주하였다. 북가락은 장구의 북편과 동일하다. 태평소의 선율은 장단과 맞았다.
		
		<판제>
		현재의 판제는 남사당패와 흡사하다. 예전에는 정형화된 판제가 없이 상쇠의 지휘에 따라 진풀이 등을 하였다고 한다.
		
		<예전의 판제>
		달팽이진 : 길가락을 치며 달팽이진을 감았다가 풀고 나와 원진을 형성
		원진 : 안과 밖에 두 원을 형성. 안은 소고 밖은 악기
		소고치배는 칼상모장단에 맞추어 연행
		상쇠가 주도적으로 놀림

6	필요한 음원자료 (사진 자료 없음)	
7	제보자 조서	김완기(金完基, 1936년생, 보존회장) 김완기는 이 마을의 토박이로 삼봉농악보존회의 회장과 상쇠를 맡고 있다. 그는 악기뿐만 아니라 고사소리 등 소리에도 능하다. 어릴 적 마을의 농악대가 강 건너 금남면, 서정면에 초청이 되어 가면 무동으로 다니기도 하였다. 최상정(崔相晶, 1946년생) 최상정은 이 지역의 토박이로 삼봉농악에서 장구를 담당한다. 그의 동생 최상문은 부쇠를 맡고 있다.
8	가락 연주 녹음	녹음 참여자 악기 담당자 실제 연주 내용

		(동두천시 이담) 농 악
1	조사일시	2015년 9월 5일 13시~14시 30분
2	조사자	김헌선
3	농악보존회 설립년도	주소 : 동두천시 어수로 4, 동두천시민회관 내 이담농악보존회 연락처 : 김흥래 010-8987-1275 설립 연도 : 1995년 이담농악보존회 창립
4	농악 전승 계보	조임득(송내동), 이창인(상쇠) 어윤회(상쇠), 장병우(벅구), 어윤선, 어윤수 장병우(상벅구), 조인국(쇠)
5	농악 가락과 판제	<가락> 광복가락 : 길놀이 때 사용 '갱무게갱 갱무게갱 갱 갱 갱무게갱' 길가락(7채) 덩덕궁이 이채(휘모리) 굿거리(쩍쩍이) <판제> 길놀이 인사굿 원진 벅구마당놀이 당산벌림 멍석말이 원진 벅구놀이 한줄벅구 두줄벅구 벅구 농사풀이 개인놀이(벅구놀이, 버나놀이, 살판놀이, 12발벅구놀이)
6	필요한 음원자료 (사진 자료 얻음)	1. 영상자료 : 2013년 제19회 경기도 민속예술제 영상 2. 자료집 : 이담농악연구(이근호)
7	제보자 조서	김흥래(金興來, 1959년생, 부회장) 김흥래는 어린 시절 아버지를 따라 동두천에 정착하였다. 일찍부터 동두천의 전통문화에 관심을 가졌던 그는 동두천여자상업고등학교 교사를 맡으며 본격적으로 농악을 발굴하기 시작한다. 처음에는 동아리로 시작을 하고 마침내는 보존회를 결성하기에 이른다. 현재까지 이담농악보존회, 동두천시립농악단의 운영을 책임지며, 이담농악의 전승과 발전에 매진하고 있다.
8	가락 연주 녹음	녹음 참여자 악기 담당자 실제 연주 내용

	(수원 고색동) 농 악	
1	조사일시	2015년 9월 3일 19시~20시 30분
2	조사자	김헌선
3	농악보존회 설립년도	주소 : 경기도 수원시 고색동 마을회관 3층 연락처 : 박용기 010-5706-5996 설립 연도 : 1994년 고색동농악단 창립
4	농악 전승 계보	상쇠 : 박상섭-전영태-정종길-김채용(현재)
5	농악 가락과 판제	<가락> 고사가락 : 뚫어라 뚫어라 길가락 더드래기 쩍쩍이 상모가락 위 4가락은 각각 3가락씩이 존재하므로 모두 12가락이 된다. <판굿> 첫째마당 : 길가락~인사 둘째마당 : 다드래기, 달팽이진, 나비진, 물방울진 셋째마당 : 쩍쩍이(상모-북장구), 품가락 넷째마당 : 상모가락(상모놀이에 맞춰) 다섯째마당 : 인사, 들어가는 가락, 놀기와 마무리
6	필요한 음원자료 (사진 자료 얻음)	1. 2011년 줄다리기 영상 2. 2014년 줄다리기 영상 3. 고색농악 가락보
7	제보자 조서	박용기(朴用基, 60세, 원숭이띠, 단장) 박용기는 고색동 토박이로 20년 전부터 농악을 시작하였다. 2014년부터 전 농악단 단장이었던 김재명을 이어 단장을 맡고 있다. 북-징-장구-쇠를 두루 담당하였고, 현재 주로 태평소를 분다. 태평소는 수원문화원의 이한영 선생에게 사사하였다. 이한영은 최경만의 제자라고 한다. 김채용(金菜容, 67세, 소띠, 상쇠) 김채용은 충청남도 홍성에서 태어나서 13세부터 농악을 시작하였다. 홍성을 떠나 송파에 거주하다가 35년 전 고색동에 정착하였다. 고색동농악에서 징잽이인 엄창기의 집에 세 들어 살며 공장을 운영하였다. 동시에 농악을 같이 하게 된 그는 처음에 징으로 시작하여 북과 장구를 거쳐 상쇠를 맡았다. 처음 고색동농악단에 들어갈 때는 6명의 신청자 중에 선발되었다. 그는 고생동농악단에서 역대 상쇠를 맡았던 전영태, 정종길과 같이 농악을 히였으며, 현재까지 20년 동안 상쇠를 맡고 있다.
8	가락 연주 녹음	녹음 참여자 악기 담당자 실제 연주 내용

		(시흥시 월미두레풍물놀이) 농 악	
1	조사일시	2015년 9월 17일 16시 ~ 17시
2	조사자	김헌선
3	농악보존회 설립년도	주소 : 시흥시 뱀내장터로 10-3 (전통연희단 꼭두쇠) 연락처 : 김원민 010-3778-9164 설립 연도 : 2005년 월미두레풍물놀이보존회 설립
4	농악 전승 계보	강업동 김맹석(쇠), 후남, 강복남(장구), 박원봉(징) 안장국 : 상쇠
5	농악 가락과 판제	<가락> 점고 인사가락 자즌가락 : 휘모리 무등패 : 덩덕궁이장단으로 전문 뜬패도 사용하였다. 도드래 : 육채 또는 마당일채라고 한다. 일채는 징의 점수와 관련된 명칭으로 보인다. 도드래 넘기는 가락 길가락 : 칠채장단으로 걸어 다닐 때 연주한다. 자즌길가락 : 길가락을 쪼갠 형태이고 멍석을 말 때 사용한다. 짠지패가락 : 굿거리장단이다. 쩍쩍이 좌우치기가락 <판제> 예전에는 무동이나 상모는 몇몇 가능한 인원이 행하는 형태였다. 현재 월미두레풍물놀이의 판굿은 이수영에 의하여 완성되었다고 할 수 있다. 길놀이 점고 두레기싸움 인사굿 돌립버꾸 마당일채 오방진쌓기 당산벌림 1 당산벌림 2(외줄백이, 쌍줄백이, 좌우치기, 반좌우치기) 사통백이 원형좌우치기 네줄배기 좌우치기 무동놀이(적쩍이, 타령, 쾌자춤) 마당놀이(밀버꾸) 개인놀이(쇠, 버꾸, 북, 장구) 무동놀이 열두발놀음 인사굿
6	필요한 음원자료 (사진 자료 얻음)	1. 시흥시 월미두레풍물놀이 고증조사보고서, 시흥문화원, 2003.
7	제보자 조서	김원민(1968년생) 김원민은 시흥시 신천동 토박이이다. 고등학교를 졸업한 1987년부터 농악을 시작했다. 처음에는 보금자리 재개발 관련 지역에서 청년활동을 하였다. 당시 그곳에서는 빈민운동가 국회의원을 중심으로 서울대 탈반 등이 지역운동을 하던 상황이었다. 이후에 남사당에서 활동을 시작하게 되고, 한국예술종합학교 1기생으로 입학을 하여 전공을 하였다. 입학 당시 30세였다. 농악을 시작한 이후 줄곧 월미두레풍물놀이의 복원과 전승발전에 노력하고 있다.
8	가락 연주 녹음	녹음 참여자 악기 담당자 실제 연주 내용

		(안산시 와리풍물) 농 악	
1	조사일시	2015년 9월 10일 15시 ~ 16시 30분	
2	조사자	김헌선	
3	농악보존회 설립년도	주소 : 안산시 상록구 사1동 1586-1 안산문화원 연락처 : 천병희 010-8863-5534 설립 연도 : 1990년 와리풍물보존회 설립	
4	농악 전승 계보	1대 상쇠 : 이영수(안산 성머리 출생, 인천무형문화재 1호) 전태용(경기도도당굿 명인) 2대 상쇠 : 장석준(토박이, 천병희보다 5세 위) 3대 상쇠 : 천병희 4대 상쇠 : 차도열	
5	농악 가락과 판제	<가락> 몰아잽이 : 휘몰아치는 장단으로 휘모리의 일종 섭치기 : 이채 더드래기 : 덩덕궁이, 삼채 마당잽이 : 마당일채라고도 하며 오방진에서 사용 길군악 : 칠채장단으로 오방진 후 마지막 풀 때 사용 넙치기 : 육채장단으로 칠채에 이어서 연주 마당놀이 쇠 : 마당삼채장단으로 이어서 휘모리를 연주 샘굿 : 우물가락이라고 하며 우물고사를 지낼 때 치는 가락 쩍쩍이 : 걷고, 안쪽 보고, 바깥쪽 보며 연주 자진쩍쩍이 : 연풍대를 하며 연주 허튼가락 : 탈춤가락과 동일 굿거리 : 무동을 태우고 춤을 추며 놀 때 사용 행진가락 : 입장과 퇴장에 사용하는 장단 <판제> 와리풍물의 판굿은 웃다리농악과 크게 다르지 않다. 잽이들 모임과 정렬 입장, 인사굿 마당밟기(오방진) 돌림벅구 쩍쩍이굿 당산벌림 쌍줄백이 개인놀이 멍석말이 사통백이 종대치기 가새치기 마당씻기 인사굿, 퇴장	
6	필요한 음원자료 (사진 자료 얻음)		
7	제보자 조서	천병희(千炳喜, 1926년 병인생) 천병희는 열댓 살 때 어른들이 노는 데서 춤을 추었다. 일제 강점기 때는 기명, 즉 악기인 꽹과리, 징을 빼앗아 갔다. 6.25때에 농악이 끊겼다가 휴전 후에 농악을 다시 하게 되었다. 그는 상모와 열두발을 주로 하며, 이승만 정권 시절 서울시민회관에서 12발잽이로 활약하였다. 농악 외에 소리에 매우 능하다. 비나리, 지경다지기, 회다지, 상여소리, 염불, 고사덕담 등 다양한 소리를 보유하고 있다. 차도열(車度涅, 1964년생) 차도열은 전라북도 군산에서 태어나 1987년도에 안산반월공단에서 직장생활을 시작하며 정착하게 되었다. 1990년도에는 서울에서 사물놀이, 탈춤, 대금 등을 배우다가 1991년 안산문화원에서 천병희 선생을 만나 와리풍물을 시작하게 되었다. 그는 소고잽이, 상쇠를 거쳐 현재는 태평소를 연주한다. 특히 안산문화원과 와동동사무소, 학교 등에서 교육을 전담하고 있다.	
8	가락 연주 녹음	녹음 참여자 악기 담당자 실제 연주 내용	

		(안양시 날뫼) 농 악	
1	조사일시	2015년 9월 12일 11시 ~ 12시 30분	
2	조사자	김헌선	
3	농악보존회 설립년도	주소 : 안양시 만안구 안양동 472-9 안양문화원 연락처 : 박상득 010-4942-3674 설립 연도 : 2007년 안양날뫼농악보존회 설립	
4	농악 전승 계보		
5	농악 가락과 판제	가락 도드래기 : 삼채 이채 칠채 좌우치기 연타채가락 짠지패가락 : 굿거리 판굿 도열 입장과 인사굿 내돌림벅구(멍석말이) 당산벌림 1 당산벌림 2 태극 乙자 대형 돌림벅구 1, 2 오방진 피조리놀이 절구대놀이 : 외절구 - 양절구 사세치기 사통백이 원좌우치기 - 네줄좌우치기 쩍쩍이 영산다드래기 고사리꺾기 개인놀이 외돌림벅구(멍석말이) 인사굿 퇴장	
6	필요한 음원자료 (사진 자료 얻음)	1. 안양 만안답교놀이 (안양 향토자료조사 모음집), 안양문화원, 2013. 2. 날뫼농악 판굿 정리 자료 (사진형식)	
7	제보자 조서	윤영자(尹英子, 1947년생) 윤영자는 청계리(현 안양시 석수동)에서 태어났다. 그녀는 날뫼농악의 복원이 시작될 때부터 참여하며 현재까지 활동 중이다. 안희진(1954년생, 국악협회 안양지부장) 안희진은 이 지역의 토박이로 어린 시절 두레, 지신밟기 등 농악을 많이 접하며 자랐다. 현재는 경기민요를 하고 있으며, 국악협회 안양지부장을 맡고 있다.	
8	가락 연주 녹음	녹음 참여자 악기 담당자 실제 연주 내용	

	(양평군 강상두레) 농 악	
1	조사일시	2015년 9월 7일 16시~17시
2	조사자	김헌선
3	농악보존회 설립년도	주소 : 양평군 강상면 신화길 10 강상면사무소 연락처 : 유진목 010-276200338 설립 연도 : 1997년 강상두레패 설립
4	농악 전승 계보	영좌 - 이덕명 모가비 - 유범쾌 상쇠 - 남운용 부쇠 이병근 징 - 우종식 장구 - 황달성 북 - 홍홍식 황팔봉 소고 - 황점식 우종성 홍명식 홍달원 곽복열 우종순 피조리 -유헌목 이재일 홍희원 권인수 이상호 이흥식 우종홍 무동 - 이덕성 태평소 - 황점식 양예석 꼽사 - 이태원 농기기수 - 김월봉 명기 유영목
5	농악 가락과 판제	<가락> 덩덕궁이 휘모리 굿거리 칠채 육채 <판제> 휘모리장단으로 놀기 굿거리장단으로 출발 : 장단의 속도가 차츰 빨라짐 진법 : 열십자, 11자, 乙자, ㄷ자, 여러 줄로 앉았다 일어서기, 좌우 왔다갔다 개인놀이 : 장구, 소고, 북, 꽹과리 또아리 틀기 : 들어갈 때 칠채, 나올 때 육채
6	필요한 음원자료 (사진 자료 얻음)	
7	제보자 조서	유진목(兪辰睦, 1955년생) 유진목은 양평군 강상면 고평리 들말에서 태어났다. 그의 집안은 넉넉하였으며, 아버지는 모가비, 즉 총무를 맡았다. 그의 자택 뒷마당에서는 농악 연습을 하기도 하였다. 농악을 어렸을 때부터 접하며 자란 그는 20대 시절 거북이를 만들어 4H 경진대회에 참가하였다. 1997년도부터 본격적으로 농악을 시작하였다.
8	가락 연주 녹음	녹음 참여자 악기 담당자 실제 연주 내용

(오산시 외미) 농 악

1	조사일시	2015년 9월 6일 11시~13시
2	조사자	김헌선
3	농악보존회 설립년도	주소 : 경기도 오산시 오산동 345 오산문화원 내 외미농악보존회 연락처 : 최형욱 010-8754-0360 설립 연도 : 2003년 오산외미농악보존회 창립 　　　　　 2013년 오산외미걸립농악보존회로 변경
4	농악 전승 계보	
5	농악 가락과 판제	<가락> 외미농악에서 연주되는 가락은 아래와 같다. 덩덕궁이(삼채) : 자진굿거리와 유사하며 쇠가락이 계속 연결된다는 특징이 있다. 전형적인 웃다리가락으로 겹가락이다. 쩍쩍이 : 마당삼채 또는 빠른 삼채로도 불린다. 자즌가락 : '덩 따 궁'으로 도입을 한다. 엎어배기 : 거북이가 음식을 나눌 때나 일반적으로 놀 때 연주하는 가락이다. '덩 덩따궁따궁따, 궁따궁따궁따궁'이다. 짝드름 : 짝쇠에서 하는 꽹과리 놀음으로 엎어배기 때 막아서 치는 부분으로 가리킨다. 길가락 : 칠채라고도 하는데, 도입이 30박이라는 점이 특징이다. 길가락은 실제로 길을 가면서 연주한다. 도드래기 : 영산가락이라고도 한다. 원래는 늦은 삼채 또는 느린 삼채로 사미들이 깨끔춤을 출 때 연주한다. '덩 딱 딱 딱 딱' 인사굿 : 길가락 도입에 10박을 더한 형태이다. <판제> 외미농악의 판굿 또는 판제는 전형적인 웃다리판이라고 할 수 있다. 크게 여섯 마당으로 나뉜다. 1마당 : 원진 2마당 : 돌림법구 3마당 : 당산벌림 (팔자진 - 원 뒤집기) 4마당 : 길가락 - 을자진 5마당 : 당산벌림 (모심기 - 영산가락 - 외줄백이 - 쌍줄백이) 6마당 : 사통백이 - 오방진 - 십자진 - 가세치기 - 태극진 - 팔괘진
6	필요한 음원자료 (사진 자료 얻음)	
7	제보자 조서	**최형욱(1980년생, 36세, 보존회장)** 최형욱은 오산 가수동에서 태어났다. 외가는 금곡리이다. 할아버지는 가수동에 거주하셨으며, 태평소를 부시는 한량으로 돈을 아끼지 않는 분이셨다고 한다. 할머니는 산파노릇을 한 인물로 집 뒤의 절에 시주를 많이 하셨으며, 산 부처로 불렸다고 한다. 6세 때 병점으로 이주하여 병점초등학교와 안용중학교를 다녔다. 박수무당의 사주를 타고난 최형욱은 중학교 1학년 때에 전라도 선생님으로 인하여 농악을 좋아하는 모임에 참여하여 좌도를 익히면서 농악을 시작하게 된다. 수원경성고등학교(현 홍익디자인고) 때는 사물놀이의 시대로 사물놀이를 익힌다. 이후 서울예전에 입학하고 수원대학교로 편입하여 국악을 전공한다. 추계예술대학교에서 화성봉담역말농악으로 교육학석사학위를 취득한다. 젊은 나이이지만, 어린 시절의 기억이 많다. 마을잔치 때에 농악놀이하는 모습을 많이 보았으며, 집 사랑채에 악기가 있었던 기억도 있다. 초등학교 5~6학년 때에는 초파일에 용주사에 농악인들이 모여서 연주하는 모습도 보았다고 한다. 초파일이 마을잔치가 되는 상황이었다고 한다.
8	가락 연주 녹음	녹음 참여자 악기 담당자 실제 연주 내용

		(의왕시 왕곡풍물) 농 악	
1	조사일시	2015년 9월 15일 17시 30분 ~ 19시	
2	조사자	김헌선	
3	농악보존회 설립년도	주소 : 의왕시 고천동 왕곡로 145 연락처 : 전남순 010-2300-6730 설립 연도 : 2007년 왕곡풍물단 설립	
4	농악 전승 계보	윤필영(쇠), 이상묵(쇠) 김석영(장구) 표춘식(징) 정수산(호적) 주한준(상모)	

5	농악 가락과 판제	<가락>
		1) 두레
		  길가락 : 삼채장다을 이르며, 이동을 할 때 연주한다.
		  짠지패가락 : 휘모리장단으로 신나게 놀 때 연주한다.
		2) 풍물
		  자진가락 : 휘모리
		  덩덕궁이 : 삼채
		  길가락 : 칠채와 육채
		  마당삼채
		
		<판제>
		정형화된 판굿이 있었는지는 알 수 없지만, 과거에 큰 행사에서 연주한 것으로 보아 일정한 형식은 갖추고 있으리라 생각된다.	

6	필요한 음원자료 (사진 자료 얻음)	2015년 9월 15일 풍물가락연주 영상	
7	제보자 조서	송수억(1932년생) 외 회원 왕곡풍물단 회원들은 거의 대부분이 이 지역 토박이로 어린 시절 농악과 관련된 기억을 가지고 있다.	

8	가락 연주 녹음	1. 녹음 참여자
		2. 악기 담당자
		  신명숙(상쇠), 이상호(부쇠), 김주태(부쇠)
		  김영식(징), 김진흥(징)
		  윤호숙(장구), 송춘봉(장구), 이순이(장구), 김순옥(장구), 김경순(장구), 김명자(장구)
		  송수억(북), 김쌍이(북), 박용애(북), 이관우(북), 윤은문(북)
		3. 실제 연주 내용
		  자진가락 – 덩덕궁이 – 길가락(칠채 – 육채) –마당삼채	

	(이천시 이천) 농 악	
1	조사일시	2015년 9월 7일 11시~14시
2	조사자	김헌선
3	농악보존회 설립년도	주소 : 이천시 사음동 420번지 예술창작 공동체 아트엔트 사무실 연락처 : 박연하 010-2776-2930 설립 연도 : 보존회 없음
4	농악 전승 계보	쇠 : 임근옥 - 박범준 - 김병천 - 진영옥 - 박제하 장구 : 최삼봉 - 유영주 - 권태수 북 : 최대순 - 곽장근 태평소 : 문필상 - 이종철

5	농악 가락과 판제	<가락>
		1) 이종철의 가락
		  자진가락 (휘머리)
		  마당삼채
		  풍류삼채
		  쩍쩍이
		  길놀이
		  광고가락 : 빨리 입장하는 경우 사용
		  12채
		2) 진영옥의 가락
		  삼채 또는 마당놀이
		  다대기 : 점점 빨라지다가 다시 처음의 속도로
		  굿거리 춤가락
		3) 돈의실 농악
		  춤가락 (굿거리) : 춤을 출 때 사용
		  쩍쩍이 (쩍쭉이)
		  엎어배기 (더드래기)
		  덩덕궁이 : 다양한 형태
		  자진가락
		  길가락 : 칠채 - 육채
		
		<판굿>
		옛날에는 현재와 같은 판굿이라기보다는 정형화 되지 않은 형태라고 할 수 있다. 현재 연행되는 판굿은 웃다리판제와 유사하며, 맺음과 쩍쩍이가 특이하다. 또한 굿거리 춤가락과 광고가락이 있다.
		1) 옛날 판제
		  점고 : 동네 들어갈 때, 상쇠신호에 의하여 연주
		  다대기
		  길가락
		  장승굿 : 다대기 - 인사 3번
		  우물굿 : '뚫어라 뚫어라 샘구녁을 뚫어라' - 절 3번
		  마당굿 : 삼채
		2) 현재 판제
		  돌림벅구 - 육채 - 칠채 - 당산벌림 - 사통백이 - 사통따기 - 대대옆치기(원) - 네 줄 옆치기 - 쩍쩍이 타령 - 마당놀이(밀벅구) - 당산벌림 (개인놀이)

6	필요한 음원자료 (사진 자료 없음)	2015년 9월 7일 농악 연주 영상
7	제보자 조서	박제하(1947년생) 박제하는 이천시 단월동의 토박이이다. 이종철(1935년 계유생) 이종철은 이천시 호법면 유산 3리 546번지에 거주하는 토박이이다. 진영옥(1937년생) 진영옥은 이천시 대월면 초지리의 토박이이다. 박연하(1971년생) 박연하는 돈의실에서 태어나 매곡초등학교, 호법중학교, 이천고등학교를 졸업하고 대학에서 물리학을 전공한 뒤에 한국예술종합학교 연희과에서 전문사를 취득한다. 1997년 이종철, 진영옥에게 농악을 배우기 시작하였고, 대월초등학교 교감 김종린에게 이천농악과 거북놀이를 사사하였다. 이후 김병천에게도 농악을 사사한다. 현재까지 이천농악과 거북놀이 등 이천의 전통문화를 발굴, 전승하고 있다.
8	가락 연주 녹음	1. 녹음 참여자 2. 악기 담당자 　박제하(쇠, 장구), 이종철(태평소, 소리), 진영옥(쇠, 장구) 3. 실제 연주 내용 　자진가락 (휘머리) 　마당삼채 　풍류삼채 　쩍쩍이 　길놀이 　광고가락 　다대기 　굿거리 춤가락

		(파주시 파주) 농 악	
1	조사일시	2015년 9월 5일 17시~18시 30분	
2	조사자	김헌선	
3	농악보존회 설립년도	주소 : 경기도 파주시 시청로 50 파주시청 연락처 : 조영현 010-8612-8590 설립 연도 : 1985년 파주농악보존회 설립	
4	농악 전승 계보	최규성(쇠), 김정섭(쇠리, 호적), 조규철(소리), 박금남(쇠)	
5	농악 가락과 판제	가락 늦굿거리(삼동지가락) : 놀면서 나갈 때 길군악(칠채) : 부지런히 갈 때 두레 12채 : 홑박이며 김매다 잠깐 치는 가락 얼림굿 육채 자진삼채 : 북은 원박, 징은 세 번 태평소 : 메나리조 선율 판굿 인사굿 - 돌림벅구 - 앞당산 - 오방진(길군악) - 뒷당산(쩍쩍이, 쾌자춤) - 십자걸이 - 사통백이 - 좌우치기 - 늦거리 - 밀벅구 - 개인놀이	
6	필요한 음원자료 (사진 자료 얻음)	1. 영상자료 : 2015년 9월 5일 공연 영상 2. 기획서 : 경기도 민속예술제 참가 신청서	
7	제보자 조서	조영현(曺英鉉, 52년생, 64세, 보존회장) 조영현은 교하의 토박이로 현재 보존회 회장을 맡고 있다. 그는 파주농악의 발굴을 주도한 인물로 현재까지도 전승과 발전에 힘을 쏟고 있다. 조영현은 운영뿐만 아니라 파주농악의 교육에도 직접 참여하였다. 지역 단체들을 조직하거나 요청이 있으면, 교육 강사로 활동하였다.	
8	가락 연주 녹음	녹음 참여자 악기 담당자 실제 연주 내용	

		(화성시 역말) 농 악
1	조사일시	2015년 9월 6일 14시~16
2	조사자	김헌선
3	농악보존회 설립년도	주소 : 화성시봉담읍 동화리 620 역말문화회관 2층 화성역말농악보존회 연락처 : 강일순(사무국장) 010-8888-1567 설립 연도 : 1909년 이전부터 화성역말농악보존회 존재 2001년 화성봉담역말농악보존회로 변경
4	농악 전승 계보	1대 이선만(상쇠) 2대 강은중(상쇠) 3대 강호철(징) 4대 강일순(북), 김선인(소고), 최혜성(상쇠), 이만우(부쇠)

5	농악 가락과 판제	<가락>
		칠채 (길가락)
		육채
		도드래기 (삼채)
		자진가락 (이채)
		엎어배기 (사채)
		짠지패가락 : 굿거리와 비슷한 가락으로 놀 때 사용한다.
		
		<판제>
		역말농악의 판굿은 제식훈련 형태와 36방 등이 특징적이다. 36방은 36명이 다른 곳으로 가면서 흩어졌다 뭉치는 방식의 진풀이로 알려져 있으나, 구체적인 모습은 알 수 없다. 진풀이는 1줄에서 2줄로 만드는 경우 행진의 형태이며, 당산벌림에서는 까치걸음, 앉을상 등의 진풀이를 행한다.
		  1) 입장 - 인사
		  2) 을자진(칠채) - 달팽이진으로 말기(육채) - 풀고 나오기(더드래기)
		  3) 두 원(바깥은 악기, 안은 소고) : 소고잽이의 양상과 엎어배기
		  4) 훈련식(1줄에서 2줄)
		  5) 까치걸음 -앉을상 - 개인놀이(개인놀이는 상쇠의 임의로 순서 결정)
		  6) 1줄 - 2줄 - 사통 - 십자걸이

6	필요한 음원자료 (사진 자료 얻음)	1. 영상자료 : 1986년 공연영상 2. 문헌자료 : 역말농악 악보
7	제보자 조서	김선인 (1987년생, 29세, 소고) 김선인은 어린 시절부터 농악을 하였으며, 할아버지인 김용권도 농악을 하셨다고 한다. 봉담초등학교에 입학하여 신풍초등학교로 전학하였으며, 수원북중을 거쳐 국악예고와 중앙대에서 국악을 전공하였다. 12세 때 보존회에 가입하여 저녁 7시에 강은중 선생으로부터 농악 수업을 받고 있다.
8	가락 연주 녹음	녹음 참여자 악기 담당자 실제 연주 내용

[부록] 3. 한국농악 유네스코 세계인류무형문화유산 등재신청서 영문*

Representative List

Original: English

CONVENTION FOR THE SAFEGUARDING

OFTHEINTANGIBLECULTURALHERITAGE

INTERGOVERNMENTAL COMMITTEE FOR THE

SAFEGUARDINGOFTHEINTANGIBLECULTURALHERITAGE

Ninth session

Paris, France

November 2014

Nomination file no. 00717

forInscriptionontheRepresentativeList

oftheIntangibleCulturalHeritageofHumanityin2014.

* http://heritage.unesco.or.kr/ichs/nongak/에서 인용하여 전재한다.

A. State(s) Party(ies)

For multi-national nominations, States Parties should be listed in the order on which they have mutually agreed.

Republic of Korea

B. Name of the element

B.1. Name of the element in English or French

This is the official name of the element that will appear in published material.

Not to exceed 200 characters

Nongak, community band music, dance and rituals in the Republic of Korea

B.2. Name of the element in the language and script of the community concerned,

ifapplicable

This is the official name of the element in the vernacular language corresponding to the official name in English or French (point B.1).

Not to exceed 200 characters

농악 (Nongak)

B.3. Other name(s) of the element, if any

In addition to the official name(s) of the element (point B.1) mention alternate name(s), if any, by which the element is known.

pungmulgut, pungjang, maegu, geolgung, geollip, duregut, pangut, etc.

C. Name of the communities, groups or, if applicable, individuals concerned

Identify clearly one or several communities, groups or, if applicable, individuals concerned with the nominated element.

Not to exceed 150 words

Nongak is a popular folk performing art widely practiced in Korean society. It is no exaggeration to say that every Korean is familiar with it. Diverse groups are involved with the transmission of this folk art, which has been handed down in different forms indigenous to different regions and communities throughout Korea.

Many villages in rural areas have their own bands. In cities as well, business companies, schools, municipal districts and neighborhood communities form and sponsor various performing groups, contributing greatly to the safeguarding and reproduction of this immensely popular folk art.

A number of professional nongak artists and ensembles have been designated as Important Intangible Cultural Heritage by the central and local governments in recognition of their outstanding performing skills and expertise. Many educational institutions, musicians and groups are also engaged in teaching and performing the nongak arts.

The designated performing and safeguarding groups are listed under **4.d.**

D. Geographical location and range of the element

Provide information on the distribution of the element within the territory(ies) of the submitting State(s), indicating if possible the location(s) in which it is centred.

Not to exceed 150 words

Nongak originated from communal rites and rustic entertainments that promoted harmony as people gathered to pray for peace and prosperity. It has evolved into a representative performing art genre of Korea, widely performed and enjoyed by all Koreans. Geographically, it is distributed throughout the Republic of Korea.

There are distinctive regional styles of nongak, generally divided among five cultural centers: Gyeonggi/Chungcheong provinces, Gangwon Province, North/South Gyeongsang provinces, and North/South Jeolla provinces subdivided into East/West Honam regions. Within each area, differences exist from one village to another in band composition, performing style, rhythm, and costumes. Most bands carry the name of their home region or village, a strong communal tie ensuring the folk art's safeguarding and transmission.

Nongak has expanded out of the countryside to enrich Korea's modern-day performing arts. Outside the Korean Peninsula, the Korean diasporas in China, the United States, Kazakhstan and Uzbekistan have developed the most distinctive styles.

E. Contact person for correspondence

Provide the name, address and other contact information of the person responsible for correspondence concerning the nomination. If an e-mail address cannot be provided, indicate a fax number.

For multi-national nominations provide complete contact information for one person designated by the States Parties as the main contact person for all correspondence relating to the nomination, and for one person in each State Party involved.

Title (Ms/Mr, etc.):	Ms.
Family name:	LEE
Given name:	Yena

Institution/position:	Cultural Heritage Administration of Korea/ Deputy Direct
Address:	189 Cheongsa-ro, Seo-gu, Daejeon, Republic of Korea
Telephone number:	+82-(0)42-481-4797
Fax number:	+82-(0)42-481-4759
E-mail address:	Yena85@korea.kr/ejeong@korea.kr

1. Identification and definition of the element

For **Criterion R.1**, the States shall demonstrate that 'the element constitutes intangible cultural heritage as defined in Article 2 of the Convention'.

Tick one or more boxes to identify the domain(s) of intangible cultural heritage manifested by the element, which might include one or more of the domains identified in Article 2.2 of the Convention. If you tick 'others', specify the domain(s) in brackets.

☐ oral traditions and expressions, including language as a vehicle of the intangible cultural heritage

☐ performing arts

☐ social practices, rituals and festive events

☐ knowledge and practices concerning nature and the universe

☐ traditional craftsmanship

☐ other(s) (   )

This section should address all the significant features of the element as it exists at present.

The Committee should receive sufficient information to determine:

    a. that the element is among the 'practices, representations, expressions, knowledge, skills — as well as the instruments, objects, artefacts and cultural spaces associated therewith —';

    1. 'that communities, groups and, in some cases, individuals recognize [it] as part of their cultural heritage';

    2. that it is being 'transmitted from generation to generation, [and] is constantly recreated by communities and groups in response to their environment, their interaction with nature and their history';

    3. that it provides communities and groups involved with 'a sense of identity and continuity'; and

    4. that it is not incompatible with 'existing international human rights instruments as well as with the requirements of mutual respect among communities, groups and individuals, and of sustainable development'.

Overly technical descriptions should be avoided and submitting States should keep in mind that this section must explain the element to readers who have no prior knowledge or direct experience of it. Nomination files need not address in detail the history of the element, or its origin or antiquity.

(i) Provide a brief summary description of the element that can introduce it to readers who have never seen or experienced it.

Not fewer than 150 or more than 250 words

Nongak is a fusion performing art genre that combines a percussion ensemble (with occasional use of wind instruments), parading, dancing, drama, and acrobatic feats.

It has been practiced for various purposes, such as appeasing gods, chasing evil spirits and seeking blessings, praying for a rich harvest in spring, celebrating the harvest at autumn festivals, fund-raising for community projects, and professional entertainment. Any joyful community event was never complete without uproarious music and dance performed by the local band clad in colorful costumes. The resultant ecstatic excitement (*sinmyeong*) is often defined as a preeminent emotional characteristic of Korean people.

The music frequently uses uneven beats of complex structures like simple three-time, compound time, and simple and compound time. Small hand-held gongs and hourglass drums, with their metal and leather sounds, play the main beats, while large gongs and barrel drums create simple rhythmic accents. The small hand-held drum players focus more on dancing than playing music. Dancing includes individual skill demonstrations, choreographic formations, and streamer dances. Actors wearing masks and peculiar outfits perform funny skits. Acrobatics include dish spinning and miming antics by child dancers carried on the shoulders of adult performers.

Nongak was most often performed and enjoyed by grassroots people, but there were also professional groups putting on entertainment shows. In recent years, professional repertoires have evolved into the percussion quartet "Samul Nori" and the non-verbal theatrical show "Nanta," dramatically emphasizing the music element and thereby appealing to broader audiences at home and from abroad.

5. Who are the bearers and practitioners of the element? Are there any specific roles or categories of persons with special responsibilities for the practice and transmission of the element? If yes, who are they and what are their responsibilities?

Not fewer than 150 or more than 250 words

Nongak is transmitted by various types of community groups scattered throughout Korea. These groups at the forefront of its transmission display and preserve their respective regional characteristics in diverse activities to popularize their genre.

Village bands embrace this role in farming and fishing communities. In the cities, voluntary groups at business companies, schools, municipal districts and neighborhood communities are engaged in teaching, performing, popularizing, and transmitting nongak. These enthusiastic voluntary efforts in the private sector have built a solid base for its safeguarding and transmission.

Schools play an important role in teaching and transmitting nongak. Most elementary school students have an opportunity to learn a few basic instruments used in its music, and many schools from elementary to college levels have voluntary student clubs devoted to nongak. These early experiences help to reignite their interest later in adulthood.

Active efforts are also in place at different government levels. In particular, the central and local governments give recognition to outstanding performers and performing groups by awarding state, municipal or provincial titles as bearers of intangible cultural heritage ("living cultural treasures") as mandated by the Cultural Heritage Protection Act. They are thus endowed with special responsibility to pass down nongak to future generations. Professional performing groups supported by the National Gugak Center (Center for Korean Traditional Performing Arts) and other state and public institutions as well as private organizations also contribute to the transmission of nongak.

6. How are the knowledge and skills related to the element transmitted today?

Not fewer than 150 or more than 250 words

Nongak is transmitted very naturally and spontaneously; it has become the popular performing art that it is today, having been passed down as part of the everyday lives of the Korean people. Most Koreans naturally become familiar with it as they repeatedly watch and participate in its performances in villages and cities. Public education at the elementary level provides lessons on playing some instruments for its music, so every Korean can learn the basic content and play an instrument. Thus at schools of all levels, from elementary to college, students can learn the music and participate in group performances through after-school or club activities as well as regular education programs. Adults also can enjoy playing the music by joining clubs at their workplaces and communities.

Cultural centers of local governments in different regions and individual performers and societies for safeguarding of nongak designated by the central and local governments provide regular education programs to disseminate nongak as a medium for cultural empathy and communication among community members, and pass it down to future generations. These education programs are offered once or twice a week. Enthusiastic participants include both professionals and ordinary people.

Public institutions such as the National Gugak Center as well as professional performing groups play important roles in the education and transmission of nongak. The National Gugak Center has a top-class band which offers highly-refined performances; the center's local branches in various parts of the country contribute to promoting and transmitting the local versions in their respective regions.

7. What social and cultural functions and meanings does the element have today for its community?

Not fewer than 150 or more than 250 words

Koreans have consistently experienced nongak in their everyday lives as it has been frequently performed at communal events to boost the mood and promote unity and harmony among people. To this day, this immensely popular folk art keeps playing a vital role at festivals and other gatherings of people. This is why nongak is widely considered a representative cultural heritage shared by all Koreans.

Nongak in pre-modern times helped enhance solidarity and cooperation in the community and establish a sense of shared identity among community members; it maintains this time-tested function in today's Korean society despite the changing lifestyles and ways of thinking amid urbanization and industrialization. Nongak is highly valued for its diverse roles — as a fascinating native folk art, an exciting form of entertainment, an indispensable part of community festivals and public events, and indisputably the most widely appreciated grassroots cultural offering in local regions.

Koreans are often described as emotionally exuberant and passionate; they can be easily immersed in *sinmyeong*, or ecstatic excitement. Such emotional inclination has much to do with their propensity to indulge in singing, dancing and playing. Nongak, characterized by the exhilarating beats of percussion instruments and piercing notes of trumpets, encourages everyone to sing and dance along. Thus it aptly marks the finale of festivals, inviting performers and spectators to mingle together for joyful merrymaking and communication. Thus individuals attain a strong sense of belonging and identity. This is an immutable quality of nongak, which has enabled its transmission through the ages.

8. Is there any part of the element that is not compatible with existing international human rights instruments or with the requirement of mutual respect among communities, groups and individuals, or with sustainable development?

Not fewer than 150 or more than 250 words

No aspect of nongak has the possibility of contravention of international human rights conventions, the principle of mutual respect among communities, groups and individuals, or the ideal of sustainable development. Rather, its inscription on the Representative List would contribute to enhancing human rights and mutual respect.

One of the primary attributes of nongak is its openness; anyone is readily accepted to join in and everyone is given a role to play in the joyful spree. Thus it stimulates dialogue and communication to enhance mutual respect among community members.

Given its characteristics as an ensemble, the music requires smooth communication among players. The process of creating harmony out of varying sounds from different instruments without dissonance calls for individual players to demonstrate considerateness, self-restraint, and camaraderie. This is much akin to enhancing harmony and common well-being through dialogue in a community.

In terms of content creation, nongak is characterized by independence, openness and creativity; it embraces new rhythms, dances, and episodes without reluctance, based on which fresh elements are created. It seems certain that nongak will continue to evolve, keeping abreast of the rapidly changing social environment and thereby contributing to humanity's creative cultural transmission.

2. Contribution to ensuring visibility and awareness and

toencouraging dialogue

For **Criterion R.2**, the States shall demonstrate that 'Inscription of the element will contribute to ensuring visibility and awareness of the significance of the intangible cultural heritage and to encouraging dialogue, thus reflecting cultural diversity worldwide and testifying to human creativity'.

(i) How can inscription of the element on the Representative List contribute to the visibility of the intangible cultural heritage in general and raise awareness of its importance at the local, national and international levels?

Not fewer than 100 or more than 150 words

Inscription of nongak on the Representative List will increase awareness of the importance of community-based intangible cultural heritage worldwide, and also exert a positive influence on the safeguarding and transmission of the everyday culture and knowledge of the grassroots.

Inscription of this age-old folk performing art genre from Korea, which has helped overcome adversity in life and nurture a wholesome community spirit through ecstatic performance of music and dance, will spread interest in grassroots culture and arts in other countries. Particularly, there will be heightened interest in the value of intangible cultural heritage faced with the danger of ruptured transmission due to weakened importance in contemporary society.

Inscription of nongak will help heighten interest in similar folk performing arts in many countries around the world, which will lead to increased awareness of intangible cultural heritage as a whole.

9. How can inscription encourage dialogue among communities, groups and individuals?

Not fewer than 100 or more than 150 words

Instrument skills for the music in nongak can be best learned through apprenticeship training. Inscription will give older and experienced musicians more opportunities to educate younger players, contributing to communication between individuals and generations.

Nongak differs from one village to another and from one region to another. Its inscription on the Representative List will heighten interest of regional communities in their local variations of intangible cultural heritage, and also promote dialogue surrounding nongak between regions. Korea already has an annual nongak festival, where a large number of performing groups from across the country gather to present their unique local variations.

Considering that nongak is already widely utilized as a cultural medium to encourage participation in community activities and harmony among individuals, its inscription is expected to further stimulate inter-personal and inter-group dialogue and exchange in this age of urbanization and industrialization.

10. How can inscription promote respect for cultural diversity and human creativity?

Not fewer than 100 or more than 150 words

Nongak has distinct variations marked by their home communities, purposes of performance, and influences received in the course of transmission. Each community band has a distinctive instrument composition, resulting in different rhythms and sound colors, and dancing styles. This is because nongak has evolved to attain boundless cultural diversity reflecting the aesthetic sensibility of each community. From a global perspective, this is a unique cultural heritage that integrates a wide diversity of performing arts.

Openness is a primary characteristic of nongak. It has ceaselessly evolved by embracing rhythms, songs, dances, acrobatic feats and other entertainment elements from other genres; it even accommodates the rhythm of today's pop dance music and creates fresh new beats. The percussion quartet "Samul Nori" and the non-verbal show "Nanta," both well-known around the world, are rooted in nongak and blossomed thanks to such openness. Inscription will lead to the birth of more creative groups.

3. Safeguarding measures

For **Criterion R.3**, the States shall demonstrate that 'safeguarding measures are elaborated that may protect and promote the element'.

3.a. Past and current efforts to safeguard the element

(i) How is the viability of the element being ensured by the concerned communities, groups or, if applicable, individuals? What past and current initiatives have they taken in this regard?

Not fewer than 150 or more than 250 words

Most communities that have nongak bands are safeguarding and transmitting their heritage through voluntary efforts. Community members enthusiastically participate in the performances of nongak to promote a healthy community spirit through dialogue and harmony. Nongak circles at workplaces and schools in cities are also voluntary groups. They play the music to reduce stress, enjoy the companionship of fellow members, and build a sense of belonging and identity.

Societies for safeguarding of nongak around the country continue to make active efforts in education, transmission and public relations. These regionally-based organizations conduct long- and short-term education programs for the general public and students. They also give at least one public performance each year, and are invited to perform around and outside the country. These societies participate in a special joint performance at least once a year. They also hold nongak contests to look for talented young performers.

In addition, a number of private groups and individual scholars are engaged in diverse activities to disseminate nongak more broadly and pass it on to future generations, such as by collection and documentation of related materials, academic research, seminars, publishing books, developing new performance repertoires, and overseas public relations. There are academic societies and research groups devoted entirely to the study of nongak, and academic conventions are held regularly to discuss nongak.

Tick one or more boxes to identify the safeguarding measures that have been andarecurrentlybeingtakenbythe**communities, groups or individuals** concerned:

 transmission, particularly through formal and non-formal education

 identification, documentation, research

☐ preservation, protection

☐ promotion, enhancement

☐ revitalization

11. How have the concerned States Parties safeguarded the element? Specify external or internal constraints, such as limited resources. What are its past and current efforts in this regard?

Not fewer than 150 or more than 250 words

The central government makes diverse efforts for nongak. The Ministry of Education ensures that the music is included in core school curricula so every Korean has an opportunity to learn about the music and professional instructors are dispatched to schools of all levels throughout the country to nurture students who need advanced training. In cooperation with the Korea Cultural Heritage Foundation, the government also sends performing groups to culturally isolated regions so the entire nation can enjoy the music.

Under the Cultural Heritage Protection Act, the central and local governments designate different regional variations of nongak as Important Intangible Cultural Heritage to ensure their safeguarding and transmission. Individual performers and performing groups on the state and provincial rosters of title bearers are provided with monthly subsidies to support their activities for education and transmission, as well as grants for public performances. The central government also provides the safeguarding societies in different regions with financial assistance for the construction and renovation of their education facilities in order to maintain the nationwide infrastructure for transmission.

At the same time, the government supports collection and documentation of texts and videos related to nongak performances and education for use as basic research data by everyone interested. This contributes to the dissemination of nongak among the broader public and heightens awareness of its importance. Regular surveys on activities of safeguarding societies are conducted to support the stable transmission of nongak as well as understand how it changes with time through consistent monitoring.

Tick one or more boxes to identify the safeguarding measures that have been and are currently being taken by the **State(s) Party(ies)** with regard to the element:

☐ transmission, particularly through formal and non-formal education

☐ identification, documentation, research

☐ preservation, protection

☐ promotion, enhancement

☐ revitalization

3.b. Safeguarding measures proposed

This section should identify and describe safeguarding measures that will be implemented, especially those intended to protect and promote the element.

(i) What measures are proposed to help to ensure that the element's viability is not jeopardized in the future, especially as an unintended result of inscription and the resulting visibility and public attention?

Not fewer than 500 or more than 750 words

Inscription of nongak on the Representative List will enhance its visibility and prestige as a performing arts genre and community culture representing Korea. Inscription will involve little risk to the vitality of the music and its transmission, because it has already been widely enjoyed for long by the general public, with its safeguarding and transmission consistently pursued through systematic efforts spearheaded by the government and broad participation by private organizations.

However, it may be assumed that inscription could possibly lead to the decontextualization of nongak and undermine its unique regional characteristics and creativity due to commercial exploitation. It may also be assumed that regional societies and communities involved with its transmission could engage in excessive competition to secure government support. They may overly focus on the external expansion of their activities, thereby weakening the folk art's communal integrity and spontaneity, damaging the intrinsic value of nongak and threatening its stable transmission. To prevent unintended negative side-effects of inscription, several complementary measures will be implemented.

First, efforts to raise awareness of the intrinsic value of nongak will be broadened. Above all else, nongak is a dynamic cultural stimulant for individual and collective communication to enhance harmony and cooperation in the community. Another great virtue of nongak is that it exemplifies cultural diversity based on openness, creativity and regional ingenuity. Efforts will be made through diverse means to publicize these outstanding characteristics more broadly among the public. They will include promotion of nongak through school education, and education and hands-on experience programs for the general public, which are designed to diversify access to nongak and increase awareness of its value.

Second, tailored assistance responsive to the diverse characteristics of regional communities will be provided. Agriculture-based communities face difficulties in transmission as they lack funds and human resources due to the aging of residents and declining economically productive populations. Voluntary groups in cities also need financial support as they lack practice spaces and funds to afford a minimum of one public performance a year. To address these problems, the government will seek to diversify support in ways that enable communities in their diversity, including the general public and voluntary groups, to benefit from the enhanced prestige of nongak and increased support that would follow its inscription.

Third, a healthy ecosystem will be created for groups involved with nongak in different spheres to build a virtuous cycle of balanced and mutually beneficial relations. Above all, spontaneous group activities will be supported to broaden the base of transmission at the grassroots level. This will help nurture professionals and also encourage other community members to enjoy and appreciate nongak in their everyday lives. Professional groups will be assisted to improve their artistic skills to give high-quality performances, which will stimulate grassroots groups, and offer education and hands-on experience programs for community members.

Fourth, support for academic surveys and research activities will be strengthened to ensure that the intrinsic value and integrity of nongak will be maintained and passed on to future generations. It may be considered a basic nature of intangible cultural heritage to undergo natural evolution in the changing socio-cultural environment. But, to prevent radical transformation resulting from commercial utilization, such as exploitation as a tourist resource, which may follow inscription, a database of basic information about the transformation of nongak will be established and regular field surveys will be conducted more extensively. Archives for individual local variations will be created, and changes in rhythm and other musical elements will be carefully monitored and documented.

Fifth, support for performances and other creative activities will be strengthened. There will be increased efforts to preserve the inherent characteristics of local variations handed down in different regions. Assistance will be provided for their public performances to ensure transmission in a sustainable manner. Creative activities based on nongak will also be supported to enhance the relevance of the heritage in contemporary society.

12. How will the States Parties concerned support the implementation of the proposed safeguarding measures?

Not fewer than 150 or more than 250 words

The central and local governments of the Republic of Korea, firmly determined to ensure that nongak is successfully safeguarded and transmitted through its designation as Important Intangible Cultural Heritage under the Cultural Heritage Protection Act as well as municipal and provincial ordinances, will spare no administrative and financial support. In accordance with the elaborate legal system that is already in place, support will be provided in ways to ensure various local versions are safeguarded and transmitted while maintaining their distinctive regional features. The support measures will include regular monitoring, documentation and archival management, as well as financial assistance.

The central government seeks to institutionalize more diverse efforts toward the successful promotion, safeguarding and transmission of intangible cultural heritage through special legislation. Nongak is already included in the core curriculum for compulsory education; the planned legislation will provide for more extensive support by linking training for transmission of intangible cultural heritage to college education. It will expand the legal basis for more extensive designation and support for community-based intangible cultural heritage items. It will also provide for comprehensive measures for protection and promotion of intangible cultural heritage, including increased support for performances, scholarly research, documentation, and protection of intellectual property rights. Toward this end, financial assistance will be increased through sustainable budgetary allocations.

13. How have communities, groups or individuals been involved in planning the proposed safeguarding measures and how will they be involved in their implementation?

Not fewer than 150 or more than 250 words

Over the years, communities, groups and individuals involved with transmission of nongak have informed the central and local governments of many difficulties they experience and have requested information about relevant government measures and available support. Researchers have also served as vital conduits by researching the situation concerning the transmission of nongak and making a variety of proposals for protective measures suiting different circumstances in each region. The safeguarding measures presented under **R3.b (i)** are based on these opinions and proposals.

Members of the societies for safeguarding nongak take great pride and share a strong sense of responsibility as practitioners for its transmission. Therefore, the proposed measures will be implemented in ways to elicit their active participation. The central and local governments will provide support to resolve problems within bounds not interfering with spontaneous activities of voluntary groups and individuals. Plans for education and transmission will be set up in ways to create an environment where they can take the initiative in offering education and performances. Individual title bearers and groups in the private sector will be fully supported to play leading roles as planners and overseers in promoting and transmitting nongak.

3.c. Competent body(ies) involved in safeguarding

Provide the name, address and other contact information of the competent body(ies), and if applicable, the name and title of the contact person(s), with responsibility for the local management and safeguarding of the element.

Name of the body:	Cultural Heritage Administration of Korea
Name and title of the contact person:	Lee Jaephil
Address:	189 Cheongsa-ro, Seo-gu, Daejeon, Republic of
Telephone number:	+82-(0)42-481-4969
E-mail address:	Pal67@ocp.go.kr

4. Community participation and consent in the nomination process

*For **Criterion R.4**, the States shall demonstrate that 'the element has been nominated following the widest possible participation of the community, group or, if applicable, individuals concerned and with their free, prior and informed consent'.*

4.a. Participation of communities, groups and individuals concerned in the nomination process

Describe how the community, group or, if applicable, individuals concerned have participated actively in preparing and elaborating the nomination at all stages.

States Parties are encouraged to prepare nominations with the participation of a wide variety of all concerned parties, including where appropriate local and regional governments, communities, NGOs, research institutes, centres of expertise and others.

Not fewer than 300 or more than 500 words

There have been persistent appeals from communities, groups and individuals involved with nongak in various spheres that its inscription on the Representative List was urgently needed. They have made official and unofficial requests to the central and local governments to push for inscription over the years. Preparations for nomination began in response to these ardent wishes.

Nongak was selected for nomination at a meeting of the Cultural Heritage Committee in 2009, based on deliberations and recommendation by a group of concerned experts who convened their first meeting in December 2008. To support the nomination, letters of endorsement were officially solicited from concerned individuals and organizations in June 2009 and January 2014.

This nomination has been written based on interviews with key practitioners who shared a full understanding of the need for inscription. Individual practitioners, groups and communities contributed detailed records of their activities and plans for safeguarding and transmission, which proved instrumental in the writing of this nomination. They also participated in the production of a video presentation to be submitted along with this form.

Through active exchanges of opinions and academic conferences convened on the subject of nongak over the years, concerned regional communities, organizations, and individual practitioners have become fully aware of the significance of inscription and what activities and support programs constitute necessary conditions. They take pride in the fact that nongak has been nominated for inscription on the Representative List. They have participated in the nomination process with tremendous enthusiasm.

Recently, concerned experts have conducted in-depth discussions on the definition and scope of the folk performing art genre that can be called nongak, and presented insightful opinions on its originality and diversity as well as its official name that would be globally used, thereby contributing significantly to the nomination. Due to realistic difficulties in eliciting the participation of numerous communities and groups scattered all over the country, safeguarding societies designated by the central and local governments and leading practitioners and academics mainly cooperated in the nomination process.

4.b. Free, prior and informed consent to the nomination

The free, prior and informed consent to the nomination of the element from the community, group or, if applicable, individuals concerned may be demonstrated through written or recorded concurrence, or through other means, according to the legal regimens of the State Party and the infinite variety of communities and groups concerned. The Committee will welcome a broad range of demonstrations or attestations of community consent in preference to standard or uniform declarations. Evidence of free, prior and informed consent shall be provided in one of the working languages of the Committee (English or French), as well as the language of the community concerned if its members use languages other than English or French

Attach to the nomination form information showing such consent and indicate below what documents you are providing and what form they take.

Not fewer than 150 or more than 250 words

It was not easy to receive letters of endorsement from all of the numerous groups engaged in safeguarding and transmitting nongak, to include those representing regions and villages as well as business companies, schools and amateur clubs that are scattered throughout the country. Nor was it possible to deliver information concerning the nomination to all of these groups. Collecting their letters of endorsement involved administrative problems as well.

Therefore, letters of endorsement were received first of all from organizations devoted to the safeguarding of those regional variations of nongak which have been designated as Important Intangible Cultural Heritage by the central and local governments, because they represent performing groups and individuals devoted to safeguarding and transmitting those important versions. In addition, some private groups voluntarily submitted their letters of consent.

It should be noted that a standard letter format was provided in response to requests from members of some safeguarding societies who had difficulty in writing formal letters to be perused by an international jury. This is the reason why some of the letters attached herewith are written in identical format. Apart from letters of endorsement, many groups offered useful reference materials for the nomination, including books, pictures and videos.

4.c. Respect for customary practices governing access to the element

Access to certain specific aspects of intangible cultural heritage or to information about it is sometimes restricted by customary practices enacted and conducted by the communities in order, for example, to maintain the secrecy of certain knowledge. If such practices exist, demonstrate that inscription of the element and implementation of the safeguarding measures would fully respect such customary practices governing access to specific aspects of such heritage (cf. Article 13 of the Convention). Describe any specific measures that might need to be taken to ensure such respect.

If no such practices exist, please provide a clear statement that there are no customary practices governing access to the element in at least 50 words

Not fewer than 50 or more than 250 words

There are no customary practices whatsoever that restrict access to any specific aspects of nongak or any information about it. Rather, anybody can access and take part in its performances. Thanks to such openness and interactive attribute, various approaches continue to be made to take advantage of nongak for diverse purposes and such a tendency is expected to further increase in the future.

It is true that in the past agrarian society, outsiders were not always welcome to attend communal rituals which formed an integral part of nongak performances. But such taboo has vanished in the process of urbanization and industrialization in recent decades. These days, village rites are open to anyone interested in order to draw out wider participation and rapport. These qualities of nongak are heightened by its natural venue: festivals or popular entertainments are held outdoors, in spaces like a capacious yard or on the road, so they are open for anyone to attend and even join in the performance. A performance of nongak is usually followed by a post-event entertainment hoedown, where spectators are invited to mingle with performers for more merrymaking. They enjoy themselves, joyfully dancing together.

4.d. Concerned community organization(s) or representative(s)

Provide the name, address and other contact information of community organizations or representatives, or other non-governmental organizations, that are concerned with the element such as associations, organizations, clubs, guilds, steering committees, etc.

Following are the organizations, with their addresses and telephone numbers, designated by the central and local governments, and other groups dedicated to safeguarding and handing down nongak to future generations.

Designated by the Central Government to Safeguard Important Intangible Cultural Heritage

1. Jinju/Samcheonpo Nongak Safeguarding Society

Address: 99 Gumi-1-gil, Sacheon, Gyeongsangnam-do

Telephone number: (+82) 055-834-3853

2. Pyeongtaek Nongak Safeguarding Society

Address: 15 Pyeonggung-2-gil, Paengseong-eup, Pyeongtaek, Gyeonggi-do

Telephone number: (+82) 031-691-0237

3. Iri Nongak Safeguarding Society

Address: 193-11 Baesan-ro, Iksan, Jeollabuk-do

Telephone number: (+82) 063-842-4800

4. Gangneung Nongak Safeguarding Society

Address: 84 Sports Complex Road, Gangneung Culture and Arts Hall

Gangneung, Gangwon-do

Telephone number: (+82) 033-642-4470

5. Imsil Pilbong Nongak Safeguarding Society

Address: 272 Gangun-ro, Gangjin-myeon, Imsil-gun, Jeollabuk-do

Telephone number: (+82) 063-643-1902

6. Gurye Jansu Nongak Safeguarding Society

Address: 30 Sinchon-gil, Gurye-eup, Gurye-gun, Jeollanam-do

Telephone number: (+82) 010-8350-4580

Designated to Safeguard Intangible Cultural Heritage of Cities and Provinces

1. Busan Nongak Safeguarding Society

Address: 34-91 Daesin-ro, Seo-gu, Busan Metropolitan City

Telephone number: (+82)　　051-242-3100

2. Gosan Nongak Safeguarding Society

Address: 170-5 Siji-dong, Suseong-gu, Daegu　　Metropolitan City

Telephone number: (+82)　　053-792-0234

3. Uksu　Nongak Safeguarding Society
Address: 178-1 Uksu-dong, Suseong-gu, Daegu　　Metropolitan City

Telephone number: (+82)　　053-941-1080

4.　Gwangsan Nongak Safeguarding Society
Address: 1291 Suwan-dong, Gwangsan-gu, Gwangju　　Metropolitan City

Telephone number: (+82)　　010-3666-6150

5. Daejeon　Utdari Nongak Safeguarding Society
Address: 326 Expo Road, Yuseong-gu, Daejeon　　Metropolitan City

Telephone number: (+82)　　042-861-4660

6.　Gwangmyeong Nongak Safeguarding Society
Address: 42 Cheolmangsan-ro Haan-dong,　　Gwangmyeong Cultural Center

Gwangmyeong, Gyeonggi-do

Telephone number: (+82)　　02-899-1664

7. Yangju　Nongak Safeguarding Society
Address: 77 155-gil, Gwangjeok-ro,　　Gwangjeok-myeon, Yangju, Gyeonggi-do

Telephone number: (+82)　　010-9132-2068

8.　Pyeongchang Dunjeonpyeong Nongak Safeguarding Society
Address: 2027 Gyeonggang-ro, Yongpyeong-myeon, Pyeongchang-gun, Gangwon-do

Telephone number: (+82)　　033-332-4333

9. Wonju　Maeji Nongak Safeguarding Society
Address: 116-14 Maejihoechon-gil,　　Heungeop-myeon, Wonju, Gangwon-do

Telephone number: (+82)　　033-763-6622

10.　Cheongju Nongak Safeguarding Society
Address: 348 1-Sunhwanro, Sangdang-gu, Cheongju, Chungcheongbuk-do

Telephone number: (+82)　　043-265-8883

11. Buyeo　Sedo Durye Pungjang Safeguarding Society
Address: 275-gil, Cheongsong-ro, Sedo-myeon,　　Buyeo-gun, Chungcheongnam-do

Telephone number: (+82)　　011-209-1939

12. Buan   Nongak Safeguarding Society
Address: 48-14 Dangsan-ro, Buan-eup, Buan-gun,   Jeollabuk-do

Telephone number: (+82)   063-584-4182

13.   Jeongeup Nongak Safeguarding Society
Address: 83-10 Chosan-dong, Jeongeup,   Jeollabuk-do

Telephone number: (+82)   063-539-6428

14. Gimje   Nongak Safeguarding Society
Address: 399-1 Seoam-dong, Gimje, Jeollabuk-do

Telephone number: (+82)   063-542-7171

15. Namwon   Nongak Safeguarding Society
Address: 16 Bakdal-gil, Namwon, Jeollabuk-do

Telephone number: (+82)   063-635-8887

16.   Gochang Nongak Safeguarding Society
Address: 106 Hyangsan-1-gil, Hakcheon-ri,   Seongsong-myeon, Gochang-gun, Jeollabuk-do

Telephone number: (+82)   063-562-2043

17. Hwasun   Hancheon Nongak Safeguarding Society
Address: 720 Gimsatgat-ro, Dongbok-myeon,   Hwasun-gun, Jeollanam-do

Telephone number: (+82)   061-372-1818

18. Udo   Nongak Safeguarding Society
Address: 11 1-gil, Mulmu-ro, Yeonggwang-eup,   Yeonggwang-gun, Jeollanam-do

Telephone number: (+82)   061-351-2666

19.   Gokseong Jukdong Nongak Safeguarding Society
Address: 46-1 Jukdong-gil, Gokseong-eup,   Gokseong-gun, Jeollanam-do

Telephone   number: (+82) 061-363-6000

20. Jindo   Sopo Geolgung Nongak Safeguarding Society
Address: 76-1 Sopo-ri, Jisan-myeon, Jindo-gun,   Jeollanam-do

Telephone number: (+82)   061-543-2479

21.   Cheongdo Chasan Nongak Safeguarding Society
Address: 454-1 Chasan-ri, Punggak-myeon,   Cheongdo-gun, Gyeongsangbuk-do

Telephone number: (+82)   010-6524-4510

22. Geumreung   Bitnae Nongak Safeguarding Society
Address: 118 Bitnae-gil, Gaeryeong-myeon,   Gimcheon, Gyeongsangbuk-do

Telephone number: (+82)   070-4379-1984

23. Haman Hwacheon Nongak Safeguarding Society
Address: 14 Hwacheon-1-gil, Chilbuk-myeon, Haman-gun, Gyeongsangnam-do

Telephone number: (+82)   055-582-6718

Others

1. Dalseong Habin Field Song Safeguarding Society
Address: 217-3 Daepyeong-ri, Habin-myeon, Dalseong-gun, Daegu Metropolitan City
Telephone   number: (+82) 011-512-0521
2.   Dalseong Dasa Sibicha Jinguk Safeguarding Society
Address: 882 Secheon-ri, Dasa-eup, Dalseong-gun, Daegu Metropolitan City
Telephone   number: (+82) 053-585-4048
3. Hwasun   Cheongpung Nongak Safeguarding Society
Address: 40 Pyeongjichon-gil, Cheongpung-myeon, Hwasun-gun, Jeollanam-do

Telephone number: (+82)   010-3601-9529

5.   Inclusion of the element in an inventory

For   *Criterion R.5*, the States shall   demonstrate that 'the element is included in an inventory of the intangible   cultural heritage present in the territory(ies) of the submitting State(s)   Party(ies), as defined in Articles 11 and 12 of the Convention'.

Indicate   below when the element has been included in the inventory, its reference and identify the inventory in which the element has been included and the office,   agency, organization or body responsible for maintaining that inventory.   Demonstrate below that the inventory has been drawn up in conformity with the   Convention, in particular Article 11(b) that stipulates that intangible   cultural heritage shall be identified and defined 'with the participation of   communities, groups and relevant non-governmental organizations' and Article   12 requiring that inventories be regularly updated.

The   nominated element's inclusion in an inventory should not in any way imply or require that the inventory(ies) should have been completed prior to   nomination. Rather, a submitting State Party may be in the process of   completing or updating one or more inventories, but has   already duly included   the nominated element on an inventory-in-progress.

Documentary evidence shall also be provided   in an annex demonstrating that the nominated element is included in an   inventory of the intangible cultural heritage present in the territory(ies)   of the submitting State(s) Party(ies), as defined in Articles 11 and 12 of   the Convention; such evidence may take the form of a functioning hyperlink   through which such an inventory may be accessed.Not fewer than 150 or more than 250 words

A number   of regional variations of nongak have been designated as Important Intangible   Cultural Heritage by the   central or local governments to be extended   systematic and sustainable support. Six representative versions originating   from Jinju/Samcheonpo, Pyeongtaek, Iri, Gangneung, Imsil Pilbong, and Gurye   Jansu are state-designated intangible cultural heritage supported by the   Cultural Heritage Administration. Another 23 local variations have been designated   as municipal or provincial heritage supported by their respective city or provincial governments. Individual performers and relevant organizations actively participate in the designation process.

Lists of the state and municipal/provincial intangible cultural heritage as well as the State Inventory of Intangible Cultural Heritage are accessible through the homepage of the Cultural Heritage Administration (www.cha.go.kr). The relevant pages are attached as evidence.

6. Documentation

6.a. Appended documentation (mandatory)

The documentation listed below is mandatory, except for the edited video, and will be used in the process of examining and evaluating the nomination. The photographs and the video will also be helpful for visibility activities if the element is inscribed. Tick the following boxes to confirm that related items are included with the nomination and that they follow the instructions. Additional materials other than those specified below cannot be accepted and will not be returned.

documentary evidence of the consent of communities, along with a translation into English or French if the language of concerned community is other than English or French

documentary evidence of the inclusion of the element in an inventory (except if a funcionning hyperlink to a webpage providing such evidence has been provided)

10 recent photographs in high definition

cession(s) of rights corresponding to the photos (Form ICH-07-photo)

edited video (from 5 to 10 minutes), subtitled in one of the languages of the Committee (English or French) if the language utilized is other than English or French (strongly encouraged for evaluation and visibility)

cession(s) of rights corresponding to the video recording (Form ICH-07-video)

6.b. Principal published references (optional)

Submitting States may wish to list, using a standard bibliographic format, principal published references providing supplementary information on the element, such as books, articles, audiovisual materials or websites. Such published works should not be sent along with the nomination.

Not to exceed one standard page.

Articles and Dissertations:

Cho Jeong-hyeon. "Historical Development and Changing Function of Pangut." *Practice Folklore Studies* no. 3 (2001). Suwon: Society of Practice Folklorists.

Gwon Eun-yeong. Study of changes in Pungmulgut in the 20th century (2008). Ph.D. diss., Chonbuk National University.

Kim Heon-seon. "Regional Types and Aesthetics of Gyeonggi Nongak." *Study of Traditional Korean Music* no. 12 (2011). Seoul: Korean Traditional Music Society.

──────. "Ritual Nature and Significance of the Post-ritual Entertainment of Gyeonggi Nongak." *Study of Pungmulgut*, inaugural edition (2012). Seoul: Korean Pungmulgut Society.

Kim Hye-jung. "Principles of Rhythmic Composition of Yard Treading." *Study of Folklore in Southern Provinces* no. 7 (2001). Gwangju: Namdo Folklore Society.

──────. "Road Rites in Maegu from South Jeolla Province." *Study of Korean Music* no. 27 (1999). Seoul: Korean Music Society.

Kim Ik-du. "Performance Principles and Entertaining Nature of Pungmulgut." *Korean Folklore* no. 27 (1995). Seoul: Korean Folklore Society.

Kim Jeong-heon. Namwon nongak (2003). Master's thesis, Chonbuk National University.

──────. "A Validity Review of Nongak and Pungmul, and Counterargument to Criticism of Nongak." *Cultural Heritage* no. 42, vol. 4 (2009). Daejeon: National Research Institute of Cultural Heritage.

Lee Bo-hyeong. "Musical Study of the Rhythms in Nongak." *Korean Folklore* no. 2 (1970). Seoul: Korean Folklore Society.

──────. "Parade Music and Rhythmic Patterns in Rural Community Band Music." *Korean Folklore Studies* no. 6 (1984). Seoul: Institute for Oriental Music, Seoul National University.

──────. "Rhythms and Beats in Rural Community Band Music." *Study of Pungmulgut* (2009). Seoul: Jisik-Sanup Publications Co.

──────. "Divine Poles and Flags." *Korean Cultural Anthropology* no. 8 (1976). Seoul: Korean Society for Cultural Anthropology.

Lee Jong-jin. Dynamism in the melodic composition of nongak in the Honam region: with focus on pungmulgut of Pilbong (1996). Master's thesis, Andong National University.

Lee Yeong-bae. Study of the play of actors in pungmulgut in Honam region (2006). Ph.D. diss., Cheonbuk National University.

Lee Yong-sik. "Introspective Comparison of Different Styles of Nongak in the Honam Region." *Oriental Music* no. 25 (2003). Seoul: Institute for Oriental Music, Seoul National University.

Nam Seong-jin. "Ritual Nature and Tradition of Peasant Band Parades." *Practice Folklore Studies* no. 10 (2007). Suwon: Society of Practice Folklorists.

Park Heung-ju. "Analysis of the Triple-element Principle in Coastal Village Rituals: With Focus on Rites to Guardian Spirits." *Korean Folklore and Culture* vol. 8 (2004). Seoul: Institute of Folklore Studies, Kyung Hee University.

Si Ji-eun. "Rhythms of the Farmers' Music in Jeongeup and Dynamism of Choreographic Formation Displays." *Study of Pungmulgut*, inaugural edition (2012). Seoul: Korean Pungmulgut Society.

Song Gi-tae. Study of village rites on offshore islands in the South Sea (2008). Ph.D. diss., Mokpo National University.

_____. "Transmission of Pungmulgut in the Honam Region and Accommodation of Professional Entertainment Performances." *Study of Folklore in Southern Provinces* no. 11 (2005). Gwangju: Namdo Folklore Society.

Yang Jin-seong. Study of farmers' music in Pilbong from perspectives of performance studies" (2008). Ph.D. diss., Cheonbuk National University.

Books:

Jeong Byeong-ho. *Nongak* (1994). Seoul: Youlhwadang.

Kim Heon-seon. *From Pungmulgut to Samul Nori* (1991). Seoul: Gwiinsa.

Kim Ik-du. *Study of Pungmulgut* (2009). Seoul: Jisik-Sanup Publications Co.

Kim Jeong-heon. *History and Theory of Nongak: With Focus on the East/West Honam Versions* (2009). Seoul: Korean Studies Information.

Online Sources:

Celebrity Columns, Heritage Channel, Cultural Heritage Administration <www.heritagechannel.tv>

7. Signature on behalf of the State(s) Party(ies)

The nomination should conclude with the original signature of the official empowered to sign it on behalf of the State Party, together with his or her name, title and the date of submission.

In the case of multi-national nominations, the document should contain the name, title and signature of an official of each State Party submitting the nomination.

Name: Rha Sun-hwa

Title: Administrator

Date: 20 February 2014 (last revision)

Signature: <signed>

참고문헌

1. 현지조사자료
경기도 고양시 일산서구 가좌동 461-14 음송프라자
경기도 무형문화재 제22호 고양 송포호미걸이 보존회 · 조경희민속예술단
경기도 동두천시 생연동 사당골 조사 자료 (2010. 7. 27)
경기도 파주시 탄현면 금산리 조사 자료 (2010. 1. 13/ 2010. 1. 18/ 2010. 1. 21)
마들농요 조사 자료 (김완수 선생 소장본, 2004. 2. 22)

2. 문헌자료
김영운 · 김혜정 · 이윤정, 『경기도의 항토민요』 상권 · 하권, 경기문화재단, 2006.
김헌선, 『한국구전민요의 세계』, 지식산업사, 1997.
_____, 「경기도 양주군 민요의 과거와 현재 - 노동요와 의식요를 중심으로」, 『구비문학연구』 제17권, 한국구비문학회, 2003.11.
_____, 『양주농악』, 월인, 2006.
_____, 『양주상여와 회다지소리』, 월인, 2006.
이소라, 『파주민요론』, 파주문화원, 1997.
_____, 『고양민요론』, 고양문화원, 2007.
『한국민요대전』(강원도편), 문화방송, 1996.
『한국민요대전』(경기도편), 문화방송, 1996.

『日本祭禮地圖』 1-6, 財團法人國土地理協會, 1976-?.
文化廳編輯, 『日本民俗地圖』 1-7, 財團法人國土地理協會, 1969-1986.

Alan Dundes, "Geographiy and Folk-Tale Oicotypes", *International Folkloristics: Classic Contributions by the Founders of Folklore*, Rowman & Littlefield Publishers, 1999, pp.137-151.
Carl Wilhelm von Sydow, "Geographiy and Folk-Tale Oicotypes", *Selected Papers on Folklore*, Copehagen, 1948, pp.44-59.
Claude Lévi-Strauss, "La Geste D'Asdiwal(1)", *Anthropologie Structurale Deux*, Libraire Plon, 1973.
_____, "The story of Asdiwal", *Structural Anthropology2*, Penguine Books, 1977.